高职交通运输与土建类专业系列教材
Series of Textbooks for Transportation and Railroad Construction Higher Vocational College

SHIELD CONSTRUCTION
SURVEY TECHNOLOGY

盾构施工测量技术

姜留涛 张 剑 编著
安国勇 主审

人民交通出版社股份有限公司
北京

内 容 提 要

本教材为高职交通运输与土建类专业规划教材,系统介绍了盾构法施工过程中盾构姿态控制测量的基本原理、技术要求及操作方法。

全书共分为十一章,主要内容包括:第一章绪论;第二章地铁盾构施工地面控制测量;第三章地铁土建结构施工测量放样;第四章盾构施工联系测量;第五章盾构姿态测量原理;第六章盾构导向系统应用及案例;第七章盾构始发与接收测量;第八章盾构法隧道洞内控制测量;第九章竣工测量;第十章盾构施工监测;第十一章盾构法测量管理。本教材以典型的盾构导向系统为主展开,循序渐进,理论与工程实践紧密结合,辅以丰富实操案例,并附有工程实用数据表格(读者可扫描书中二维码下载),内容实用、适用,便于读者学习。

本教材适用于高职高专地下工程类专业、城市轨道交通工程类专业及其他相关土建类专业学生,亦可供相关专业设计、施工、监理、监测等技术人员参考。

图书在版编目(CIP)数据

盾构施工测量技术 / 姜留涛,张剑编著. — 北京:人民交通出版社股份有限公司,2020.6
ISBN 978-7-114-16061-5

Ⅰ.①盾… Ⅱ.①姜… ②张… Ⅲ.①盾构—测量 Ⅳ.①U455.43

中国版本图书馆 CIP 数据核字(2019)第 263339 号

高职交通运输与土建类专业系列教材
Dungou Shigong Celing Jishu

书　　名:	盾构施工测量技术
著 作 者:	姜留涛　张　剑
责任编辑:	谢海龙
责任校对:	赵媛媛
责任印制:	张　凯
出版发行:	人民交通出版社股份有限公司
地　　址:	(100011)北京市朝阳区安定门外外馆斜街 3 号
网　　址:	http://www.ccpress.com.cn
销售电话:	(010)59757973
总 经 销:	人民交通出版社股份有限公司发行部
经　　销:	各地新华书店
印　　刷:	中国电影出版社印刷厂
开　　本:	787×1092　1/16
印　　张:	18.25
字　　数:	390 千
版　　次:	2020 年 6 月　第 1 版
印　　次:	2020 年 6 月　第 1 次印刷
书　　号:	ISBN 978-7-114-16061-5
定　　价:	48.00 元

(有印刷、装订质量问题的图书由本公司负责调换)

前　言

　　盾构机是一种集机、电、液、传感、信息技术于一体的隧道暗挖施工机械,广泛应用于城市轨道交通、铁路、公路、市政综合管廊、水利水电等领域的隧道工程施工中,已成为地下空间开发和地下工程建设穿越"江、河、湖、海、城"的重要装备。盾构施工契合机械化、自动化、数字化、智能化等现代工程建设的发展趋势,具备自动化程度高、施工速度快、不受气候影响、一次成洞、抗干扰能力强、节省人力等特点。伴随着我国城市轨道交通等基础设施的迅猛发展,盾构施工技术发展前景广阔。

　　盾构施工测量是盾构施工中的关键环节,盾构姿态控制是盾构施工测量的重点和难点。为培养适应新时代城市轨道交通工程建设需要的一线高素质技术技能人才,本教材紧密结合现行《城市轨道交通工程测量规范》(GB/T 50308),结合西安地铁、北京地铁、天津地铁、成都地铁、呼和浩特地铁等工程案例,在中铁一局集团有限公司、中铁投资集团有限公司、陕西铁路工程职业技术学院等三家单位联合策划下,由相关单位的工程技术人员合作编写。

　　本教材共分为十一章,主要内容包括测量基本工作、土建结构施工测量放样、地面控制测量、联系测量、洞内控制测量、盾构姿态测量、盾构始发与接收测量、变形测量、测量管理和测量案例等模块。通过本教材的学习,可使读者全面掌握城市轨道交通工程盾构法施工测量技术。本教材重点讲述了盾构法施工过程中的盾构姿态控制测量,根据不同的盾构导向系统讲述其基本原理,并分别提供了相应的操作过程和工程案例。

　　本教材编写分工如下:第一章由陕西铁路工程职业技术学院毛红梅、姜留涛编写;第二章由陕西铁路工程职业技术学院任英桥编写;第三章由河南建筑职业技术学院马华宇编写;第四章、第五章由陕西铁路工程职业技术学院姜留涛编写;第六章、第七章由中国中铁呼和浩特地铁1号线一期工程建设指挥部郭晓峰、白明编写;第八章、第九章由中国中铁呼和浩特地铁1号线一期工程建设指挥部李勇强、陈玉银编写;第十章由中铁投资集团有限公司王养社、马超编写;第十一章由中铁投资集团有限公司张剑、王子利编写。

　　全书由陕西铁路工程职业技术学院姜留涛、中铁投资集团有限公司张剑担任主编,中铁一局集团有限公司安国勇担任主审,上海隧道工程有限公司王浩对本教材进行了审阅,在此表示感谢!

　　由于编写水平有限,教材中难免有疏漏甚至错误之处,敬请读者批评指正。

编　者
2020 年 5 月

目 录

第一章　绪论 …………………… 1
　第一节　盾构机概述 …………… 2
　第二节　地铁盾构施工测量的任务
　　　　　和特点 ………………… 15

第二章　地铁盾构施工地面控制
　　　　测量 …………………… 21
　第一节　卫星定位控制测量 …… 22
　第二节　精密导线测量 ………… 36
　第三节　地面高程控制测量 …… 39

第三章　地铁土建结构施工测量
　　　　放样 …………………… 51
　第一节　平面坐标放样的基本
　　　　　方法 …………………… 52
　第二节　地铁常用曲线放样
　　　　　及案例 ………………… 63
　第三节　高程放样的基本方法 … 74

第四章　盾构施工联系测量 …… 81
　第一节　概述 …………………… 82
　第二节　地面近井点测量 ……… 84
　第三节　陀螺经纬仪定向测量 … 86
　第四节　联系三角形定向测量 … 100
　第五节　两井定向测量 ………… 103
　第六节　导线直接传递测量 …… 105
　第七节　投点传递测量 ………… 107
　第八节　高程传递测量 ………… 110
　第九节　典型案例 ……………… 112

第五章　盾构姿态测量原理 …… 121
　第一节　三棱镜系统盾构姿态测量
　　　　　原理 …………………… 122
　第二节　双棱镜+倾斜仪系统盾构
　　　　　姿态测量原理 ………… 129
　第三节　激光靶系统盾构姿态测量
　　　　　原理 …………………… 132
　第四节　陀螺仪盾构姿态测量系统
　　　　　原理 …………………… 143

第六章　盾构导向系统应用
　　　　及案例 ………………… 149
　第一节　德国 VMT 导向系统
　　　　　及案例 ………………… 150
　第二节　上海力信导向系统
　　　　　及案例 ………………… 158
　第三节　上海米度导向系统
　　　　　及案例 ………………… 162
　第四节　TACS 导向系统
　　　　　及案例 ………………… 167
　第五节　日本演算工房导向系统
　　　　　及案例 ………………… 170
　第六节　主要导向系统汇总对比 … 176

第七章　盾构始发与接收测量 … 179
　第一节　盾构始发测量 ………… 180
　第二节　盾构接收测量 ………… 185
　第三节　典型案例 ……………… 186

第八章　盾构法隧道洞内控制测量 ………… 193
- 第一节　盾构法隧道洞内平面控制测量 ………… 194
- 第二节　盾构法隧道内高程控制测量 ………… 196
- 第三节　管片姿态测量及复测 …… 197
- 第四节　典型案例 ………………… 200

第九章　竣工测量 ………………… 207
- 第一节　贯通测量 ………………… 208
- 第二节　断面测量 ………………… 210

第十章　盾构施工监测 …………… 215
- 第一节　监测等级、范围及项目…… 216
- 第二节　变形监测网 ……………… 221
- 第三节　监测方法和手段 ………… 225
- 第四节　监测频率与周期 ………… 232
- 第五节　监测预警标准 …………… 232

第十一章　盾构法测量管理 …… 239
- 第一节　盾构施工测量责任矩阵 ………………… 240
- 第二节　盾构法隧道测量工作分解结构 ………… 251
- 第三节　测量技术人员配备及培训 ……………… 270
- 第四节　测量仪器配备管理及检校 ……………… 272

参考文献 ………………………… 284

第一章

绪论

第一节　盾构机概述

一、盾构机的基本概念

盾构机，英文名称为"Shield Machine"，它是一种用于软土隧道暗挖施工的筒状机械，由金属外壳、刀盘、出渣系统、推进系统及导向系统等部分组成，可以同步完成土体开挖、土渣排运、整机推进和管片安装等作业，实现隧道一次开挖成型。"盾"即为护盾、保护物，可以理解为支撑开挖面的刀盘及支挡地层的金属外壳；"构"可理解为构筑物，即开挖后所施作的衬砌结构。盾构机外形如图1-1所示。

盾构机的基本工作原理是利用全断面刀盘切削土体使隧道沿设计的轮廓与轴线向前推进。在盾构前端，采取压缩空气、泥浆、土压及机械等方式对开挖面予以支护，以确保开挖面的稳定。在盾构周围，利用封闭的筒状金属外壳承受来自地层的压力，并防止水土入侵。在后端，通过预制或现浇的衬砌构筑物来支撑地层，确保洞室的稳定。因此，盾构法施工隧道较其他的暗挖法更

图1-1　盾构机示意图

为安全。同时，盾构机采用先进的电气、液压、传感及信息技术，实现了作业的机械化与全自动化，使得施工更加精确和快速。

二、盾构机的基本构造

盾构机是隧道掘进的专用工程机械，主要由盾壳、开挖系统、推进系统、铰接系统导向系统、管片安装系统、壁后注浆系统、出渣系统及后配套系统等部分组成。以土压平衡盾构机为例，其构造如图1-2所示。

（一）盾壳

盾壳为图1-2中的前端壳体部分，由筒状金属外壳及其加固部件组成，分为前盾（亦称切口环）、中盾（亦称支承环）及盾尾三部分。盾壳是一个全封闭的壳体，其主要功能是承受来自地层的水土压力，防止水土侵入盾体内部，保证盾体内作业人员与设备的安全。

1. 前盾

前盾亦称切口环，位于盾构机的最前端，其

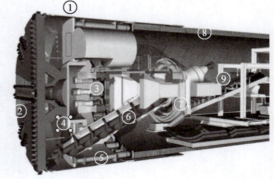

图1-2　盾构机的基本构造（土压平衡盾构机）
①-盾壳；②-刀盘；③-刀盘驱动马达；④-土仓；⑤-推进液压缸；⑥-螺旋输送机；⑦-管片拼装机；⑧-管片；⑨-输送带

作用是保持开挖面稳定。前盾与刀盘共同形成渣土仓(气压仓或泥水仓),以平衡开挖面的土压与水压。施工时前盾最先切入地层,部分前盾设有刃口以减少切入掘进时对地层的扰动。

前盾内设有刀盘、搅拌器、螺旋输送机(或吸泥口)以及供人进出的闸门等。

前盾的长度主要取决于盾构机正面支承形式、开挖方法、人员活动及挖土机具所需空间等因素。

2. 中盾

中盾亦称支承环,紧接于前盾,位于盾构机中部,通常为一个刚性很好的圆筒状结构。中盾是盾构机的主体,承受着作用于盾构机外壳上的全部荷载。

中盾末端布置推进液压缸,内部布设有刀盘驱动装置、排渣装置及人行加压与减压闸室等。中盾的长度应根据上述设备的空间确定,其结构应有足够的刚度。

3. 盾尾

盾尾一般由盾构机外壳钢板延伸构成,主要用于掩护隧道管片衬砌的安装工作,同时防止水土从盾尾末端侵入。其内部设置管片拼装机,尾部有盾尾密封刷、同步压浆管及密封油膏注入管等。

盾尾的长度应根据管片宽度、形状、拼装方式及盾尾密封刷的道数来确定,有时还需考虑施工过程中更换密封刷所需的空间。

(二)开挖系统

开挖系统(Excavation System)主要由刀盘、刀具、主轴承及其驱动系统等组成,其主要作用是按照隧道设计断面切削土体,以形成隧道洞室。

1. 刀盘与刀具

刀盘安装于盾构机的最前端,其正面装有刀具,刀盘与刀具主要用来开挖土体、稳定支撑掌子面及搅拌切削渣土,改善土体的流动性。刀盘的结构形式主要有面板式与辐条式两种,如图1-3所示。刀具的主要类型有切刀、齿刀、滚刀及各种辅助刀等。刀盘的结构形式、刀具的形状及布置方式等直接影响到盾构机的切削效果和掘进速度,应依据地层条件及施工条件合理配置。

a)面板式

b)辐条式

图1-3 刀盘的结构形式

2. 主轴承与驱动系统

主轴承与刀盘连接,为刀盘旋转与开挖提供动力。主轴承的动力来源于其驱动系统,常见的驱动系统主要有变频电动驱动和液压驱动等。

(三) 推进系统

推进系统(Thrust System)主要由液压设备和千斤顶组成,其作用是为盾构机向前推进提供动力。

(四) 铰接系统

铰接系统(Articulation System)是指在前盾与中盾之间或中盾与盾尾之间的活动链接装置,主要由铰接液压缸、阀组、泵站、铰接密封、行程测量装置等组成,可分为主动铰接和被动铰接。

设置铰接装置有利于盾构机转弯或者修正蛇形,易于使盾体与管片保证同轴度,保护盾尾密封免受偏心荷载损坏,同时可防止盾构机体挤压管片,避免管片破碎受损,当盾体被注浆体凝固箍死时,可帮助推进铰接液压缸松动使盾构脱困。

一般情况下,当盾构机灵敏系数,即主机长度:外径大于1.5或者隧道曲率半径小于250m时,宜采用带铰接装置的盾构机。

(五) 导向系统

导向系统(Guidance System)的作用是动态掌握与控制盾构姿态,确保盾构沿着隧道的设计轴线掘进。导向系统由经纬仪、ELS 靶、后视棱镜、计算机及数据传输电缆等组成,可以连续不断地提供盾构姿态的动态信息,并可通过参数调整将盾构控制在设计隧道轴线允许的公差范围内。目前较先进的导向系统是 VMT 导向系统和 PPS 导向系统。

图1-4 管片拼装机

(六) 管片装运系统

管片装运系统(Segment Lining System)主要由管片拼装机(图1-4)、管片输送车、管片吊装系统及真圆保持器等组成,其功能是完成管片的输送,并按照设计轴线、位置与形状将管片拼装成环。

(七) 壁后注浆系统

壁后注浆系统(Grouting System)主要由注浆泵与注浆管等组成,在管片拼装后向管片背后注入浆液,以填充管片背后空隙,固结地层,确保管片的位置与稳定。

(八) 出渣系统

出渣系统(Mack Transportation System)的作用是将掘削的渣土输送到洞外。当前国内外应用最为广泛的为土压平衡盾构机和泥水平衡盾构机两种类型,二者的出渣系统不相同,简要介绍如下。

土压平衡盾构机的出渣系统主要包括螺旋输送机、皮带输送机及渣土车等。螺旋输送机是土压平衡盾构机的专用排土装置，其前端与渣土仓底部相连，后端延伸到盾尾末端与皮带输送机相连接，其主要作用是将渣土连续输送给后部的渣土运输设备，同时可以通过调整转速控制出渣速度和出渣量，以保持排土量与切削量的平衡，从而保证土仓内土压的稳定。

泥水平衡盾构机的出渣依靠泥浆循环系统完成，其出渣系统主要由送泥管、排泥管、泥浆泵及地面的泥浆处理系统等部分组成。

（九）后配套系统

后配套系统（Back-up System）包括渣土改良系统、盾尾密封系统、润滑系统、液压控制系统、电气控制系统、工业风系统、水循环系统等。后配套系统与前述各系统共同保证盾构机正常掘进与隧道成形。

三 盾构机的基本类型

盾构机的分类方法很多，根据开挖面与作业室之间隔板构造不同，盾构机可分为敞开式与闭胸式两大类，如图1-5所示。此外，为了适应不同用途的需要，盾构机的形式呈现出多样化发展的趋势，出现了微型、球体、多圆等多种形式的异形盾构机。

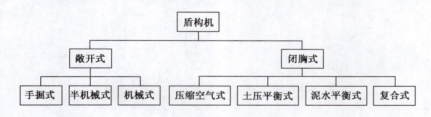

图1-5　盾构机分类

（一）敞开式盾构机

敞开式盾构机的特点是盾构前端敞开，开挖面无支撑，主要适用于开挖面能够自稳或通过机械支护可以稳定，且没有地下水的地层，对自稳性差的冲积地层应辅以压气、降水、注浆加固等措施确保开挖面的稳定。敞开式盾构机的优点是技术简单、灵活性大、机械设备投资相对较少，特别是手掘式盾构机和半机械式盾构机，还可以开挖非圆形断面（无刀盘）。

根据开挖方式不同，敞开式盾构机分为手掘式盾构机、半机械式盾构机及机械式盾构机三种类型。在我国北方地区，地下水位低（或通过降水可以有效降低地下水位），地层自稳能力较强，采用无刀盘的敞开式盾构机可以大大降低盾构机的制造与使用费用。

1. 手掘式盾构机

手掘式盾构机是盾构机的基本形式，如图1-6所示。其正面是敞开的，采用铁锹、风镐、碎石机等工具进行人工开挖。对开挖面一般采取自然的推土压力支护及利用机械挡板支护。按不同的地质条件，开挖面可全部敞开人工开挖，也可用全部或部分的正面支撑，分层开挖，随挖土随支撑。开挖出来的土从下半部用皮带输送机装入出土车。

图1-6 手掘式盾构机

这种盾构机便于观察地层和清除障碍,易于纠偏,简易价廉,但劳动强度大,效率低,如遇正面塌方,易危及人身及工程安全。在含水地层中需辅以降水、气压或土壤加固。由于挖掘地层时盾构前方是敞开的,因此采用这种盾构机的基本条件是开挖面至少要在挖掘阶段无坍塌。

手掘式盾构机可以采用圆形断面,也可以采用矩形或马蹄形断面,断面形状灵活。与闭胸式盾构机相比,手掘式盾构机的价格便宜20%~40%。

2. 半机械式盾构机

在手掘式盾构机的基础上安装掘土机械和出土装置,以替代人工作业,从而产生了半机械式盾构机。半机械式盾构机开挖及出土都采用专用机械,掘进采用液压反铲或铣削头,出渣采用皮带输送机或螺旋输送机,或配备具有掘进与出渣双重功能的挖装机械。为防止开挖面坍塌,盾构机还装备了活动前檐、半月形千斤顶及液压控制的胸板等防护措施,如图1-7所示。

a) 反铲掘进盾构机

b) 悬臂掘进盾构机

图1-7 半机械式盾构机

半机械式盾构机适用于以洪积层的砂、砂砾、固结粉砂和黏土为主的土质地层;也可用于软弱冲积层,但须同时采用气压施工法,或采用降低地下水位、地层改良等辅助措施。

半机械式盾构机也适用于掘进非圆形断面的隧道。如ECL盾构,隧道断面可以为马蹄形,这种盾构械化程度高,挤压混凝土衬砌与盾构掘进同步进行。ECL是英文"Extruded Concrete Lining"的缩写,意为挤压混凝土衬砌,即以现浇混凝土代替传统的管片衬砌。

3. 机械式盾构机

当地层能够自立,或采用辅助措施后能够自立时,为了提高掘进速度,在盾构机的切口部分,安装与盾构机直径相适应的大刀盘,以实现全断面敞开式机械开挖,称为机械式盾构机。盾构机的前端装有旋转刀盘,开挖下来的土砂由装在开挖刀盘上的旋转铲斗,经过斜槽送到螺旋输送机。由于开挖和排土连续进行,故施工速度快,作业人员少。辐条式刀盘的辐条之间布置可闭合的开口,以控制土砂进入刀盘的速度。机械式盾构机适用的地层与手掘式盾构机及半机械式盾构机相同。

(二) 闭胸式盾构机

闭胸式盾构机的特点是在盾构机前端以隔板将地层与作业室隔开，隔板用以支撑开挖面，同时防止泥水侵入。闭胸式盾构机适用于松散、软弱及含水等自稳性差的地层，其特点是施工安全、速度快、效率高，但其构造复杂，机械设备投资高，灵活性小，开挖断面不易改变。当前在我国各大城市地铁施工中，主要采用闭胸式盾构机。根据稳定开挖面的方式不同，闭胸式盾构机分为压缩空气式、泥水平衡式、土压平衡式及复合式等。

1. 压缩空气式盾构机

人类使用压缩空气抑制地下水侵入已经有很长的历史了。早在1828年，在泰晤士河隧道的建造中，当遇到了大量水侵入时，Calladon就已经提出了使用压缩空气的建议。1886年，Greathead首次在盾构施工中引入了这种方法。

压缩空气式盾构的原理是利用空气压力来平衡地下水的静水压力，因此也称为"气压平衡（Air Pressure Balance）式盾构机"，简称APB盾构机。压缩空气式盾构机适用于黏土、黏砂土及多水松软地层。

压缩空气式盾构机的开挖可以是手掘式、机械式，断面可为分部或全断面。早期的压缩空气式盾构机施工时要在隧道工作面和止水隧道之间封闭一个相对较长的工作仓，大部分工人经常处于压缩空气下。后来开发的压缩空气式盾构机只是开挖仓承压，称为局部气压式盾构机，日本称为"限量压缩空气式盾构机"。这类盾构机装有密封隔板，将经过加压的工作面密封起来，使其与完成的隧道断面隔离，工作人员可以在大气压下安全地操作设备。图1-8为日本三菱公司制造的压缩空气式盾构机，它通过一个球阀型的旋转漏斗排土，并同时确保开挖面压力的稳定。

图1-8 日本三菱公司制造的压缩空气式盾构机

压缩空气式盾构机在覆土层较浅时，具有引起"喷发"的危险，且工作条件极差，现已被泥水平衡盾构机取代。

2. 泥水平衡盾构机

泥水平衡盾构机也称泥水加压平衡盾构（Slurry Pressure Balance Shield），简称SPB盾构机。泥水平衡盾构机是在机械式盾构机的前部设置隔板形成泥水仓，并配置刀盘、输送泥浆的送排泥管及推进液压缸等部件，在地面上还配有泥水处理设备。

泥水平衡盾构机是通过泥水仓内的泥水压力平衡开挖面的土压力和水压力，以保持开挖面的稳定，同时借助泥浆的泥膜作用支撑开挖面。其工作模式是盾构机推进时，刀盘切削下来的渣土经搅拌后形成高浓度泥水，经排浆管输送至地面的泥水分离系统进行分离，分离后的泥浆经过调整后被重新送回泥水仓，如此循环完成掘进与排土。因此，泥水平衡盾构机施工的关键是控制泥水压力与泥浆质量。

泥水平衡盾构机具有安全性高和施工环境好，对周围地层的扰动小，有利于控制地面沉降的优点，而且特别适合在河底、海底等高水压力条件下施工。泥水平衡盾构机最大的缺点是需

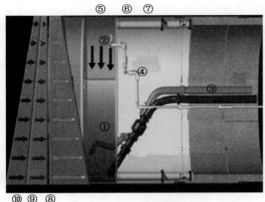

图1-9 气垫式泥水盾构机
①-泥水仓;②-气垫仓;③-进排泥管;④-进排气管;⑤-前盾;⑥-中盾;⑦-盾尾;⑧-泥水压力;⑨-地层土压力;⑩-地层水压力

要泥水分离设备(占用空间大、耗能大、引起环境污染)。与其他施工方法相比,其经济性主要取决于泥水分离要求是否严格、地层的渗透性以及泥浆的质量等。

根据控制泥水压力方式的不同,泥水平衡盾构机可分为泥水加压式盾构机和气垫式泥水盾构机。泥水加压式盾构机通过进、排泥管流量的调节直接控制泥水压力(称为直接控制型);而气垫式泥水盾构机是通过气垫仓压力的调节间接控制泥水压力(称为间接控制型),对泥水压力的控制精度高,泥水压力稳定性好,地层应用范围更广。气垫式泥水盾构机原理如图1-9所示。

3. 土压平衡盾构机

土压平衡(Earth Pressure Balance)盾构机,简称EPB盾构机。土压平衡盾构机是通过渣土仓内的泥土压力平衡开挖面处的地下水压和土压,以保持开挖面稳定的盾构机。土压平衡盾构机的主要部件有刀盘、渣土仓、螺旋输送机、皮带输送机等,如图1-10所示。盾构机刀盘切削面与后面的承压隔板之间形成渣土仓,切削下来的渣土通过刀盘上的开口进入渣土仓,在渣土仓内搅拌混合或与添加材料(泡沫剂或塑性泥浆)混合,形成具有良好塑性与流动性的泥土,经螺旋输送机排至后方,由皮带输送机运至地面。渣土仓内的泥土压力可通过调整盾构机推进速度和螺旋输送机排土速度予以控制。

图1-10 土压平衡盾构机
①-土仓;②-螺旋输送机;③-皮带输送机;④-前盾;⑤-中盾;⑥-盾尾;⑦-管片;⑧-土仓内泥土压力;⑨-地层土压力;⑩-地层水压力

土压平衡盾构机适用于含水率和粒度组成比较适中的地层,通过添加水、泥土、泡沫等材料,控制泥土压力,以保持开挖面的稳定性,减少对周围地层的影响。

1974年,日本东京首先应用土压平衡盾构机。该盾构机用于长1900m管道的施工,盾构机外径3.72m,由日本制造商IHI(石川岛播磨重工业株式会社)设计,之后,土压平衡盾构机日益增多。泥水平衡盾构机在非黏性土层中广泛应用,但随细颗粒土砂百分比的增加,其分离越来越复杂,代价越来越高,泥浆也需频繁更换,还存在环保问题,特别是在城市施工时,由于空间有限,使得安装泥水分离设备较为困难,这些都促进了土压平衡盾构机的发展。与泥水平衡盾构机相比,土压平衡盾构机没有泥水分离装置,施工时的覆土可以相对较浅。根据日本对不同盾构机型的统计资料,在1980—1985年的6年间,闭胸式盾构机从1980年占各种类型盾构机总数的60%增至86%,特别是土压平衡盾构机从19%增加到60%。

4. 复合式盾构机

盾构机按支护地层的形式不同可分为敞开式、压缩空气式、土压平衡式、泥水平衡式等，它们都适用于相应的地质条件。当某一段隧道穿越不同地层结构时，用以上任意一种形式的盾构机都不适于将整段隧道掘进贯通，而需要根据不同地层选用两台或多台盾构机，很不经济。此时，需将以上不同形式的盾构机进行组合，在结构空间允许的情况下，将不同形式盾构机的功能部件同时布置在一台盾构机上，掘进过程中可根据地质情况进行功能或工作方式的切换和调整，或对不同形式盾构机的功能部件进行类似模块化设计，掘进时根据土层情况进行部件调整和更换。这样，一台盾构机在掘进时可以以不同的工作原理和方式运行，这类盾构机即为复合式盾构机，也称多模式盾构机。

复合式盾构机的本质是可以根据土层条件和水文条件对开挖面支撑方式以及刀具、出渣运输系统和其他设备进行调整。其组合模式有压缩空气/敞开式盾构机、泥水平衡式/敞开式盾构机、土压平衡/敞开式盾构机、泥水平衡式/土压平衡式盾构机、敞开式/泥水平衡式/土压平衡式盾构机、敞开式/压缩空气/土压平衡式盾构机等。

复合式盾构机既适用于软土，又适用于硬岩，主要用于既有软土又有硬岩的复杂地层施工。复合式盾构机的主要特点是刀盘上既安装有切刀和刮刀等软土刀具，又安装有滚刀等硬岩刀具。复合式盾构机如图1-11所示。

图1-11 复合式盾构机

(三) 异形盾构机

1. 微型盾构机

通常把直径小于3m的盾构机称为微型盾构机，如图1-12所示。微型盾构机包括各种类型的盾构机，由于它的直径太小，在开挖过程中人员无法进入到开挖面。微型盾构机多用于铺设管道。

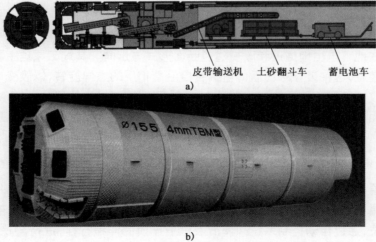

图1-12 微型盾构机

经过多年的发展,微型隧道施工已发展到很高的水平,隧道施工机械安全水平不断提高。同时,施工长度不断增加,在地下水位以下和几乎所有的地层都可以采用微型盾构机。其特殊的控制与驱动设备、精确的导向仪器、遥控驱动设备等可以快速安装,在整个系统中实现模块化,使工程项目的施工更容易。

近年来,在微型隧道施工技术方面的发展表明,采用非挖槽技术铺设管道得到广泛的应用,而且比较经济,特别是当采用明挖法导致交通混乱损失巨大时,一些城市政策要求只能采用非挖槽工法。

2. 球体盾构机

球体盾构机由立式盾构机、卧式盾构机和球型万向节构成,这种盾构机可以完成从竖井到平面或平面内直角转向的连续施工,如图1-13所示。其工况分为"纵—横"和"横—横"两种。"纵—横"工况是指从地面开始沿竖直方向向下开挖竖井,到达预定位置后,球体转向实施横向隧道施工;"横—横"是指盾构机先沿一个方向完成横向隧道施工后,水平旋转90°,然后进行另一个横向隧道的施工。

图1-13 球体盾构机

3. 多圆盾构机

多圆盾构机又称MF盾构机,MF是英文"Multi-circular Face"的缩写。MF盾构机由多个圆形盾构机组合而成,可以是双圆、三圆甚至多圆盾构的组合,用以构筑多种断面的隧道。这种盾构机能有效利用地下空间,减少弃土与工程规模,如图1-14所示。多圆盾构机适合于地铁车站、地铁车道、地下停车场及共同沟的施工。MF盾构机可以采用泥水平衡、土压平衡两种类型。

4. H&V 盾构机

H&V盾构机见图1-15。所谓的H&V(Horizontal variation & Vertical variation,水平变化和竖直变化)盾构机是将几个圆形断面盾构机根据需要进行组合,以开挖多种隧道断面形式的一种特殊盾构机。H&V盾构机可同时开挖多条隧道,推进方式有像绳子一样互相纠缠在一起的螺旋式推进和让其中的某一个断面从中独立出去的分岔式推进两种方式。可根据隧道的施工条件和用途在地下自由地掘进和改变隧道断面形式与走向。其施工原理主要是采用了一种叉式铰接改向装置,这种装置可使盾体前端各自沿着相反的方向旋转,以改变盾构机的推进方向。利用这种铰接装置可使盾构产生转动力矩,达到螺旋式推进的目的。H&V盾构法工作原理见图1-16。由于两条隧道作为一个整体来施工,可解决两条邻近隧道施工的干扰和影响问题。

5. 变形断面盾构机

变形断面盾构机是通过主刀和超挖刀相结合,以实现任意形状断面隧道开挖的功能,其形式见图1-17。其中主刀用于掘进圆形断面的中央部分,超挖刀用于掘进周围部分。根据主刀的每个旋转相位,通过自动控制系统来调节液压千斤顶的伸缩行程,进行超挖,通过调节超挖刀的振幅,可开挖任意断面形状的隧道。

a) 双圆盾构机

b) 三圆盾构机　　　　　　　　　　　　c) 多圆盾构机

图 1-14　MF 盾构机

图 1-15　H&V 盾构机

   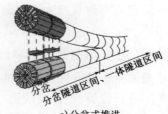

a) 铰接式改向装置　　　　b) 螺旋式推进　　　　c) 分岔式推进

图 1-16　H&V 盾构法原理示意图

6. 偏心多轴盾构机

偏心多轴盾构机采用多根主轴,垂直于主轴方向固定一组曲柄轴,在曲柄轴上安装刀架,刀架在同一平面内作圆弧运动,用以切削任意断面的隧道,如图1-18所示。

图1-17 变形断面盾构机　　　　　　图1-18 偏心多轴盾构机

偏心多轴盾构机具有刀盘切削扭矩小、驱动马达动力小、不用大轴承、周边刀具磨损小、制造成本低、能耗小等优点,不仅可以作为砾石地层的掘削工具,而且可以对强度极低的软弱黏性地层进行掘削,可广泛用于地铁出入口和过街通道、共同沟等工程。

四 盾构法的特点与适用范围

用盾构机修建隧道的方法称为盾构施工法,简称盾构法。它是使用盾构机在地下掘进,在保持开挖面稳定的同时,进行隧道的开挖和衬砌作业,从而构筑隧道的施工方法。盾构法是一种暗挖隧道的施工方法,与其他暗挖法相比,盾构法具有以下特点。

(一) 盾构法的技术特点

盾构法施工需先在隧道区间的一端开挖竖井,将盾构机吊入竖井中安装,盾构机从竖井的预留洞门处始发掘进,沿着隧道设计轴线推进直至另一竖井。盾构法施工的主要技术特点如下。

1. 对周围环境的影响小

除盾构竖井处需要一定的施工场地以外,隧道的沿线不需要施工场地,无须拆迁,因此对城市的商业、交通、居住环境影响很小。可以在深部穿越地上建筑物、河流,在地下穿过各种埋设物和已有隧道而不对其产生不良影响,施工一般不需要采取地下水降水措施,也无噪声、振动等施工污染。

2. 盾构机是根据隧道施工对象"量身定做"的

盾构机是适合于某一区间隧道的专用设备,必须根据施工隧道的断面大小、埋深条件、围岩的基本条件进行设计、制造或改造。当将盾构机转用于其他区间或其他隧道时,必须考虑断面形状与尺寸、开挖面稳定状况、围岩粒径大小等基本条件,有差异时要进行针对性改造。盾构机制造必须以工程为依托,与工程地质紧密结合。

3. 对施工精度要求高

区别于一般的土木工程，盾构施工对精度的要求非常高，管片的制作精度几乎近似于机械制造的程度。由于断面不能随意调整，对隧道轴线的偏离、管片拼装精度也有很高的要求。

4. 盾构施工不可后退

由于管片内径小于盾构机外径，盾构机一旦开始施工就无法后退，因此，盾构施工的前期准备工作非常重要。

（二）盾构法的优点

盾构法具有地面作业少、对周围环境影响小、自动化程度高、施工快速、优质、高效、安全、环保等优点。随着长距离、大直径、大埋深、复杂断面盾构施工技术的发展，盾构法越来越受到重视和青睐，目前已逐步成为地铁隧道的主要施工方法。盾构法施工具有以下优点。

（1）安全。盾壳具有较强的刚度和密封性，它既可以承受来自地层的压力，又能够防止泥水入侵，确保了其内部作业人员与机械的安全。

（2）快速。盾构机是一种全自动化的隧道施工专用设备，集开挖、出土、衬砌、防水和注浆等功能于一体，实现了施工的机械化与工厂化，既保证了精度和质量，又确保了速度。盾构日掘进可达 10 环（10～15m）以上。

（3）高效。盾构施工速度快，工期短，可大幅度提高经济效益和社会效益；同时盾构施工机械化程度高，降低了劳动强度与材料消耗。

（4）环保。盾构施工占地少，隐蔽性好，对地面建筑群和地下管线影响小，施工引起的噪声、振动及地面沉陷小，穿越河底或海底时，亦不影响航道。

（5）信息化程度高。盾构机采用计算机控制、激光导向、数据远程自动传输，可以随时动态掌握施工参数，实现了动态管理和信息化施工。

（三）盾构法的缺点

盾构法施工主要存在以下不足。

（1）准备周期长、设备投资大。一台盾构机从设计、制造到安装就位通常至少需要 2 年，而设备费用高达几千万甚至上亿元人民币，因此，在隧道长度较短时，不够经济。一般认为，隧道长度大于 500m 以上才能发挥盾构施工的优势。

（2）断面形状单一且无法改变。盾构机一旦制造完成，断面形状、大小皆无法改变，难以适应各种功能隧道对断面多样化的要求。盾构施工一般只适合圆形断面，而圆形断面利用率较低，当直径大于 12m 时，非常不经济。

（3）对地层变化的适应性差。盾构机的刀盘、刀具是根据既定的地层特征设计制造的，当地层条件发生较大变化时，刀盘、刀具则难以适应，而更换刀盘更是无法实现，此时通常需要借助其他施工工法辅助通过，造成工期、费用的增加。

（4）上覆土过浅时，地表沉降难以控制，安全性差。通常认为盾构施工的最小覆土厚度不应小于盾构机的外径。

（5）曲线半径过小时（≤80m），通过困难，盾构机的姿态和轴线难以保证。

（四）盾构法的适用范围

盾构法一般主要适用于土层，特别适合浅覆土、不稳定地层和有地下水情况。在非常松散的地层或没有胶结的松散土层、塑性或流塑的软土地层也可以应用。因此,在类似地层的城市地铁、水底隧道、排水污水隧道、引水隧道、公共管线隧道中盾构法均可以应用,尤其适用于人口密集、交通繁忙、对地表沉陷要求严格的大中型城市中。

五 盾构机及其施工技术的发展趋势

目前,世界盾构技术正朝着超大断面化与微型化、断面形式多样化、高度自动化方向发展,朝着超长距离、超大深度、多工作模式方向发展,使盾构机的适应性更强,应用领域更加广阔。

1. 超大断面化与微型化

从发展趋势来讲,为适应隧道及地下工程建设的发展需要,盾构机的断面尺寸具有向超大、微型两个方向发展的趋势。

1998年建成运营的日本东京湾道路隧道采用了8台$\phi 14.14m$泥水平衡盾构机施工;2003年建成的德国易北河第四隧道采用1台$\phi 14.2m$泥水平衡盾构机施工;2004年贯通的荷兰绿色心脏隧道采用1台$\phi 14.87m$泥水平衡盾构机施工;2009年建成通车的上海沪崇隧道工程使用的盾构机直径已达15.43m,是当时世界上断面最大盾构机。目前,拟用于琼州海峡隧道的直径18m的泥水平衡盾构机已在预研。同时,大直径盾构机的分块设计制造和部件运输组装也将成为盾构技术发展的主要趋势之一。

直径200mm的微型盾构机已在工程中得到应用。为降低成本,日本大成建设公司开发出了适用于立体交叉工程的小型盾构机,其特点是将隧道断面切分成若干个小断面,然后采用小型盾构机将各断面分别挖掘成仅剩薄壁的小隧道,最后把各薄壁打通即可。与传统的隧道断面挖掘相比,采用这种小型盾构机分断面挖掘方法可以降低成本30%以上。

2. 断面形式多样化

除城市轨道交通工程外,盾构机还被广泛应用于输水隧道、过江隧道及市政管道等工程中。为了适应不同工程的需要,除了常见的圆形盾构机外,已生产了矩形、双圆形、三圆形、球体、子母盾构机及变形断面盾构机、偏心多轴盾构机等,其断面形式朝着多样化的方向发展。

3. 高度自动化

随着计算机技术的快速发展,盾构机的自动化程度越来越高。目前,国际上已普遍采用了类似机器人的技术,如计算机控制技术、网络远程通信遥控技术、现代传感检测技术、激光导向技术、超前地质探测技术、通信技术等,实现了盾构施工自动导向、数据自动采集、自动管理、远程传输功能及超前地质探测、刀盘自动检测、盾构机姿态调整、管片自动拼装等功能,人们已经可以在办公室通过计算机远程获取盾构施工图像和参数,并可以发出指令进行控制。

4. 功能模式多样化

为了适应不同的地质条件,既设计了能适应复杂地质条件的多模式盾构机,又制造了用于简单地质条件的功能单一的软土盾构机。同时,硬岩掘进机(TBM)技术与软土盾构技术相互渗透、相互融合,使盾构机的地质适应能力大大增强。国内外主要盾构设备生产厂家见表1-1。

国内外主要盾构设备生产厂家列表(部分)　　　　　表 1-1

序号	国 内 外	企 业 名 称	国 家
1	国外主要盾构设备生产厂家	日本三菱重工(Mitsubishi Heavy Industries)	日本
2		日本川崎重工(Kawasaki Heavy Industries)	日本
3		石川岛播磨重工业株式会社(IHI)	日本
4		日本小松制作所(Komatsu)	日本
5		德国海瑞克公司(Herrenknecht AG)	德国
6		德国维尔特公司(Wirth)	德国
7		美国罗宾斯公司(Robbins)	美国
8		加拿大罗浮特公司(Lovat)	加拿大
9	中国盾构设备生产厂家	中铁工程装备集团有限公司	中国
10		中国铁建重工集团有限公司	中国
11		中交天和机械设备制造有限公司	中国
12		上海隧道工程股份有限公司	中国
13		北方重工集团有限公司	中国
14		盾建重工制造有限公司	中国
15		北京华隧通掘进装备有限公司	中国
16		秦皇岛秦冶重工有限公司	中国

第二节　地铁盾构施工测量的任务和特点

随着我国城市轨道交通建设进入快速发展时期,城市地铁因集约化、高效率、大容量、低污染等特点也迎来了前所未有的发展机遇和建设热潮。截至2019年,我国30余座城市的轨道线路规模已超过5000km,投资总额超过万亿。作为城市地铁施工的主要施工方法和手段,有着近200年历史的盾构施工技术发展迅速,现代盾构掘进机中高新技术和自动化水平越来越高,采用了如控制、遥控、测量、探测、导向、通信技术等高新技术。其中,盾构自动测量导向系统是其关键技术。

一　盾构施工测量的主要任务

盾构施工测量工作贯穿于城市轨道交通线路施工的全过程,主要任务包括平面控制测量、高程控制测量、联系测量、洞内平面控制测量、洞内高程控制测量、盾构始发姿态定位测量、盾构姿态控制测量、盾构接收测量、贯通测量、土建结构施工测量放样、轨道设备安装、监控量测等任务。流程如图1-19所示。

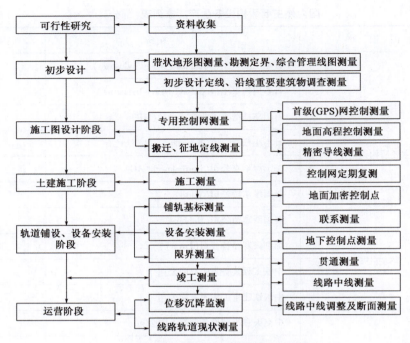

图 1-19 城市轨道交通工程测量流程

城市轨道交通工程线路隧道土建施工多采用盾构法。根据其施工技术流程,盾构施工测量任务分解可为以下 20 项子任务,具体见表 1-2。

盾构施工测量任务分解表 表 1-2

序号	一级过程	二级过程	三级过程
1	盾构法隧道施工测量	1.1 策划准备	1.1.1 方案确定
2			1.1.2 资源配置
3		1.2 联系测量	1.2.1 地面控制网复测
4			1.2.2 地面平面近井点测量
5			1.2.3 地面高程近井点测量
6			1.2.4 一井定向(联系三角形测量)
7			1.2.5 两井定向
8			1.2.6 高程传递及地下近井点高程测量
9		1.3 盾构始发测量	1.3.1 洞门钢环位置复测
10			1.3.2 盾构始发台架测设
11			1.3.3 盾构导向系统计划线数据
12			1.3.4 盾构零位姿态校核
13		1.4 洞内控制测量	1.4.1 地下导线平面控制测量
14			1.4.2 地下导线+陀螺定向平面控制测量
15			1.4.3 地下高程控制测量
16		1.5 盾构掘进测量	1.5.1 移站测量
17			1.5.2 管片姿态人工测量
18			1.5.3 盾构姿态人工测量
19		1.6 盾构接收测量	1.6.1 盾构接收前测量
20			1.6.2 盾构接收测量

盾构法隧道施工测量实施流程如图 1-20 所示。

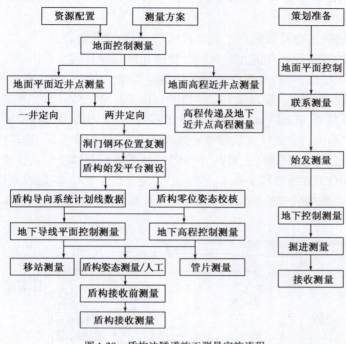

图 1-20　盾构法隧道施工测量实施流程

二、盾构施工测量的主要特点

城市轨道交通工程具有建设投入大、施工工期紧、施工场地受限多、机械化程度高、贯通精度要求高、施工安全危险源多、对城市生活影响力大等特点。

盾构法施工有别于其他常见隧道施工方法,因其自动化程度高,掘进速度快,直接切割掌子面等特点,无法进行前方导线测量定位。因此盾构在掘进过程中如何控制掘进方向是施工质量控制要点。在具体工程项目实施过程中,多采用自动导向系统进行定位导向。

盾构施工中测量导向系统的作用,就是控制机器按预定的设计线路顶进。在显示屏上随时以图形直观显示盾构轴线相对于隧道设计轴线的准确位置,便于操作者根据偏差随时调整盾构掘进的姿态和位置,使盾构的掘进轴线逼近隧道设计轴线。通过调制解调器和电话线与地面办公室的电脑建立联系,将盾构掘进数据传输到地面,便于工程管理人员实时监控盾构的掘进情况。

故因城市轨道交通工程的特点和盾构法施工的特殊性,盾构施工测量具备以下特点。

(一) 智能化水平高

盾构自动测量导向系统是基于测量技术、激光传感技术、计算机技术、无线通信技术、机械电子技术为一体的综合系统,由多种不同类型的精密传感器组成,能够实现准确实时测量盾构的姿态和位置,并计算显示出盾构相对设计掘进中心线之间的偏差和偏角。

在隧道掘进模式下,激光导向系统是实时动态监测和调整盾构的掘进状态,确保盾构沿设计隧道轴线前进的重要工具。在整个盾构施工过程中,激光导向系统起着极其重要的作用,具体如下。

（1）在显示面板上动态显示盾构轴线相对于隧道设计轴线的准确位置，报告掘进状态。并在一定模式下，自动调整或指导操作者人工调整盾构掘进的姿态，确保盾构沿接近隧道设计轴线掘进。

（2）获取各环掘进姿态及最前端已装管片状态，指导管片安装。

（3）通过标准的隧道设计几何元素自动计算隧道的理论轴线坐标。

（4）和地面电脑相连，对盾构姿态进行远程实时监控。

目前国内外的盾构姿态测量系统有四种模式，分别是：全站仪+激光靶（Laser Target）的激光导向模式（代表系统有：德国 VMT 公司的 SLS-T 系统、英国 ZED、德国 TACS 公司的 ACS 系统、上海米度的 MTG-T 系统）；全站仪+双棱镜+倾斜仪模式（代表系统有：德国 PPS、日本演算工房的 ROBOTEC 系统、上海米度系统、上海力信的 RMS-D 系统）；陀螺仪全站仪模式（日本东京计器株式会社开发的 TMG-32B 系统和 Tellus 导向系统）；全站仪+三棱镜模式（代表系统有日本演算工房、上海力信等）。盾构机内的导向系统及电脑显示界面分别如图 1-21、图 1-22 所示。

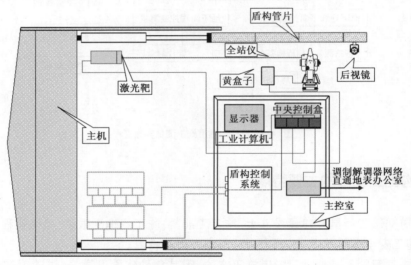

图 1-21　盾构机内的导向系统

图 1-22　导向系统界面

(二)测量精度等级要求高、复测周期要求高

对于地下工程而言,测量就是地下工程的"眼睛",差之毫厘,谬以千里。盾构施工对地下测量工作提出了更高的要求,根据《城市轨道交通工程测量规范》(GB/T 50308—2017)、《工程测量规范》(GB/T 50026—2017)、《盾构法隧道施工与验收规范》(GB 50446—2017)等要求,精密导线测量的技术要求进行作业。地铁隧道的平面贯通中误差为 ±50mm,高程贯通误差为 ±25mm。其盾构姿态测量误差见表 1-3。

盾构/TBM 姿态测量误差技术要求　　　　　　　　　　　表 1-3

测量项目	测量误差	测量项目	测量误差
靶平面方向偏差	±5mm	两轴线间平面夹角	±1mm/m
靶平面高程偏差	±5mm	纵向坡度	±1mm/m
靶平面里程偏差	±10mm	横向旋转角	±1mm/m

隧道内控制导线测量时采取如下措施提高测量精度。
(1)尽可能加大导线边长,减少测站。
(2)保证视线距隧道壁一定距离(不小于0.5m),避免旁折光的影响。
(3)在不同的时间段进行观测,取其加权平均值作为最后成果。
(4)在单向贯通距离较长的盾构隧道内设置强制对中标志或采用三联脚架法进行观测。
(5)在单向贯通距离较长的盾构隧道内采用双导线或边角网形式布设施工控制网。
联系测量示意见图 1-23。

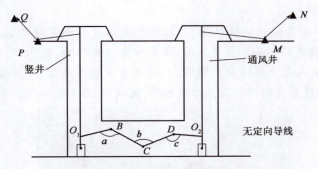

图 1-23　联系测量示意图

地下控制水准测量的方法和精度要求同地面精密水准测量。地下控制水准测量应在隧道贯通前独立进行三次,并与地面向地下传递高程同步。重复测量的高程点与原测点的高程较差应小于 5mm,并应采用逐次水准测量的加权平均值作为下次控制水准测量的起算值。地下施工水准点宜每 50m 设置一个,地下施工控制水准点宜每 200m 设置一个。

此外,由于地铁隧道是不太稳定的载体,在控制导线向前延伸时,必须对已有的控制点进行复测,必要时从定向起始边开始复测,以保证已有控制点成果的可靠性及测量精度。在隧道贯通前 50~100m 处全面复检测一次,以保证隧道正确贯通。

(三)对管理技术和从业人员素质要求高

盾构施工测量是一项对从业人员要求极高的技术工作,不仅要从技术上严格把关,而且要从管理上认真把控,只有技术与管理相结合,才能真正有效控制盾构法隧道测量工作。

为了加强测量技术管理,本着"过程规范,则结果可控"的理念,可以将盾构法隧道测量的全过程分解成6个二级过程,20个三级过程,为管理岗位,落实责任,结合企业管理体系的岗位设置情况,将盾构测量分成项目经理部、三级公司、总包方三个管理层级共10个相关岗位,对测量技术控制任务进行了管理责任分解,形成了盾构法隧道测量责任矩阵(RAM)。

结合测量规范和测量操作有关规定,将20个三级过程都分别进行过程再解析,分解成目的、输入和输出内容、过程方法、记录、数据处理流程、操作准则、示例及说明等,这样让每个测量子过程变得简单、清晰、专业、规范。测量人员进行盾构法隧道测量时,只需根据现场的施测条件,参考分解结构,严格遵守每项三级过程的各要素要求(输入、观测、记录、数据处理及准则),按图索骥,即可确保测量作业过程的有效性,也可保证每项三级过程输出成果的准确性,从而使整个盾构法隧道测量全面受控。后续章节对此将详细论述。

盾构施工测量是一项看似简单的专业工作,但其实这项工作是由系列首尾相连的测量子过程构成的,是一个技术复杂、环节众多的过程,只有确保每个环节满足规范要求,方可保证最后测量控制结果准确可靠。

(四)施工安全风险源多,事故多发

盾构在掘进中,由于地层变化频繁,软硬交错,造成刀盘受力不均,从而使盾构姿态发生偏转、抬头、低头的现象,导致掘进轴线与隧道设计轴线发生偏离,这在施工中是不允许的。但是往往由于地层地质复杂状况、盾构机械故障、周围环境干扰、技术管理人员职业素养等原因,造成隧道贯通误差过大、地面沉降超限等问题,从而导致施工安全事故多发。

【案例】

2008年12月,华南某城市地铁区间,在掘进完成后贯通测量时发现,约119m成形隧道偏离设计轴线,最大偏差179mm。主要原因:在盾构出洞前150m时,导向系统出现异常,数据丢失,测量人员重新输入设计线路出现错误,曲线要素少输入负号,导致曲线转向反向,掘进过程中测量人员私自设置迂回曲线引导盾构出洞,造成约70m隧道拆除重建。见图1-24。

图1-24 地铁隧道贯通误差

盾构施工测量始终贯穿于城市轨道交通建设全程,它是城市地铁施工的重要基础和安全保障,也是重要技术支撑和技术集成。高度重视盾构施工测量工作,确实加强技术储备,提升技术能力,加强技术人员职业素养培养和管理人员安全教育,是促进城市轨道交通健康快速发展的前提保证。

第二章

地铁盾构施工地面控制测量

盾构施工地面平面控制网应根据城市轨道交通线网规划布局、建设步骤和工程建设要求按等级进行设计。

地面平面控制网应分为三个等级。一等网为全市轨道交通控制网,应采用卫星定位测量方法,一次全面布设;二等网为线路控制网,采用全站仪精密导线方法布设;三等网为线路加密控制网,采用精密导线方法分期布设。

地面高程控制网通常分两个等级布设,首级网为城市轨道交通一等水准网,该高程控制网等级与国家二等水准精度等级相当,测量也是按二等水准测量方法和精度实施。二级网是城市轨道交通二等水准网,在首级网基础上加密完成。

第一节 卫星定位控制测量

一 概述

根据《城市轨道交通工程测量规范》(GB/T 50308—2017),对在同一个城市内的轨道交通工程控制测量做出了下列要求。

(1)平面和高程系统应与所在城市平面和高程系统一致。

(2)工程建设前应在城市一、二等平面和高程控制网的基础上,建立专用的平面、高程施工控制网,其与现有城市控制网重合点的坐标及高程较差,应分别不大于50mm和20mm。

(3)施工前应对已建成的平面、高程控制网进行复测,建设中应对其进行检测。

(一)卫星定位控制测量网的布设

1. 全球定位系统(Global Positioning System,GPS)控制网点位的选择

首先,收集城市轨道交通线路沿线附近标石。将稳定、完好的城市原有控制点纳入GPS制控制网中,以便确定GPS控制网的基准。同时通过原有控制点在GPS控制网中坐标的较差,衡量GPS控制网的精度。

控制点应选在利于长久保存施测方便的地方,离开线路中心线或车站等构筑物外缘的距离不宜小于50m。控制点上应视野开阔,避开多路径效应影响,被测卫星的地平高度角应大于15°。控制点应远离无线电发射装置和高压输电线,其间距分别不小于200m和50m。建筑物上的控制点,应选在便于联测的楼顶承重墙上面。

GPS控制点的位置要便于进行下一级二等精密导线点的扩层,由于城市轨道交通线路贯穿城市繁华地段,交通运输极其繁忙,地面点位不易保存,二等精密导线点大都选在楼顶上。因此,GPS控制点应尽量与相邻二等精密导线点通视,且尽量选在车站或施工竖井附近,以便利用每个GPS控制点至少要有两个通视方向,相邻GPS控制点间距不低于500m。

2. GPS控制点的标志与埋设

为使点位长期保存,以便利用GPS测量成果进行二等精密导线测量以及复测,GPS控制点均应埋设具有中心标志的永久性标石。标石分为基本标石、岩石标石和楼顶标石三种。建筑物楼顶标石可现场浇筑,标石下层钢筋插入楼顶平面混凝土中,标石应固结在楼顶板平台上,标石规格和形式见图2-1。为了减少多次观测对房屋顶部防水层的影响,同时减少每次观测的对中误差,在埋设 GPS 控制点时大都同时埋设具有强制对中标志的墩标。若控制点埋于地下,可以根据工程建设区域的地质状况选择埋设适宜的基本标石,标石规格和形式见图 2-2。

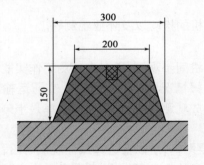

图 2-1　楼顶控制点标石埋设图(尺寸单位:mm)

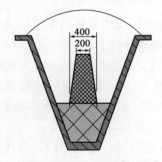

图 2-2　土中基本标石埋设图(尺寸单位:mm)

(二) GPS 控制网布设方案及优化

1. GPS 控制网的布设原则

GPS 控制网内应重合 3~5 个原有城市二等控制点或在城市里的国家一、二等控制点,并尽量保证分布均匀。同时考虑到城市轨道交通总体规划建设,多线路分期建设情况,在城市轨道交通线路交会处和前后期衔接处,应布设 2 个以上的重合点。

在隧道口、竖井、车站和车辆段附近,应布设 1~2 个控制点,相邻控制点应有两个以上方向通视,其他位置的控制点间应至少有一个方向通视。

控制网中应有一定数量的 GPS 点与水准点重合,同时应考虑在少量相邻点间进行电磁波测距用以检查 GPS 测量成果。

对于所有选定的点位,均以边连接方式按照静态相对定位原理布网,由于相邻点的相对点位中误差要求精度高,所以在控制网的布设时,相邻的短边控制点间保证同步观测。

GPS 控制网必须由非同步独立观测构成闭合环或附合路线,每个闭合环或附合路线中的边数应符合规范规定。

2. GPS 控制网的优化设计

为了确保 GPS 控制网的精度满足规范要求,在 GPS 控制网布设时,有必要进行优化设计。主要内容为以下几种。

(1)零类设计。即控制网的基准设计,是对一个已知图形结构和观测方案的 GPS 向量网确定最优坐标系统的优化设计。包括网的位置基准、方向基准和尺度基准,均是由网的整体平差实现的。对于城市轨道交通 GPS 控制网,涉及多线路的衔接,应首先进行已知点可靠性检验,选择多控制点约束平差方案,最终确定控制网的起算点。

(2)一类设计。即控制网图形设计,是在确定网的精度和观测方案情况下,得到最佳点位的优化设计。虽然 GPS 对图形设计要求不十分严格,但网形仍然影响着最后成果的精度。控制网图形设计主要考虑同步观测接收机数量、时段间的连接方式、重复上站率、独立基线向量的选择、由独立基线构成闭合图形等内容。

(3)二类设计。即观测方案的最佳选择,主要包括:时段设计、交通路线、观测时间等进行控制网的优化设计,通常综合考虑以上几点来确定观测方案、基线选择、平差方案等。

(4)三类设计。在控制网点的精度要求确定的情况下,优化加密点及其观测元素。因此,它包括一类、二类两方面的优化设计内容,是混合应用。

(三) GPS 控制网观测

GPS 控制网观测主要包括制定观测计划、接收机的检验以及外业观测等。

1. 指定观测计划

外业观测,又称数据采集。由于涉及多台接收机同步观测,所以在观测工作实能前依 GPS 网的布设方案、投入观测的接收机数量、可见性预报情况、观测时段长度、交通运输和通信条件,选择最佳的观测时段,进行科学调度,对顺利完成观测任务,进而提高效率是十分必要的。

(1) GPS 卫星的可见性预报

GPS 卫星的空间几何分布对定位精度具有重要影响,所以在选择最佳观测时段,制订观测计划时,一般需根据测区的坐标、观测日期,查看当日的 GPS 卫星数以反相应的位置精度因子(Position Dilntion of Precision, PDOP)值的变化情况。尽管当前 GPS 工作卫星星座已经部署完毕,确保任何地区全天任何时间均能至少观测到 5 颗卫星,但最佳观测时段还是选择在 PDOP 值小于 6 的时间范围内。

(2) 作业调度表

根据最优化的原则,应综合考虑 GPS 控制网的布设方案、卫星的可见性预报、网的连接方式、各时段观测时间和交通情况,合理调配各接收机,进行科学调度。作业调度表包括观测时段号、测站名称和接收机号等内容。

2. 接收设备的检验

用于数据采集的 GPS 接收机一定要按照《全球定位系统(GPS)测量型接收机检定规程》(CH 8016—1995)的规定进行检定,合格后方可使用。但在控制测量作业前,还需对 GPS 接收机和天线等设备进行全面检验。接收机在一般检视和通电检验后,还应进行 GPS 接收机内部噪声水平的测试、接收机天线平均相位中心稳定性检验和 GPS 接收机不同测程精度指标的测试,详见《全球定位系统(GPS)测量规范》(GB/T 18314—2009)及《全球定位系统(GPS)测量型接收机检定规程》(CH 8016—1995)的规定。

由于埋设的标石大都没有强制对中装置,因此,为了提高对中精度,还需检验基座圆水准器和光学对中器是否准确。

3. 接收机参数设置

同步观测的接收机,相应的参数设置要保持一致。其参数主要包括数据采样率和卫星高度角,通常在观测前,将各接收机统一进行参数设置,即数据采率为 10s,卫星高度角 15°。

4. 外业观测

(1) 架设天线

在 GPS 点位或墩标上架设天线,保证天线严格对中与整平。并把天线定向标志指向北方,每时段观测前、后量取天线高各一次,两次互差小于 3mm 时,应取两次平均值作为最后结果,同时详细记录天线高的量取方式。

(2) 开机观测

天线架设完成后,经检查接收机与电源、接收机与天线间的连接情况无误后,按作业调度表规定的时间开机作业,并逐项填写外业观测手簿。

具体操作步骤和方法依接收机的类型而异,但观测期间,操作员应注意以下几方面。

① 必须在接收机有关指示灯与仪表正常时,进行测站、时段信息输入。

②注意查看接收卫星数、卫星号、相位测量残差、实时定位结果及其变化、存储介质以及电源情况等。

③不得随意关机并重新启动,不准改动卫星高度角的限值,不准改变数据采样间隔和仪器高等信息。

5. GPS 外业测量手簿

测量手簿应全面记录测站的相关信息,应该现场填写,并有可追溯性,以便内业计算时使用。手簿中应记录测站名称(测站号)、观测时段号、观测日期、观测者、测站类别(新选点、原等级控制点或水准点)、观测起止时间、接收机编号、对应天线号以及天线高三次量取值和量取方式等。

6. 数据存储

每日观结束后,应及时将存储介质上的数据进行传输、拷贝,并及时将外业观测记录结果录入计算机,利用随机软件进行基线解算。

(四)GPS 控制网数据处理

(1)基线向量解算

基线向量解算采用接收机随机配备的商用软件进行。基线解算时,通常采用广播星历,以同步观测时段为单位进行。定位的基准是由卫星星历或基准站原坐标给出。对于小于 8km 的短基线必须采用双差相位观测值和双差固定解;对 8~30km 长基线可在双差固定解和双差浮点解中选择最优结果。基线向量解算首先进行自动动处理,若周跳较多或数据质量欠佳以致处理结果不理想,须进行基线的精化处理。

(2)观测数据检核

对外业观测数据即基线进行检核是确保 GPS 成果的重要环节,通常进行同步环闭合差、异步环闭合差、复测基线较差三种检核。

①同步环闭合差检核。

同步环闭合差反映的是一个同步环数据质量的好坏,因多台接收机同步观测时,各边是不独立的,在理论上其闭合差应恒为零,但通常不为零,其大小可反映 GPS 外业观测质量和基线解算质量的可靠性。

假设 W_x、W_y、W_z 分别为同步环坐标分量的闭合差,则同步环各坐标分量及全长闭合差应按规定满足下式的要求:

$$\left. \begin{aligned} W_x &\leq \frac{\sqrt{N}}{5}\sigma \\ W_y &\leq \frac{\sqrt{N}}{5}\sigma \\ W_z &\leq \frac{\sqrt{N}}{5}\sigma \\ W &= \sqrt{W_x^2 + W_y^2 + W_z^2} \\ W &\leq \frac{\sqrt{3N}}{5}\sigma \\ \sigma &= \sqrt{a^2 + (bd)^2} \end{aligned} \right\} \quad (2\text{-}1)$$

式中:N——同步环中基线边的个数;

W——环闭合差(mm);

σ——标准差,即基线向量的弦长中误差(mm);

a——固定误差(m);

b——比例误差系数(1×10^{-6});

d——GPS 控制网中相邻点间的平均距离(km)。

进行各项限差检查计算 σ 时,取 $a = 10\text{m}$ 和 $b = 2 \times 10^{-6}$。

②异步环闭合差检核。

异步环闭合差反映的是整个 GPS 网的外业观测质量和基线解算质量的可靠性。当独立观测的基线向量构成闭合图形时,其闭合差在理论上应为零,同样,由于各种观测误差和数据处理的模型误差等因素的影响,导致该闭合差通常不为零。相对于同步环闭合差,异步环闭合差对 GPS 成果质量更为重要。

独立基线构成的独立环各坐标分量及全长闭合差应满足下式要求:

$$\left. \begin{aligned} W_x &\leq 2\sqrt{n}\sigma \\ W_y &\leq 2\sqrt{n}\sigma \\ W_z &\leq 2\sqrt{n}\sigma \\ W &\leq 2\sqrt{3n}\sigma \end{aligned} \right\} \tag{2-2}$$

式中:n——独立环中基线边的个数。

③复测基线较差检核。

一条基线,若观测多个时段,则有多个向量结果。各时段解向量的重复性反映了基线解的内部精度,是衡量基线解质量的一个重要指标。复测基线长度较差应满足下式的要求:

$$d_s \leq 2\sqrt{n}\sigma \tag{2-3}$$

式中:n——同一边复测的次数,通常等于 2。

(五)GPS 控制网平差

1. 三维无约束平差

三维无约束平差的目的主要有以下两个方面:一是进行粗差分析,以发现观测量中的粗差并消除其影响;二是对整体网的内部精度进行检验和评估。

(1)平差的软件与基准

三维无约束平差通常采用接收机随机配备的商用软件进行,其基准可采用网中已有城市二等控制点的高精度 WGS-84 坐标或网中某点长时间观测获得的 WGS-84 坐标。

(2)平差采用的观测量

GPS 控制网采用随机软件进行同步观测网的基线解算,平差时采用各同步观测网的独立基线向量及其全协方差矩阵作为观测量,独立基线的选取由程序自动完成,其选取原则为通过独立基线构成最简基本回路。

2. 平差结果精度分析

GPS 三维无约束平差的结果,客观地反映了整个 GPS 控制网的内部符合精度。平差后基线向量改正数的绝对值应满足下式的要求:

$$\left.\begin{array}{l}V_{\Delta x} \leqslant 3\sigma \\ V_{\Delta y} \leqslant 3\sigma \\ V_{\Delta z} \leqslant 3\sigma\end{array}\right\} \qquad (2-4)$$

3. 二维约束平差

二维约束平差是指 GPS 基线向量网与地面控制网的整体平差。城市轨道交通首级 GPS 网应在 1954 年北京坐标系或城市坐标系中进行约束平差及精度评定，并应输出相应坐标系中的坐标，基线向量改正数，基线边长、方位角以及坐标、边长、方位、点位的中误差、相对点位中误差的精度信息、转换参数及其精度信息等。

（1）起算控制点兼容性分析

城市轨道交通首级 GPS 控制网中包含一定数量的原城市二等控制点，通常两网的精度不同，在选取不同的原有控制点作为起算数据时，容易产生 GPS 控制网变形，而达不到相应的精度要求，所以在进行二维约束平差时，要得到可靠的测量成果，必须对起算点进行兼容性分析。

根据《城市轨道交通工程测量规范》（GB/T 50308—2017）规定，在约束平差时不同基线向量的改正数与同名各基线无约束平差相应改正数的较差应满足下式要求：

$$\left.\begin{array}{l}dV_{\Delta x} \leqslant 2\sigma \\ dV_{\Delta y} \leqslant 2\sigma \\ dV_{\Delta z} \leqslant 2\sigma\end{array}\right\} \qquad (2-5)$$

式中：σ——相应等级 GPS 网的边长精度。

由于基线向量的改正数与同名基线无约束平差相应改正数的较差较大的基线分量与兼容性不好的起算点相关，当超限时则认为约束的起算数据与 GPS 网不兼容，需要进行起算控制点的取舍，剔除误差较大的起算点。

（2）起算控制点的选取

在满足兼容性要求后的起算点及平差结果，若 GPS 点与城市原有控制点的重合点的坐标较差在 ±5cm 以内，即可把该次成果作为约束平差成果。当然，在进行分析选取过程中，存在多种兼容方案，当平差结果精度满足要求且相差不大时，根据基准设计的要求，通常选取分布合理的已知点进行约束平差。

（3）约束平差成果

约束平差后得到与城市原有坐标系中控制点对面的各 GPS 点坐标，基线向量改正数，基线边长、方位角以及坐标、边长、方位、点位的中误差、相对点位中误差的精度信息和转换参数及其精度信息。平差后应根据《城市轨道交通工程测量规范》（GB/T 50308—2017）规定，衡量城市轨道交通首级 GPS 控制网的实际精度是否满足规范要求，以便采取相应措施。

二 GPS 控制网案例

（一）工程概况

西安地铁 5 号线是西安市城市轨道交通网络中一条重要的东西交通大动脉，线路西起中国西部科技创新港，东至西安东站，全长 45.37km，串联起西咸新区沣西新城、沣东新城、西安老城区、曲江新区、浐灞生态区等地，共设 34 座车站，其中 25 座地下站，9 座高架站，全线地下线路长达 27.24km，过渡及地面线路长达 18.13km，规划换乘站点超过 11 个，是西安地铁近期规划建设中的最长的非环状线。

(二)平面坐标系统概况

平面坐标系统采用工程独立坐标系统:西安 80 参考椭球(长半轴,$a = 6378140\text{m}$,扁率 $f = 1/298.257$),高斯投影。东坐标和北坐标的加常数分别为 500km、0。中央子午线经度为 108°50′,高程投影面 1900m,与设计坐标系统相同。

该标段本次复测 GPS 点 5 个。

(三)编制依据及原则

1. 编制依据

①《全球定位系统(GPS)测量规范》(GB/T 18314—2009)。
②《国家一、二等水准测量规范》(GB 12897—2006)。
③《城市轨道交通工程测量规范》(GB/T 50308—2017)。
④交桩纪要"西安地铁 5 号线控制测量成果"。
⑤已批复的"控制网复测报告"。

2. 编制原则

编制本技术设计书的目的是为了保证复测作业质量,按要求完成作业任务。我们要严格按照复测遵循的技术依据作业,及时上报复测成果,保证复测成果的正确。

(四)复测内容及精度

GPS 首级控制网复测;GPS 控制网等级:卫星定位控制网(一等网)。

(五)复测组织

1. 工作流程(图 2-3)

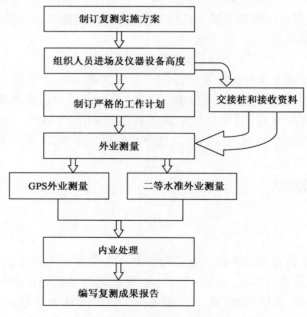

图 2-3 复测工作流程

2. 时间安排

根据《城市轨道交通工程测量规范》(GB/T 50308—2017)要求,标段开工前第一次复测,之后每年1次。组织测量人员对全线的平面控制点逐一进行排查。标段复测计划2017年8月23日开始复测,预计1天内(8月23日)完成GPS外业观测,8月26日提交复测成果。

3. 组织机构及复测人员

按照组织机构和复测人员情况据实报告。

4. 仪器、设备

平面控制网复测仪器、设备见表2-1。

平面控制网复测仪器、设备表　　　　表2-1

仪器名称	型号	数量	标称精度	备注
GPS	天宝R8	5台	5mm+1ppm	
车辆		1台		

注:仪器均在鉴定期内,使用前已经调校,状态良好。

(六)平面控制网复测

1. GPS测量基本技术要求(表2-2～表2-4)

GPS观测作业的基本技术要求　　　　表2-2

项　目	要　求
接收机类型	双频
观测量	载波相位
接收机标称精度	$\leqslant (10mm + 2 \times 10^{-6} \times D)$ (D为相邻点间的距离)
卫星高度角(°)	$\geqslant 15$
同步观测接收机(台)	$\geqslant 3$
有效观测卫星数(颗)	$\geqslant 4$
平均重复设站数(次)	$\geqslant 2$
观测时段长度(min)	$\geqslant 60$
数据采样间隔(s)	$\leqslant 10$
点位几何图形强度因子(PDOP)	$\leqslant 6$

GPS测量的主要技术指标　　　　表2-3

平均边长 (km)	最弱点的点位 中误差(mm)	相邻点的相对点位 中误差(mm)	最弱边的 相对中误差	与现有城市控制点的 坐标较差(mm)	不同线路控制网重合点 坐标较差(mm)
2	±12	±10	1/100000	≤50	≤25

GPS接收机的精度指标　　　　表2-4

级　别	城际轨道交通工程测量
a(mm)	≤5
b(mm/km)	≤1

注:a为接收机固定误差;b为接收机比例误差系数。

2. 外业观测注意事项

开始测量前对参加测量的技术人员进行培训,使技术人员掌握规范各项规定及精度指标,了解现场测量组织调度程序。为保证外业数据采集质量,现场测量由一名测量队长负责组织。

(1) 观测前根据卫星可见性预报编制观测计划。卫星可见性预报根据测区概略位置采用广播星历进行计算,内容包括可见卫星数据、卫星高度角和方位角、点位几何图形强度因子等内容。

(2) 调度员确定现场卫星观测精度是否与预报一致,特别是要注意卫星健康状况改变,如出入较大时则应根据实际情况调整观测计划。

(3) GPS 操作人员必须听从调度员指挥,当不能按计划到达点位时,应通知调度员,由调度员根据卫星可见性预报对观测时段做出调整。

(4) 观测者到达测站后,应先安置好接收机使其处于静置状态。

(5) 天线安置采用三脚架架立,光学对中误差不大于 ±1.0mm,仪高量取读取至 mm,分别在测量前、后进行量取,两次仪高误差要求小于 2mm 为合格。

(6) 接收机开始记录数据后,应及时将测站名、测站号、时段号、天线高等信息填入 GPS 观测记录表。观测过程中,观察接收信号的质量与电池余量等,遇到特殊情况及时汇报,由调度员决定处理方式。

(7) 一个时段观测过程中严禁进行以下操作:关闭接收机重新启动;进行自测试(发现故障除外);按关闭和删除文件功能键等。

(8) 观测员在作业期间不得擅自离开测站,应防止碰动仪器或仪器受震动。注意防止行人和其他物体靠近天线遮挡卫星信号。

(9) 观测人员要保证通信畅通,配备手机或对讲机。GPS 观测时,使用对讲机应距天线 10m 以上。观测过程中不得在天线附近 50m 以内使用电台,10m 以内使用对讲机;

(10) 观测结束后经检查所有规定项目、记录无误后方可迁站。

(11) 在两个观测时段之间需重新对中整平。

(12) 当天的观测数据及时备件,不得进行任何剔除或删改,不得调用任何对数据实施重新加工组合的操作指令。

3. GPS 控制点复测

GPS 控制点复测按照与设计单位同精度、同等级、同构网方式的要求进行,采用静态相对定位测量、同步环按边联结方式扩展,组成三角形或大地四边形相连的带状网。如图 2-4 所示。

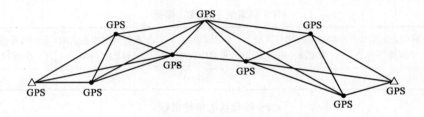

图 2-4 GPI 复测控制网构网方式

(1) GPS 控制网复测实施

与本设计线路控制网的构网方式相同,本次复测 GPS 控制网形成大地四边形和三角形组成的带状网,采用边联式构网。

观测执行的具体细则如下:

作业前按要求进行仪器检校。对中设备采用精密对点器,对中精度小于1mm,在作业前及作业过程中对基座水准器、光学对点器进行检校,确保其状态正常。

观测严格执行调度计划,按规定时间进行同步观测作业。

采用同步静态观测模式,以GPS对点作为联结边,采用边联式构网,形成大地四边形或三角形组成的带状网。

GPS同步观测时段数为2个时间段,每时段观测60min。

作业过程中,天线安置严格整平、对中。

卫星高度角设定为≥15°;数据采样间隔设定为10s;同步观测有效卫星总数≥5颗。

每时段观测前后分别量取天线高,误差小于2mm,取两次平均值作为最终结果。

一个时段观测结束后,重新对中整平仪器,再进行第二时段的观测。

观测过程中按规定填写了观测手簿,对观测点名、仪器高、仪器号、时间、日期以及观测者姓名均进行了详细记录。

(2) GPS数据处理及精度分析

GPS复测基线解算采用广播星历,用TBC-2.7商用软件按静态相对定位模式进行,采用双星多基线向量的双差固定解求解模式。外业观测结束后以大地四边形和三角形作为基本构网图形对观测基线进行处理和质量分析,检查基线质量是否符合规范要求。删除工作状态不佳的卫星数据,删除残差过大且有明显的系统误差的时间段,不让其参与平差。对所有基线进行解算并进行精度分析,基线网整体平差时对基线进行选取,组成独立环进行基线网平差。GPS控制网平差采用CosaGPSV5.21平差处理软件,平差过程中选择相邻标段的共用GPS控制点对GPS控制网进行数据处理。GPS网平差采用中央子午线108°50′,投影面大地高1900m的参考椭球进行整网平差,平差完成后,进行与设计坐标比对。采用GPS复测GPS控制点时,复测成果、2017年5月成果和设计成果的较差应满足《城市轨道交通工程测量规范》(GB/T 50308—2017)要求。

(3) GPS基线解算及精度分析

①基线向量异步环闭合差。

基线向量异步环闭合差也是检验基线向量网质量的一项重要技术指标。在解算出每一时段的GPS同步基线向量后,以三角形作为构环图形,在不同时段间组成异步基线环,并计算该异步环闭合差。GPS基线向量异步环闭合差应符合下式规定:

$$W_x \leq 2\sqrt{n}\sigma, W_y \leq 2\sqrt{n}\sigma, W_z \leq 2\sqrt{n}\sigma, W \leq 2\sqrt{3n}\sigma \quad (2-6)$$

其中,各级GPS网相邻点间弦长中误差σ用下式计算:

$$\sigma = \sqrt{a^2 + (b \times d)^2} \quad (a\text{取}5mm; b\text{取}1ppm) \quad (2-7)$$

式中:n——闭合环边数($n=3$);

σ——GPS基线向量弦长中误差[$\sigma = \sqrt{5^2 + (1 \times d)^2}$(mm)];

d——实际环平均边长(km)。

GPS控制网复测基线向量异步环闭合差统计见表2-5。

GPS 控制点基线向量解算及精度分析 表 2-5

闭合环个数	三维向量闭合差 W(mm)				
	$0 \leq W < 10$	$10 \leq W < 20$	$20 \leq W < 30$	$30 \leq W < 40$	$W \geq 40$
6	5	1	0	0	0
	闭合差相对中误差 W/S				
	$W/S \leq 1/80$ 万	$1/80 < W/S \leq 1/30$ 万	$1/30 万 < W/S \leq 1/10$ 万	$W/S > 1/10$ 万	
	6	0	0	0	

GPS 复测控制网异步环闭合差最大为环镐京村—52G07—52G08A：闭合差 14.41mm、限差 62.47mm；满足限差要求，异步环闭合差检验合格。

②重复基线较差。

对于 GPS 基线边，同一边不同观测时段基线较差应满足：

$$d_s \leq 2\sqrt{2}\sigma \tag{2-8}$$

式中：$\sigma = \sqrt{5^2 + (1 \times d)^2}$ (mm)；

d_s——选定的重复基线长度(km)。

GPS 控制网重复基线统计见表 2-6。

GPS 控制网重复基线统计表 表 2-6

重复观测基线数	重复观测基线较差 d_s(mm)			
	$0 < d_s \leq 3$	$3 < d_s \leq 7$	$7 < d_s \leq 15$	$d_s > 15$
20	14	6	0	0

按《城市轨道交通工程测量规范》(GB/T 50308—2017)要求同一边不同观测时段基线较差应满足 $d_s \leq 2\sqrt{2}\sigma$ mm。GPS 复测控制网重复基线较差最大为 52G09A—52G07A，较差为：6.8829mm、限差 28.7955mm；可知本次 GPS 控制网复测所有重复基线向量较差均满足规范限差要求。

综上所述，通过 GPS 的异步环基线闭合差检验以及重复基线较差检验的结果，可知此次复测的 GPS 基线解算正确，成果可靠。

(4) GPS 控制网平差及精度分析

本次 GPS 控制网先进行三维无约束平差，而后进行二维约束平差，采用 CosaGPS V5.21 平差处理软件。

①三维无约束基线网平差(表 2-7)。

GPS 控制网三维无约束平差精度统计表 表 2-7

最弱边精度统计			
基线边	基线长(m)	比例误差	ppm
52G08A—52G09A	810.538	1/609000	1.64
最弱点精度统计			
点名	M_x(cm)	M_y(cm)	M_z(cm)	M_p(cm)
52G09A	0.12	0.25	0.16	0.32

从以上三维无约束平差精度统计可知，GPS 基线向量网自身的内符合精度较高，基线向量没有明显系统误差和粗差，基线向量网的质量是可靠，在此基础上可以进行约束平差，GPS 控

制网其余各边三维无约束平差的精度统计数据详见三维网无约束平差报告。报告略。

②二维约束平差。

约束平差采用相邻标段搭接点 GPS 点(镐京村点、52G09A)作为约束点,进行二维约束平差,见表 2-8。

GPS 控制网二维约束平差精度统计表　　　　　　　　　　　　　表 2-8

最弱边精度统计			
基线边	基线长(m)	比例误差	ppm
52G08A—52G09A	810.5453	1/921000	1.09
最弱点精度统计			
点名	M_x(cm)	M_y(cm)	M_z(cm)
52G08A	0.09	0.07	0.11

由以上统计可知,二维约束平差后,GPS 点间基线最弱边精度为 1/921000,精度完全满足最弱边相对中误差≤1/100000 要求,本次 GPS 复测网的精度达到《城市轨道交通工程测量规范》(GB/T 50308—2017)GPS 网精度,将得到的平面成果、上次复测成果和设计成果进行坐标比较。具体平差见 GPS 二维网约束平差。平差结果略。

4. GPS 控制网复测成果分析及结论

(1) GPS 控制网复测成果判别方法

复测 GPS 点后,应进行控制点的复测坐标与原测坐标的比较,点位较差应满足不大于 ±25mm 的要求。

(2) 平面控制网复测成果分析

本次 GPS 控制网复测,平差后 GPS 控制网复测与原测坐标成果比较见表 2-9。

西安地铁 5 号线二期复测 GPS 网复测成果对比表　　　　　　　表 2-9

点名	设计坐标(m)		2017.5 复测坐标(m)		2017.5 复测与设计差值(mm)		限差(mm)	备注
	x 坐标	y 坐标	x 坐标	y 坐标	Δx	Δy		
镐京村	7163.671	-2023.364	7163.671	-2023.364				起算点
52G09A	8227.871	-4110.932	8227.871	-4110.932				起算点
52G08A	7417.455	-4096.632	7417.4543	-4096.6331	-0.7	-1.1	25	合格
52G07	7737.247	-3287.3	7737.2488	-3287.2974	1.8	2.6	25	合格
52G06	7141.728	-2680.617	7141.7287	-2680.6116	0.7	5.4	25	合格

由表 2-9 可看出:通过二维约束平差后坐标成果对比,均满足 GPS 规范要求 25mm 的限差要求。

(七) GPS 控制网复测结论

本次 GPS 复测网的精度达到《城市轨道交通工程测量规范》(GB/T 50308—2017)GPS 网精度要求,复测 GPS 精度满足规范的规定。GPS 控制网各点坐标差都满足 x、y 坐标差值不大于 ±25mm 要求。施工中仍采用 GPS 原设计值。

(八) 复测控制网网形(图2-5)

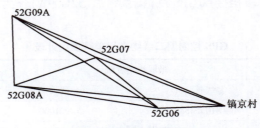

图2-5　GPS网复测网形

(九) 附件(根据实际情况据实报告)

(1) 人员资质。
(2) 仪器鉴定证书。
(3) 原始记录。

三、本节小结

全球导航卫星系统(Global Navigation Satellite System,简称 GNSS),它是所有全球导航卫星系统及其增强系统的集合名词,是利用全球的所有导航卫星所建立的覆盖全球的全天候无线电导航系统。目前,GNSS 包含了美国的 GPS、俄罗斯的格洛纳斯(GLONASS)、我国的北斗卫星导航系统、欧盟的伽利略(Galileo)系统、广域差分系统(SBAS)、星载多普勒无线电定轨定位系统(DORIS)、准天顶卫星系统(QZSS)、静地卫星增强系统(GAGAN·GPS)等,可用的卫星数目达到 100 颗以上。

GPS 定位系统包括三大部分:空间卫星部分;地面监控部分;用户接收部分。目前,GPS 定位测量技术已经应用于多个方面,在大地测量和工程测量当中应用广泛,显示出了巨大的潜力和前景。在 GPS 定位测量中,通过观测 GPS 卫星并获得某种观测量来实现定位的目的。利用 GPS 进行定位,就是把卫星视为"动态"的控制点,在已知其瞬时坐标(可根据卫星轨道参数计算)的条件下,以 GPS 卫星和用户接收机天线之间的距离(或距离差)为观测量,进行空间距离后方交会,从而确定用户接收机天线所处的位置。

GPS 定位测量是通过安置在测站点上的地面接收机来接收 GPS 卫星所发射的定位信号来测定该点的坐标,并通过进一步的数据处理,从而得到测站点在国家统一坐标系或地方独立坐标系下的坐标。与传统测量技术相比较,该技术具有以下几方面的优越性。

1. 测站间无须通视

GPS 测量不要求测站点之间相互通视,只需测站点上空开阔即可。因此,该技术的应用很好地解决了传统测量仪器需要点与点之间通视的难题,增加了测量工作的灵活性。

2. 定位精度高

实践证明,GPS 相对定位精度在 50km 以内可以达到 10^{-6},100~500km 可达 10^{-7},1000km 以上可达 10^{-9}。在 300~1500m 的精密工程定位当中,当观测时段长度大于 1H 时,GPS 接收机所确定的测站坐标平面位置误差小于 1mm,与 ME-500 电磁波测距仪测定的边长比较,其边长较差最大为 0.5mm,较差中误差为 0.3mm。以上所进行的精度比较说明 GPS 测量技术应用于各类工程测量中完全是可行的。

3. 观测时间短

随着 GPS 定位系统的不断完善,软件的不断更新,目前 20km 以内相对定位,仅需 15～20min 的观测时间;快速静态相对定位测量时,当每个流动站与基准站相距 15km 以内时,流动站观测时间只需 1～2min;动态相对定位测量当中,流动站出发时观测 1～2min,然后可以随时定位,每站只需几秒钟。

4. 可提供三维坐标

传统测量工作中,将平面和高程测量采用不同的方法分别进行,GPS 可以同时测得点的三维坐标,因此可将平面和高程测量同时进行。目前,GPS 水准可以达到四等水准测量的精度,完全满足一般高程测量的精度要求。

5. 操作简便

测绘仪器的发展,有一个重要特点就是不断使观测者的操作减少,降低劳动强度。随着 GPS 接收机不断改进,自动化程度越来越高,接收机的体积和质量越来越小,极大地减轻了测量工作者的劳动强度,使野外工作变得较为轻松。

6. 全天候作业

目前,GPS 测量可以在一天的任何时间进行,不受阴天黑夜、刮风下雨等天气的影响。但雷雨天气不要作业,以免遭受雷击,造成安全事故。

外业观测完成之后,需要对接收机所采集到的定位数据信息进行处理。因 GPS 定位系统使用的坐标系为 WGS-84 坐标系,实际应用当中点位坐标往往是在国家统一坐标系或地方独立坐标系下的坐标。因此,在进行 GPS 定位测量数据内业处理时,关键是测站点所在坐标系的变换及转换参数的确定。数据处理主要经过以下几个程序:数据传输、基线解算、网平差计算、坐标系统转换、与原有地面网的联合平差。对外业观测所得到的基线向量进行质量检验,并对由合格的基线向量所构建成的 GPS 基线向量网进行平差解算,得出网中各点的坐标成果。如果需要利用 GPS 测定网中各点的正高或正常高,还需要进行高程拟合。因 GPS 定位测量外业观测所采集的数据量大,处理过程复杂等特点,我们在进行数据处理时往往利用编制好的专用数据处理软件来进行内业数据处理,大大简化了内业工作的复杂性。

GPS 定位测量是通过地面接收设备接收并处理卫星传送的信号来确定空间点的三维坐标。在这一过程中,精确测定在某一历元(瞬间)卫星到测站点上用户接收机的距离至关重要,将直接决定定位测量精度的高低,目前站星距离的测定常采用的方法有载波相位测量法和伪距法等。经研究发现,GPS 定位测量的主要误差来源有以下三个方面:一是与 GPS 卫星有关的误差,主要包括卫星星历误差、卫星钟误差、SA 干扰误差及相对论效应的影响等;二是与信号传播有关的误差,主要包括电离层折射、对流层折射及多路径误差等;三是与接收设备有关的误差,主要包括接收机钟误差,天线相位中心变化等。

一等全市轨道交通控制网采用的高程投影面宜与城市平面坐标系统采用的投影面一致。当线路轨道面平均高程面的边长投影长度变形和高斯投影长度变形的综合变形值大于 15mm/km 时,线路控制网和线路加密控制网应采用抵偿高程面作为投影面的城市平面坐标系统,或者高程投影面不变,采用高斯克吕格任意带平面直角角坐标系统。线路贯穿多个使用不同平面坐标系统的行政区域时,其测绘成果应满足各个行政区域对于测绘成果的要求。行政区域界线段的线路应有两套坐标成果,并应建立坐标转换关系。

思 考 题

1. 城市轨道交通工程地面平面控制网分为哪三个等级?
2. 简述 GPS 外业观测的注意事项。
3. 简述 GPS 测量的优越性。

第二节 精密导线测量

在地铁修建过程中,建立在全市轨道交通控制网(首级平面控制 GPS 网)的基础上,布设二等线路控制网,二等线路控制网一般布设方式为精密导线测量。精密导线测量是指精度达到相邻点位的相对中误差不超过 ±8mm 的导线测量,是城市轨道交通轻轨建设中施工平面控制网布设的主要技术。二等线路控制网是地铁施工控制测量的依据,它的质量好坏对于确保地铁各项工程在整体上按设计位置准确复现至关重要。

 一 精密导线测量

(一)精密导线网的精度要求和布设方案

1. 精密导线的精度要求

在一等卫星定位网精度满足要求条件下,点位中误差在 ±20mm 以内,能够保证地面控制测量对横向误差的影响值在 ±25mm 以内的要求。精密导线测量的主要技术要求见表 2-10。

精密导线测量的主要技术要求　　表 2-10

平均边长(m)	闭合环或符合导线总长度(km)	每边测距中误差(mm)	测距相对中误差	测角中误差(″)	测回数		方位角闭合差(″)	全长相对闭合差	相邻点的相对点位中误差(mm)
					I 级全站仪	II 级全站仪			
350	3~5	±6	1/60000	±2.5	4	6	$\pm 5\sqrt{n}$	1/35000	±8

注:1. n 为导线的角度个数。
　　2. 高架线路地段平均边长宜为 400m。
　　3. 全站仪的分级《城市轨道交通工程测量规范》(GB/T 50308—2017)附录中有关规定执行。

2. 精密导线的布设方法

精密导线沿城市轨道交通线路方向布设,根据导线点与首级 GPS 点的空间分布,通常布设成多条附合导线、闭合导线或多个结点的导线网。

(二)导线点的选择与埋设

无论采用何种施工方法,在城市轨道交通施工测量时,使用最多的还是精密导线点,所以精密导线点的选点一定要保证易于观测、便于施工使用、易于保存而且稳定。具体而言,选点时要注意以下几点:

（1）为了施测方便，在车站、洞口附近，宜多布设导线点，且保证能够至少两个方向通视，选点时应注意以下几点为了减少地面导线传递误差的影响，最好确保精密导线点能够与井口通视。

（2）相邻导线边长不宜相差过大，个别短边的边长不应短于100m。位置应选在因城市轨道交通工程施工产生变形区域以外的地方，距城市轨道交通路和车站构筑物的距离应大于30m。

（3）导线点最好选在楼顶，也可埋于地面，但地面上的导线位应避开地下构筑物如地下管线等，楼顶上的导线点宜选在能俯视城市轨道交通线路、车站，车辆段的一侧。

（4）相邻导线点间以及导线点与其附合的GPS点之间的垂角不应大于30°，视线离障碍物的距离应不受旁折光的影响。

（5）综合考虑城市轨道交通线路总体规划，在城市轨道交通线路相交叉的地方及前、后两期工程衔接的地方应布设适量的共用导线点。

（三）导线点的埋设

地面的精密导线点的规格、形式和埋设见图2-6，楼顶的精密导线点也可按图2-6所示规格、形式埋设。

（四）精密导线观测

导线测量通常利用全站仪观测，分为水平角测量和边长测量。

全站仪本身的误差主要有以下几种：测距的加常数、乘常数误差；测距的周期误差；相幅误差；相位不均匀误差；竖轴倾斜误差；横轴倾斜误差；视准轴误差；补偿器误差；度盘偏心误差度盘刻划误差；竖盘指标差；望远镜调焦误差等。

1. 水平角观测

（1）GPS点上或导线结点上观测

由于精密导线附合在GPS点上，在附合导线两端的GPS点上观测时，应联测其他可通视的GPS点，采用方向观测法，方向数不多于3个时可不归零，夹角的平均观测值与GPS坐标反算夹角之差应小于6″，在导线结点上观测时采用方向观测法，测回间需要变换度盘。

（2）导线点上观测

当观测仅有两个方向时，导线点上水平角观测，按左、右角观测，左右角平均值之和360°的较差应小于4″。当水平角遇到长短边需要调焦时，采用同一方向正倒镜同时观测法。

2. 边长测量

每条导线边均进行往返测量：Ⅰ级全站仪应在往返观测各两个测回，Ⅱ级全站仪座返观测各3个测回。每测回间应当重置照准目标，每测回间应4次读数，各项技术要求见表2-11。

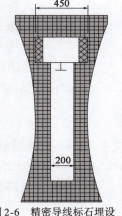

图2-6 精密导线标石埋设示意图
（尺寸单位：mm）

全站仪测回读数技术指标 表2-11

全站仪等级	一测回中读数间较差	单程各测回间较差	往返测或不同时段结果较差
Ⅰ	3	3	$2 \times (a + bd)$
Ⅱ	5	7	

注：1. 一测回指照准目标一次读数4次。
　　2. $a + bd$ 为测距仪器标称精度。

测距时应读取温度和气压,以便进行边长的气象改正。测前、测后各读取一次,取平均值作为测站的气象数据。温度读至 0.2℃,气压读至 50Pa 或 0.5mmHg。

(五)精密导线线网平差

1. 边长改正

(1)斜距须经加常数、乘常数和气象改正。

(2)斜距改为平距须加地球曲率、大气折光改正。

2. 测距边水平距离的高程归化和(或)投影改化

根据城市原有控制网的基准面进行相应的高高程归化和(或)投影改化。具体进行何种归化或投影,以城市轨道交通建设的施工图设计所采用的坐标基准面而定。

(1)归化到城市轨道交通工程线路测区平均高程面上的测距边长度,按下式计算:

$$D = D_0' \left(1 + \frac{H_\rho - H_m}{R_a}\right) \tag{2-9}$$

式中:D_0'——测距两端点的平均高程面的水平距离(m);
R_a——参考椭球体在测距边方向法截弧的曲率半径(m);
H_ρ——测区的平均高程(m);
H_m——测距边两端点的平均高程(m)。

(2)归化到参考椭球面上的测距边长,按下式计算:

$$D = D_0' \left(1 - \frac{H_m - h_m}{R_a + H_m + h_m}\right) \tag{2-10}$$

式中:D——归算到参考椭球面上的测距边长(m);
h_m——测区大地水准面高出参考椭球面的高差(m)。

(3)测距边在高斯投影面上的长度,按下式计算:

$$D_z = D \left(1 + \frac{Y_m^2}{2R_m^2} + \frac{\Delta Y^2}{24R_m^2}\right) \tag{2-11}$$

式中:Y_m——测距边两端点横坐标之平均值(m);
R_m——测距边中点的平均曲率半径(m);
ΔY——测距边两端点近似横坐标的增量(m)。

二 本节小结

精密导线布设对精密导线测量质量的影响可以从精密导线费用构成和精密导线布设占用测量时间上反映出来。精密导线布设占精密导线测量总费用的 35%,布设占用的测量时间也有 40%。因此,应严把精密导线布设这一环节。在进行精密导线布设前,应做好以下几个方面工作来控制精密导线布设质量。

(1)首先应收集地铁线路沿线 GPS 点的点位中误差、GPS 点相对点位中误差以及 GPS 点在方便使用、利于精密导线测量等方面的情况。选出质量好方便使用的地铁沿线 GPS 点。

(2)将选出的 GPS 点标注于有地铁站位、区间施工井位的线路设计图上(1:5000 比较合适),结合 1:500 线路平面图,在 1:5000 图上选出合适的精密导线点位,选出的精密导线要能控制住地铁线路、站位、可能的施工开挖面井位,同时又要避开可能施工范围的影响。

(3)图上选点完成后,一方面向参与人员进行技术交底,另一方面组织进行现场踏勘,熟悉现场情况,最后进行现场选点。选点的重要性一定要给参与人员讲清楚。

总之,只有经过图上选点和现场选点的多次反复,才能选出既能控制地铁线路、站位和可能的施工井位,又能使点与点之间满足有关规范对测角量距的要求,呈直伸型的附合导线或多个结点的导线网且又方便使用与保护的精密导线点位。选出的精密导线点间及精密导线点与 GPS 点间的最短边长不宜短于 100m,平均边长应视区间施工方法及区间长度而有所不同,暗挖平均边长 600~800m,明挖及高架与地面线 300~350m,点间垂直角最大不超过 30°。选点布网后,根据点位在 1:500 线路平面图上坐标,绘制精密导线布网图。

思 考 题

1. 简述精密导线点的选点的基本要求。
2. 简述二等线路控制网主要技术参数。

附 表

1. 测量控制点交底表格。
2. 精密导线全站仪测量记录表。

第三节 地面高程控制测量

通过本节的学习,掌握地面高程控制测量的测量方法及数据处理过程,熟悉了解高程数据平差原理,为更好地服务城市轨道交通工程。

地面高程控制测量,在城市轨道交通工程建设中与地面平面控制测量具有同等重要的作用,是城市轨道交通工程全线线路和结构高程贯通的保障,也是城市轨道交通工程建设中的一项很重要的先行基础工作。本节主要介绍城市轨道交通高程控制网的布设、控制点选择与埋设、外业观测、数据处理以及控制网检测。

一 地面高程控制网的基本特点

城市轨道交通工程,应结合拟建线路情况,进行专项高程控制网设计,且与城市原有高程系统一致,并在工程开始前完成,其基本特点如下:

(1)高程控制网的大小、形状、点位分布,应满足轨道交通工程施工的需要,可以根据城市轨道交通总体规划布设全面网,也可以为某条线路布设单独的线状控制网。

(2)城市轨道交通工程地面高程控制网,通常分两个等级布设,首级是与国家二等水准相当的城市轨道交通一等水准网(以下简称一等水准网),二级是用于加密的城市轨道交通二等水准网(以下简称二等水准网)。当城市的一、二等水准网保存完好、水准点间距小于4km时,则可一次布设城市轨道交通工程二等水准网而不再分级布设。

(3)地面高程控制网不但是隧道高程贯通的基础,同时为工程设计提供大比例尺地形图服务,为施工放样服务,还要为建设期间变形监测以及运营后的结构变形监测服务。

(4)由于城市轨道交通工程建设周期较长,工程建设期间高程控制点难免发生变化,因此需要在一定的周期内对地面高程控制网进行检测,通过检测评价原网稳定状况和可靠程度,确保地面高程控制网满足工程建设需要。

二、地面高程控制网的测量步骤

地面高程控制网的测量步骤与一般城市建设的高程控制网一样,需要经过以下工作步骤。

(1)收集资料。收集和了解拟建线路沿线现有测绘资料、线路设计资料、岩岩土工程条件等。

(2)现场踏勘、选点。沿拟建线路普查现有测量高程控制点的完好情况,控制点周围建(构)筑物情况以及拟埋设控制点的位置条件情况等。

(3)埋石。根据控制点的位置条件,选择埋设不同类型的标石。

(4)高程控制网观测,应按照高程控制网等级和技术要求进行几何水准测量。

(5)数据平差等。

三、城市轨道交通地面高程控制网布设原则

城市轨道交通工程水准点,应选在施工场地变形区外稳固的地方,有条件应埋设基岩水准点。水准点离开车站和线路的距离应不少于40m,一般水准点和深柱水准点应根据每个城市情况,桩埋设在稳定的持力层层上。水准点应选在便于寻找、保存和引测的地方。

1. 城市轨道交通一等水准网布网原则

一等水准网是基础网,一般按照工程线路布设成附合、闭合路线或者结点网。水准网起算点一般不少于3个,且应是城市一等水准点。每个一等水准点应远离受施工影响的变形区,当工程处于地面沉降区域时,在首级水准观测前,应首先考虑保证起算点已知的现势性,每隔3km埋设1个水准点。

2. 城市轨道交通二等水准网布网原则

二等水准网是起算于一等水准网的高程控制网,主要为施工服务,其网形主要取城市轨道交通工程的线路形状,一般每个车站、竖井及车辆段附近应布设水准点,点应少于2个。二等水准网应布设为结点网或附合路线。二等导线网中的各点有条件时应纳入二等水准网测量中。

四、城市轨道交通水准标石类型与埋设

水准标石是长期保存测量成果的固定标志,水准标石确定了点的高程,因而它的稳定性是

非常重要的。由于对观测结果有限差的要求,人们往往比较重视观测结果,却常常忽略标石的稳定性问题。如果标石埋设质量不好,容易产生垂直位移或倾斜,即使水准测量再好,其最后成果也是不可靠的。因此,施工过程的测量务必重视水准标石的埋设质量。

1. 水准标石类型

城市轨道交通工程中的水准点标石,可分为混凝土水准标石、墙脚水准标石、基岩水准标石和深柱水准标石四种。

2. 水准标石的埋设

混凝土水准标石要埋设在冻土线以下30cm,埋设时需特别注意埋设地点地质条件,了解地下水位的深度,地下有无空洞和流沙等,要确保标石理设在土质坚实稳定的地层,见图2-7。

墙脚水准标石,应选择在永久性或半永久性坚固的建筑物或构筑物基础上埋设。考虑到水准尺的长度,埋设时注意远离建筑物的外檐和外部窗台等影响水准尺竖立的障碍物见图2-8。

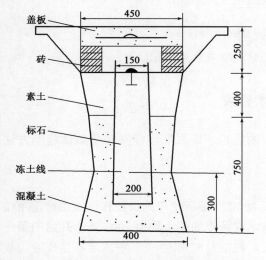

图2-7 混凝土普通一等、二等水准基点埋石埋设示意图(尺寸单位:mm)

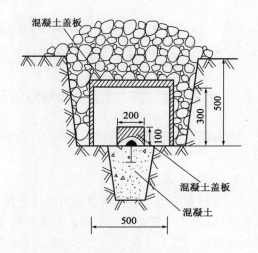

图2-8 基岩水准基点标石埋设示意图(尺寸单位:mm)

埋设基岩水准标石时,应注意埋在真正的基岩上,不允许埋在较大的孤石上。为了施工方便,可以尽量选在基岩露头的地方,遇有风化层时,必须将风化层凿剥除去。埋设基岩水准标石一般应有地质人员参加或以地质资料作依据,必要时需事先进行地质钻探。基岩水准标石必须是混凝土制成,使其与基岩牢固相接,见图2-9。

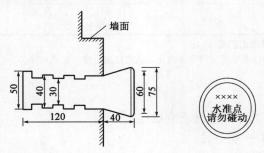

图2-9 墙脚水准基点标石埋设示意图(尺寸单位:mm)

深桩水准标石埋设时应注意收集地质资料作为依据,深桩应埋设在稳定的持力层内,见图 2-10。

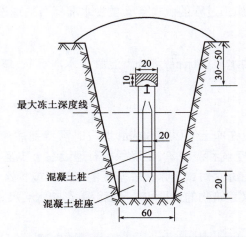

图 2-10　深柱水准基点标志埋设示意图(尺寸单位:mm)

水准点埋设完成后,应进行外部整饰并应现场绘制水准点点之记。

五、地面高程控制测量的施测方法及技术要求

地面高程控制测量的技术要求应符合表 2-12 的规定。地面高程控制测量具体施测方法如下。

1. 一般要求

水准观测应待埋设的水准标石稳定后再进行。水准测量所使用的仪器和标尺由检定单位进行全面检验,检定周期为 1 年。水准仪视准轴与水准管轴的夹角称为 i 角,外业开始的第一周内应每天测定 1 次角,稳定后可隔半月测定 1 次。城市轨道交通一、二等水准测量作业工程中水准仪的 i 角应小于 15″。

水准测量的主要技术要求　　　　表 2-12

水准测量等级	每千米高差中误差(mm)		附合水准路线平均长度(km)	水准仪的等级	水准尺	观测次数		往返较差、附合或环线闭合差(mm)
	偶然中误差 M_Δ	全中误差 M_w				与已知点联测	附合或环线	
一等	±1	±2	35～45	DS1	铟瓦尺或条形码	往返测各一次	往返测各一次	$±4\sqrt{L}$
二等	±2	±4	2～4	DS1	铟瓦尺或条形码	往返测各一次	往返测各一次	$±8\sqrt{L}$

注:1. L 为往返测段、附合或环线的路线长(km)。
　　2. 采用数字水准仪测量的技术要求与同等级的光学水准仪测量技术要求相同。

2. 观测方法

二等水准测量的观测方法应符合下列规定。

往测奇数站上:后—前—前—后;
偶数站上:前—后—后—前。
返测奇数站上:前—后—后—前;

偶数站上：后—前—前—后。

若使用数字水准仪与条码尺，应将有关参数、限差预先输入，并按顺序操作。一、二等水准每一测段的往测和返测，宜分别在上午、下午进行，也可在夜间观测。

由往测转向返测时，两根标尺必须互换位置，并应重新整置仪器。

3. 观测质量控制

水准测量观测的视线长度、视距差、视线高度和水准测量测站观测限差应符合表2-13、表2-14的规定。

水准测量观测的视线长度、视距差、视线高度　　表2-13

等级	视线长度		前后视距差	前后视距累计差	视线高度	
	仪器等级	视距			视线长度20m以上	视线长度20m以下
一等	DS1	≤50	≤1.0	≤3.0	≥0.5	≥0.3
二等	DS1	≤60	≤2.0	≤4.0	≥0.4	≥0.3

水准测量测站观测限差　　表2-14

等级	上下丝读数平均值与中丝读数之差	基、辅分划读数之差	基、辅分划所测高差之差	检测间歇点高差之差
一等	3.0	0.4	≤3.0	1.0
二等	3.0	0.5	≤4.0	2.0

注：使用数字水准仪观测时，同一测站两次测量高差之差应满足基、辅分划所测高差较差的要求。

4. 水准测量的记录和检验

（1）记录项目

每测站应记录上、下丝在前、后标尺的读数和中丝在前、后标尺基轴分划面的读数。使用数字水准仪，只记录前、后视线长度和在前、后标尺上的视线高度。

在每测段的始、末，应记录水准点编号、观测日期、时间、大气温度、天气、云量、太阳方向成像情况、风向和风力。

（2）记录方法

水准测量数据量大，验算项目较多，一般宜采用电子记录的方法。

（3）测站检验

每测站按照规范的要求，应计算前后视距差和视距差的累计值、视线长度和高度、上下丝读数和中丝读数的差、同一标尺两次读数差、两次所测前后标尺高差之差、检测间歇点高差之差。

（4）测段检验

每测段完成后，计算往返测高差不符值，检验是否满足要求。若不符值超限，应分析观测时人员操作、仪器状况和外界环境对测量成果的影响，先对可靠程度较小的往测或返测进行全测段重测。

（5）成果的取舍

按照规范要求，对于一等水准，当两次异向观测的高差不符值在限差内时，取两次异向观测的平均值作为最终值，否则应进行重测。对于二等水准，若重测高差与原测任一方向高差的不符值未超出限差，则取两次观测高差的平均值作为最终值。

5. 外业操作的注意事项

(1) 仪器的检查。

每天工作开始前要对水准标尺圆水准器的正确性进行检查和校正,防止因运输或其他原因致使圆水准器的正确位置发生偏离,从而使测量结果产生误差。

作业开始的第一周内每天对 i 角的检查,最好在不同的气温下进行,查看变化规律。

(2) 保持前后视等距。

(3) 严格按照奇偶站观测顺序观测。

(4) 保证每个测段的测站数为偶数。

为了消除两根标尺的零点高度不等差,每个测段的测站数为偶数。往测转返测时,两根标尺要互换位置,同时前后视的读数顺序也作相应改变。

(5) 预先安置尺柱或尺台。

用于作为转点尺承的尺柱或尺台,要求在观测前预先安置好。为防止往返测的高差中数产生偏差,每测段的往测与返测应使用同一类型的转点尺承和安置方法。

6. 水准仪 i 角的检验与校正

见第十一章盾构法测量管理,第四节测量仪器配置管理及检校。

7. 水准测量的内业计算

水准测量的外业观测工作结束后,须将手簿中记录的各项资料测段距离和高差数据编制成高差和概略高程表,并计算观测高差改正数、环线闭合差、偶然中误差、全中误差等。

(1) 观测高差改正数的计算

由于城市轨道交通工程的线路长度一般为几十千米,因此观测高差改正数只加水准标尺长度改正一项。

水准标尺长度改正数的计算依据计量检定机构提供的有效期内的标尺改正系数 f 计算。一测段高差改正数 δ 按下式计算:

$$\delta = fh \tag{2-11}$$

式中:f——标尺改正系数(mm/m);

h——观测高差(m)。

往测和返测高差分别施加改正,改正数取代数和。往返测改正数相同,则高差不符值不变。

(2) 高差偶然中误差的计算

按照我国的现行规范作业,水准测量的往返测是在外界环境差异较大的条件下独立完成的,高差不符值表示误差的抵消程度,主要包含偶然误差。因此,用往返不符值计算水准准测量的偶然中误差来衡量作业质量的重要指标。

每千米水准测量的高差偶然中误差按下式计算:

$$m_\Delta = \sqrt{\frac{1}{4n}\left[\frac{\Delta\Delta}{L}\right]} \tag{2-12}$$

式中:m_Δ——高差偶然中误差(mm);

L——水准测量的测段长或环线长(km);

Δ——水准路线测段往返高差不符值(mm);

n——往返测的水准路线测测段数。

(3) 高差全中误差的计算

环线闭合差是由往返测平均高差形成的闭合差,具有真误差性质。它反映着高差平均值的偶然误差,也反映着系统误差,包含这两种误差的综合影响。因此,可以用环线闭合差计算水准测量的全中误差。

当用附合路线的闭合差计算水准测量的全中误差时,一定要保证线路起闭的两已知高程点高程的准确性和现势性。

每千米水准测量的全中误差 m_w 按下式计算:

$$m_w = \pm \sqrt{\frac{1}{N}\left[\frac{WW}{L}\right]} \quad (2-13)$$

式中: m_w——高差全中误差(mm);
W——附合路线或环线闭合差(mm);
L——计算 W 日时的相应路线长度(km);
N——往返路线和闭合路线的个数。

8. 水准网数据处理

数据的平差处理按照分级处理的原则进行。城市轨道交通工程的水准网的数据处理采用严密平差的方法,在城市等水准点的控制下分别进行一等、二等水准网平差。

9. 水准网检测与处理

轨道交通工程的施工期间为了保证高程控制的统一性、连续性和稳定性,对所布设和使用的一等、二等水准网进行周期检测。

(1) 水准网检测周期

对一等、二等水准网应按各等级技术要求进行 100% 的检查测量。在地面沉降不明显的地区,一般在全线贯通后或线路调整之前必须进行全线的水准网检测。在地面沉降严重的地区,应收集有关地面沉降资料,根据当地的年沉降速率确定全线水准网的检测周期。在城市轨道交通工程的施工期间可以根据实际情况进行局部区域的高程控制检测。

(2) 水准网检测原则及数据处理

水准网检测一般采用与原测相同的精度、相同的路线和相同的测量方法。在水准网监测中,拟定的检测方案中至少应包括 3 个以上的已知高级水准点,尽量由闭合环、点,附合路线构成水准网络。对原测水准点标石的完好性、稳定性必须进行实地考察。对位于工程变形区内不稳定的或遭到破坏的水准点应重新选点并补埋标石。

按照分级处理的原则进行水准网数据的平差处理,方法与首期水准网数据处理相同。

10. 水准网检测结果精度分析与评价

(1) 两期水准点间高差较差的限差

设两相邻水准点间的原测与检测高差分别为 h_1 和 h_2,测量精度相同,即 $m_1 = m_2 = m_h$ 因为 $\Delta h = h_2 - h_1$,根据误差传播定律可得:

$$m_{\Delta h} = \pm \sqrt{m_{h1}^2 + m_{h2}^2} \quad (2-14)$$

则有:

$$m_{\Delta h} = \pm \sqrt{2m_h} \quad (2-15)$$

$$m_h = \pm m_w \sqrt{K} \quad (2-16)$$

故

$$m_{\Delta h} = \pm \sqrt{2}\, m_w \sqrt{K} \quad (2-17)$$

则
$$\Delta h_{限} \leq 2\sqrt{2} m_w \sqrt{K} \tag{2-18}$$

式中：K——水准点间水准路线长度(km)；

m_w——水准测量每千米高差中数的全中误差(一等水准 2mm，二等水准 4mm)。

(2) 两期水准点高程较差的限差

由于水准网是沿城市轨道交通工程线路布设并附合在城市一、三等水准点上的。按照城市二等水准点平均间距 4km 推算，则水准点的最弱点位于中间 2km 处，该点一次测量的高程中误差可表示为：

$$m_{Hi} = \pm \sqrt{m_{H0}^2 + m_h^2} \tag{2-19}$$

而
$$m_h = \pm m_w \sqrt{L} \tag{2-20}$$

式中：m_{H0}——距检测水准点最近的已知高程点的高程中误差(mm)；

m_h——最近已知点至所测水准点间高差中误差(mm)；

m_w——水准测量每千米高差中数的全中误差；

L——最近已知点至所测水准点间水准路线长度(km)。

两期水准测量精度相同时，检测与原测水准点高程较差的中误差为：

$$m_{\Delta H} = \pm \sqrt{2 m_{Hi}} \tag{2-21}$$

两期水准点高程较差的限差为：

$$\Delta H_{限} \leq 2\sqrt{2} m_{Hi} \tag{2-22}$$

根据城市轨道交通工程高程控制布设的实际情况，取 $L=2$km，$m_{H0}=\pm 0.5$mm，$m_w=2$mm 代入式(2-19)、式(2-20)和式(2-22)，得 $m_{Hi}=\pm 2.87$mm 和 $\Delta H_{限} \leq 8.12$mm。

考虑到城市轨道交通贯通的严格要求，一般对原测成果可按以下原则处理：

检测与原测高程较差的中误差小于 4mm 的可以使用原成果；大于 4mm 的应进行复测，如发现水准点有下沉现象，要使用新成果。当然还要根据当地的地面沉降情况，对沉降因素进行综合全面分析后，确定检测点点的最终高程。

六 案例分析

(一) 工程概况

天津地铁 1 号线北起北辰区刘园，南至津南区双林，总长度为 26.188km。其中天津西站至新华路段为既有线，长 7.4km，既有线以北新建路段长 7.5km，以南新建路段长 11.4km。全线共设 22 座车站，其中高架站有 8 座，地下站有 13 座，地面车站有 1 座。北段线路设有 6 座车站，其中刘园、西横堤、果酒厂、本溪路 4 站为高架站，勤俭道、洪湖里为地下站。中段线路设有 7 座车站，西站、西北角、西南角、二纬纬路、海光寺、鞍山道、营口道站全部为地下站。南段线路设有 9 座车站，其中小白楼、下瓦房、南楼、土城 4 站为地下站，陈塘庄、复兴门、华山里、财经学院 4 站为高架站，双林为地面站。全部车站中有 4 个是岛式站台，其余为侧式站台。站间距离最小为 0.784km，最大为 1.624km，平均为 1.225km。

(二) 天津地铁 1 号线水准网概况

天津地铁 1 号线水准点沿 1 号线线路布设，依据现场特点，高程控制网布设成城市轨道交通一等水准附合路线，水准网示意见图2-11。天津地铁1号线水准网于2002年1月首次施测，采用大沽高程系2000年高程。

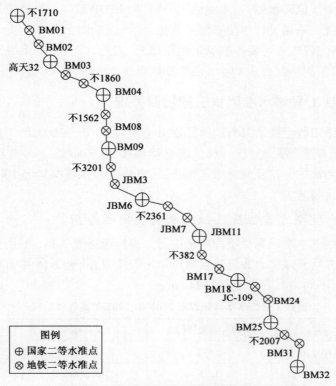

图2-11　天津地铁1号线水准网示意图

天津市是我国地面沉降严重城市之一，多年来由于过量开采地下流体资源的结果，宝坻断裂和蓟运河断裂以南均有不同程度的沉降现象。其中形成市区、塘沽、汉沽、大港和海河下游区为中心的五个沉降漏斗。多年的沉降资料显示，天津市区平均每年沉降20mm左右。

地铁1号线贯穿整个天津市区，处于沉降区内，因此对1号线的水准网进行定期测，以便为地铁施工提供可靠的高程控制是非常必要的。根据天津市的沉降情况，天津地铁1号线水准网检测频率为每半年检测一次。

（三）天津地铁1号线水准网检测方法

1. 检测原则

天津地铁1号线水准网的检测以采用同等精度仪器、同等方法施测为原则，采用城市轨道交通一等水准测量的观测方法及限差要求，附合路线闭合差限差采用$4\sqrt{L}$mm（L为路线长度，单位为km）。

2. 外业观测

外业观测严格按照城市轨道交通一等水准测量的方法及测站限差执行。在开始观测前及结束观测时测定水准仪i角误差，同时观测严格按照城市轨道交通一等水准测量对作业时间、视线高度、视距差、视距累计差及测站限差的要求执行。

3. 内业数据处理

首先对外业观测数据进行100%复核，并统计各段线路闭合差。由于天津市地面沉降比较严重,作为起算点的国家二等水准点也在沉降,因此在计算线路闭合差时控制点的高程值应采用与观测时间最接近的年代的数值。

在确认外业观测数据无误后,采用威远图公司 WELTOP 软件进行严密平差计算。平差计算时已知点的高程统一采用设计单位提供的数值,进行强制附合平差。由于天津市地面沉降比较严重,所以最终高程较差可能不能满足规范要求,因此,综合考虑沉降因素比较测段高差的较差,根据高差较差的情况确定水准准点的稳定情况。

(四)天津地铁1号线水准网第三期检测概况

天津地铁1号线工程全线水准网的第三次外业检测工作于2003年7月完成。检测采用 NO07 水准仪一台及配套铟瓦钢尺一副,仪器标称精度为:1mm/km。外业观测严格按照城市轨道交通一等水准测量的方法及测站限差执行,所有外业检测资料均经100%内业检查,往返测等各项限差均满足要求。

1. 外业观测测数据可靠性及已知点相对稳定性分析

天津地铁1号线的水准起算点不同年代的已知高程值见表2-15,表中已知水准点2002年高程值为2002年11月天津市地面沉降监测整体平差结果,从表2-15中可以看出,不2007与不1860两水准点间不均匀沉降值最大为24mm。

地铁1号线水准网起算点2000年、2002年高程值比较　　　　表2-15

序号	点　名	2000年高程值(m)	2002年高程值(m)	2000—2002年沉降值(mm)
1	不1710	3.812	3.7785	33.5
2	高天32	3.27	3.2438	26.2
3	不1562	4.296	4.2806	15.4
4	不320A	2.698	2.669	29
5	不2361	3.803	3.7747	28.3
6	不382	2.774	2.7607	13.3
7	JC-109	1.928	1.8956	32.4
8	不2007	3.774	3.7557	18.3
9	不1860	3.651	3.6086	42.3

2. 数据处理

平差计算采用威远图公司 WELTOP 软件进行解算。

首先采用2002年高程进行整体平差计算,平差计算结果表明:成果精度满足规范要求,外业观测成果正确可靠。

然后再采用2000年高程进行强制约束整体平差计算,其中各项精度指标为:每千米高差中误差为±0.472mm;平差后最弱点高程中误差为±9.92mm;相邻点的相对高差中误差为±7.33mm。

3. 检测结果分析

通过与最近一次检测(2003年1月第二次检测)的测段高差进行比较,对检测点定性进行分析,两期检测段高差的较差见表2-16。

天津地铁 1 号线水准网两期检测高差比较　　　　　表 2-16

起　点	终　点	2003 年 1 月检测高差(m)	2003 年 7 月检测高差(m)	较差(mm)
不 1710	BM01	0.9171	0.9188	-1.7
BM01	BM02	0.0162	0.0059	10.3
BM02	高天 32	-1.6983	-1.6859	-12.4
高天 32	BM03	1.1831	1.1827	0.4
BM03	BM04	0.2216	0.2231	-1.5
BM04	不 1562	-0.1416	-0.1399	-1.7
不 1562	BM08	0.2504	0.2480	2.4
BM08	BM09	-0.4794	-0.4790	-0.4
BM09	不 320A	-1.0678	-1.0649	-2.9
不 320A	JBM3	0.6642	0.6665	-2.3
JBM3	JBM6	-2.1674	-2.1660	-1.4
JBM6	不 2361	0.5651	0.5649	0.2
不 2361	JBM7	-0.7832	0.7854	2.2
JBM7	JBM11	0.8045	0.8010	3.5
JBM11	不 382	-1.5230	-1.5209	-2.1
不 382	BM17	-1.4595	-1.4602	0.7
BM17	BM18	0.2472	0.2466	0.6
BM18	JC-109	-0.1864	-0.1848	-1.6
JC-109	BM24	1.2024	1.2018	0.6
BM24	BM25	-0.5254	-0.5289	3.5
BM25	不 2007	0.0350	0.0348	0.2
不 2007	BM31	-0.0801	-0.0784	-1.7
BM31	BM32	0.4368	0.4341	2.7
BM32	不 1860	-0.3202	-0.3215	1.3

从表 2-18 中可以看出，由于水准点 BM01 与 BM02 之间两期观测高差的较差为 10.3mm，出现异常，水准点 BM02 与已知点高天 32 之间两期观测高差的较差为 12.4mm，出现异常，可以推断出水准点 BM02 发生了沉降异常。

4．检测结论

从两期检测结果的比较分析中可以得出水准点 BM02 发生了沉降异常，其他水准点相对沉降正常，因此建议在施工过程中 BM02 水准点的高程应采用检测结果。

七、本节小结

为保证地铁运行的高稳定性、高安全性、高舒适性，必须以高精度的测量工作作为技术保证，地铁在建设过程中，沿线布设了高精度的水准基点，按照二等水准测量的精度进行施测，通过平差获取高精度的高程值，为后续施工提供高程基准。因此，作为测量人员，必须掌握高程测量的技术和方法，熟练操作相关仪器，不断提高自身综合素质。

思 考 题

1. 精密高程控制测量在地铁建设质量起到哪些作用？
2. 高程控制点的高程如何获取？对仪器精度有何要求？
3. 洞内水准基点高程如何向线上精密高程控制点进行传递？

附 表

1. 电子水准仪自检记录表。
2. 高程控制测量记录计算表。

第三章

地铁土建结构施工测量放样

地铁施工中,无论是运行路线还是停靠车站,都需要先将相关的设计点位坐标在地面上或者地下掘进面的前方标定出来,才可以进行施工。这个过程称之为测设。

测设,又称放样,测设工作与测绘工作恰好相反。它是根据控制网,把图样纸上设计的点位平面位置和高程标定到实地上去,以便进行施工。放样必须首先根据图样纸上待放样点的坐标和与原有控制点的相对位置关系,求出测设元素(角度、距离和高差),然后才能进行放样。

第一节 平面坐标放样的基本方法

一 平面坐标放样的基本工作

放样与以前学习的测量角度、距离和高差有所区别,它在地面尚无点的标志,需在设计数据的基础上,根据有关条件做出符合一定精度的实地标志。放样的三项基本工作包括已知水平角度的测设,已知距离的测设和已知高程的测设。本节先介绍与点位平面坐标相关的角度和距离的测设,第三节介绍高程的测设。

(一)已知角度测设

测设已知角度是将图纸上设计好的水平角值和位置在地面上准确地用标志反映出来。也就是根据水平角的已知数据和一个已知方向,把该角的另一个方向放样在地面上。

1. 一般方法

如图 3-1 所示,已知地面上 OA 方向,向右放样已知水平角 β,定出 OB 方向,步骤如下。

(1)在 O 点安置经纬仪,严格对中、整平。

(2)盘左位置瞄准 A 点,调节度盘变换手轮使水平度盘读数为 0°00′00″。旋转照准部,使水平度盘读数为 β 值,在此方向线定出 B' 点。

(3)同样方法盘右位置定出 B'' 点,取 B'、B'' 连线的中点 B,则 $\angle AOB$ 就是要放样的水平角 β。此法也称为正倒镜分中法。

2. 精确方法

当对放样精度要求较高时,可按下述方法步骤进行。

(1)如图 3-2 所示,先按一般方法定出 B_1 点。

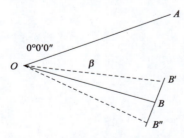

图 3-1 已知水平角测设的一般方法

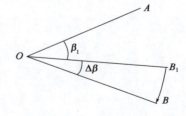

图 3-2 已知水平角测设的精确方法

(2)反复观测水平角 $\angle AOB_1$ 若干个测回,准确求其平均值 β_1,并计算出它与已知水平角的差值 $\Delta\beta = \beta - \beta_1$。

(3) 计算改正距离：

$$BB_1 = OB_1 \frac{\Delta\beta}{\rho} \tag{3-1}$$

式中：OB_1——观测点 O 至放样点 B_1 的距离；

　　　ρ——206265″。

(4) 从 B_1 点沿 OB_1 的垂直方向量出 BB_1，定出 B 点，则 $\angle AOB$ 就是要放样的已知水平角。

注意：如 $\Delta\beta$ 为正，则沿 OB_1 的垂直方向向外量取；反之向内量取。

(二) 已知距离测设

测设已知水平距离是从地面一已知点开始，沿已知方向测设出给定的水平距离，以定出该段距离所对应的第二个端点的工作。根据测设时使用的仪器和工具不同，可分为钢尺测设方法和光电测距仪测设方法。

1. 用钢尺测设已知水平距离

(1) 一般方法

当测设精度要求不高时，从已知起点出发，沿给定的方向和距离，用钢尺直接丈量出另一端点的位置。为了检核，可将起点处钢尺刻度移动 10~20cm，再测设一次，若两次丈量的相对误差在允许范围内（即相对误差小于 1/3000）时，则取两端点的中点作为该端点的最终位置，否则需重新测设。

(2) 精确方法

当水平距离的测设精度要求较高时，应使用经鉴定过的钢尺，采用经纬仪定线，根据给定的待测设水平距离 D，在进行尺长改正、温度改正和倾斜改正后，计算出在地面上对应的实地测设距离 L。即：

$$L = D - \Delta l - \Delta t - \Delta h \tag{3-2}$$

式中：L——实地测设的距离；

　　　D——待测设的水平距离；

　　　Δl——尺长改正数；

　　　Δt——温度改正数；

　　　Δh——倾斜改正数。

【**例 3-1**】　如图 3-3 所示，欲测设水平距离 AB，所使用钢尺的尺长方程式为：

$$l_t = 30.000 + 0.003 + 1.2 \times 10^{-5} \times 30(t - 20℃)$$

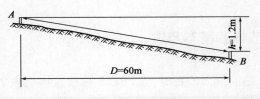

图 3-3　已知水平距离测设

测设时的温度为5℃，AB两点之间的高差为1.2m，试求计算测设时在实地应量出的长度是多少？

【解】 根据精确量距公式算出3项改正：

尺长改正：

$$\Delta l = \frac{\Delta l}{l_0} \cdot D = \frac{0.003}{30} \cdot 60 = 0.006(\text{m})$$

温度改正：

$$\Delta t = \alpha \cdot D \cdot (t - t_0) = 60 \times 1.2 \times 10^{-5} \times (5 - 20) = -0.011(\text{m})$$

倾斜改正：

$$\Delta h = \frac{h^2}{2D} = -\frac{1.2^2}{2 \times 60} - 0.012(\text{m})$$

则实地测设水平距离为：

$$S = D - \Delta l - \Delta t - \Delta h = 60 - 0.006 + 0.011 + 0.012 = 60.017(\text{m})$$

测设时，自线段的起点A沿给定的B方向量出S，定出终点B，即得设计的水平距离D。为了检核，通常再放样一次，若两次放样之差在允许范围内，则取平均位置作为终点B的最后位置。

2. 用全站仪测设已知水平距离

目前水平距离的放样，尤其是较长水平距离的放样多采用全站仪。用全站仪放样已知水平距离与用钢尺放样已知水平距离的方式一致，先用跟踪法放出另外一端点，再精确测量其长度，最后进行改正。

如图3-4所示，安置仪器于A点，瞄准并锁定已知方向，沿此方向移动反光棱镜，使仪器显示值略大于测设的距离，定出B'点。在B'点安置反光棱镜，测出竖直角α及斜距L，计算水平距离$D' = L\cos\alpha$或全站仪直接读出水平距离。根据ΔD的符号在实地用钢尺沿测设方向将B'改正至B点，并用木桩标定其点位。为了检核，应将反光镜安置于B点，再实测AB距离，其不符值应在限差之内，否则应再次进行改正，直至符合限差为止。

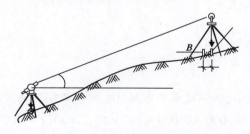

图3-4 光电测距仪测设水平距

二 点位平面位置放样的基本方法

在确定地铁线路或车站的平面位置时，设计图上往往直接提供的是一些主要特征点的设计坐标(x, y)，而不提供相关的水平距离和角度，这时，该如何在现场进行测设这些点的位置呢？

目前常用的办法是先根据已知点和主要特征点的设计坐标计算相关的水平角度和距离,然后综合运用上节所述方法在现场进行点位测设。点位测设的基本方法有极坐标法、直角坐标法、交会法等。在实际工作中,常根据控制网的布设形式、控制点的分布、地形情况、放样精度要求和施工现场的条件,选择合适的方法进行测设。

(一) 极坐标法测设平面位置

极坐标法是在控制点上测设一个角度和一段距离来确定点的平面位置,适用于待定点距离控制点较近且便于量距的情况。

如图 3-5 所示,A、B 为已知控制点,其坐标 $A(X_A,Y_A)$,$B(X_B,Y_B)$,$C(X_C,Y_C)$ 为待放样点,具体放样步骤如下:

(1) 根据坐标反算公式计算放样数据:α 为坐标方位角,β 为已知方向与未知方向的夹角,S 为两点之间的距离。

(2) 在 A 点安置经纬仪,对中整平后瞄准 B 点定向,度盘读数置成零,采用正倒镜分中法放样,转动角 β 为 AC 方向。

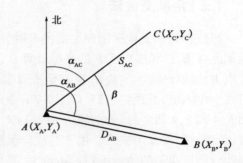

图 3-5 极坐标法放样点位

$$\left. \begin{aligned} \alpha_{AB} &= \tan^{-1} \frac{Y_B - Y_A}{X_B - X_A} \\ \alpha_{AC} &= \tan^{-1} \frac{Y_C - Y_A}{X_C - X_A} \\ \beta &= \alpha_{AB} - \alpha_{AC} \\ S_{AC} &= \sqrt{(X_C - X_A)^2 + (Y_C - Y_A)^2} \end{aligned} \right\} \quad (3-3)$$

式中,注意 Δx,Δy 的正负号所在的象限,将反正切函数的角值换算成坐标方位角。

(3) 在 AC 方向上用大钢尺放样距离 S_{AC},即得未知点 C 点。

目前,各类工地上使用普遍的全站仪就是利用极坐标法放样的原理进行的。它充分利用了全站仪测角、测距和计算一体化的特点,只需知道待放样点的坐标,不需事先计算放样元素,就可在现场放样,而且操作十分方便。目前使用全站仪放样的方法已成为施工放样的主要方法,后文将详细介绍使用全站仪进行放样的方法。

(二) 直角坐标法测设平面位置

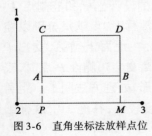

图 3-6 直角坐标法放样点位

直角坐标法是根据直角坐标原理进行点位的测设。当施工场地平坦、施工场地的控制点构成彼此垂直的主轴线或建筑方格网,新建建筑物的主轴线平行而又靠近基线或方格网边线时,经常采用直角坐标法测设点位。

如图 3-6 所示,1、2、3 点为方格网点,A、B、C、D 为待测的建筑物角点,各点坐标分别为 $A(20,20)$,$B(20,100)$,$C(40,20)$,

$D(40,100)$。在 2 点安置经纬仪,后视 3 点,得 2-3 方向线,沿此方向分别量距 20m 和 100m 得 P、M 两点,并作出标志。再在 P 点安置经纬仪,后视 23 直线上较远的一个点,正倒镜分别拨角 $90°$ 取其平均值,得 PC 方向线,沿此方向分别量距 20m 和 40m,得 A、C 两点,做出标志。同法在地面标志出 B、D 两点。最后,按设计距离及角度要求检测 A、B、C、D 四点。若不满足设计精度要求,则按前述方格网放样的方法进行调整,直至这四点满足设计要求,并加固标志点。直角坐标法只量距离和直角,数据直观,计算简单,工作方便,因此,直角坐标法应用较广泛。

(三) 角度交会法

当放样地区受地形限制量距困难时,常采用角度交会法放样点位。如图 3-7a) 所示,根据控制点 A、B、C 和放样点 P 的坐标计算 β_1、β_2、β_3、β_4 角度值。将经纬仪安置在控制点 A 上,后视点 B,根据已知水平角 β_1 盘左盘右取平均值放样出 AP 方向线,在 AP 方向线上的 P 点附近打两个小木桩,桩顶钉小钉,如图 3-7b) 中 1、2 两点。同法,分别在 B、C 两点安置经纬仪,放样出 3、4 和 5、6 四个点,分别表示 BP 和 CP 的方向线。将各方向的小钉用细线拉紧,在地面上拉出三条线,得三个交点。由于有放样误差,由此而产生的这三个交点就构成了误差三角形。当此误差三角形的边长不超过 4cm 时,可取误差三角形的重心作为所求 P 点的位置。若误差三角形的边长超限,则应重新放样。

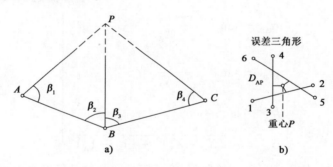

图 3-7 角度交会法

(四) 距离交会法

距离交会法是从两个控制点测设两段已知距离进行交会定点的方法,测设出待定点的平面位置。当建筑场地平坦,量距方便,且控制点离测设点不超过一尺段的距离时,用此法较为方便。

如图 3-8 所示,首先,根据 P 点的设计坐标和控制点 A、B 的坐标,计算放样数据 D_{AP}、D_{BP}。放样时,用钢尺分别以控制点 A、B 为圆心,以 D_{AP}、D_{BP} 半径,在地面上画弧,交出 P 点。当在多于两个控制点上采用距离交会法测设 P 点时,较容易产生同角度交会法的误差三角形,处理方法同上。距离交会法的优点是不需要仪器,但精度较低,在施工中放样细部时常用此法。

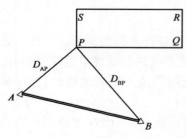

图 3-8 距离交会法测设点位

三、全站仪和 GNSS 放样

（一）全站仪坐标放样

全站仪具有测设精度高、速度快的特点，可以直接测设点的位置。在施工放样中受天气和地形条件的影响较小，从而在生产实践中得到了广泛应用。全站仪坐标测设法，就是根据控制点和待测设点的坐标定出点位的一种方法，其实质就是前面提到的极坐标法。如图 3-9 所示，施工现场有相互通视的 M、N 两个控制点，需放样 A 点。只需要将全站仪架设在 M 点，进入全站仪的坐标放样程序，按如下步骤操作。

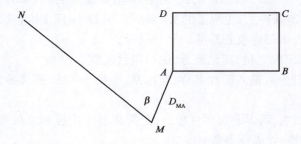

图 3-9　全站仪坐标放样法

（1）进入测站点设置，输入控制点 M 的坐标和其他相关信息。

（2）进入定向（后视）点设置，输入另一和控制点 M 通视的控制点 N 的坐标和其他相关信息。

（3）在控制点 M 上设立瞄准目标，根据仪器的提示，当全站仪精确瞄准该目标时，点击显示屏上的确定键。

（4）输入待放样点 A 点坐标，仪器会自动显示仪器当前瞄准方向和待放样点方向之间的角度差值和待放样点距测站点之间的距离。

（5）根据仪器的提示找到待放样点所在的方向，然后在该方向上任一点上安置棱镜，进行距离测量，仪器上会自动计算棱镜当前位置距待放样点之间的距离差。根据提示缓慢移动棱镜，直到棱镜位置的方向差和距离差都为 0 时，棱镜安置位置即为待放样点 A 的位置。

不管何种仪器，全站仪的具体操作流程基本是一致的。

①"menu 菜单"→"放样"→输入文件名→"回车"；

②"输入测站点"→"坐标"→输入 NEZ 坐标→"回车"；

③"输入后视点"→"NE/AZ"→输入 NE 坐标→"回车"→提示"照准？"→对准后视点→"是"；

④"输入放样点"→"坐标"→输入 NE 坐标→"回车"→"角度"→让"dHR = 0"→"距离"→让"dHD = 0"。

（二）GNSS-RTK 坐标放样

GNSS 是 Global Navigation Satellite System 的英文缩写，翻译为全球卫星导航系统。GNSS-RTK 坐标放样是通过实时动态定位获得用户的三维坐标与设计位置进行比较，进而指导放样。放样工作时需要一台基准站接收机和一台或多台流动站接收机，以及用于数据传输的电台。下面以南方测绘灵锐 S86 型仪器为例,简要介绍 RTK 进行放样的作业流程。

(1)在基准站上安置接收机,对中整平。

为了让主机能搜索到多数量卫星和高质量卫星,基准站一般应选在周围视野开阔,避免在截止高度角 15°以内有大型建筑物;避免附近有干扰源,如高压线、变压器和发射塔等;不要有大面积水域;为了让基准站差分信号能传播得更远,基准站一般应选在地势较高的位置。

基准站架设点根据需要可以架在已知点也可以在未知点上,在校正参数时操作步骤有所差异。由于 S86 接收机是内置电台,否则还需进行发射天线、电台、主机之间的连接。

(2)打开基准站主机,进入基准站模式,进行相关设置后启动。

(3)将移动站主机接在碳纤对中杆上,并将接收天线接在主机顶部,同时将手簿使用托架夹在对中杆的适合位置。

(4)打开移动站主机,进入移动站模式,和基准站设置对应后启动,主机开始自动初始化和搜索卫星,当达到一定条件后,主机上的 RX 指示灯开始 1s 闪 1 次(必须在基准站正常发射差分信号的前提下),表明已经收到基准站差分信号。

(5)启动手簿上的工程之星,启动蓝牙,进行电台设置。

(6)进入新建工程向导,输入工程名称、坐标系、中央子午线、各类参数等。

(7)进行校正。

若现场有多个控制点,可以通过多点校正,先采集若干个控制点位坐标,然后导入已知的控制点坐标库,进行转换,计算四参数。

若现场只有一个控制点,则只能进行单点校正,一般是在有四参数或七参数的情况下才通过此方法进行校正。也就是说,在同一个测区,第一次测量时已经求出了四参数,下次继续在这个测区测量时,必须先输入第一次求出的四参数,再做一次单点校正。此方法还可适用于自定义坐标的情况下。

①基准站架在已知点上。

选择"基准站架设在已知点",点击"下一步",输入基准站架设点的已知坐标及天线高,并且选择天线高形式,输入完后即可点击"校正"。系统会提示你是否校正,并且显示相关帮助信息,检查无误后"确定"校正完毕。

说明:此处天线高为基准站主机天线高,形式一般为斜高,只能通过卷尺来测量.

②基准站架在未知点上。

选择"基准站架设在未知点",再点击"下一步"。输入当前移动站的已知坐标、天线高和天线高的量取方式,再将移动站对中立于已知点上后点击"校正",系统会提示是否校正,"确定"即可。

说明:此处天线高为移动站主机天线高,形式一般为杆高,为一固定值。

注意:如果软件界面上的当前状态不是"固定解"时,会弹出提示,这时应该选择"否"来终止校正,等精度状态达到"固定解"时重复上面的过程重新进行校正。

(8)校正完毕,点击工程之星"测量"下拉菜单的"点放样"。打开放样点坐标库,选择点位,或者输入即将放样点的坐标,放样界面(图3-10)显示当前点和放样点之间的距离为 1.857m,向北 1.773m,向东 0.551m,根据提示进行移动放样。

在放样过程中,当前点移动到离目标到达一定距离(此距离可以通过软件进行设置)时,软件会进入局部精确放样界面,同时软件会给控制器发出声音提示指令,控制器会自动报警提示。

图 3-10　点放样指示界面

(三) CORS-RTK 坐标放样

随着 GPS 技术的飞速进步和应用普及,它在城市测量中的作用已越来越重要。当前,利用多基站网络 RTK 技术建立的连续运行(卫星定位服务)参考站(Continuously Operating Reference Stations,简称 CORS)已成为城市 GPS 应用的发展热点之一。CORS 系统是卫星定位技术、计算机网络技术、数字通信技术等高新科技多方位、深度结晶的产物。CORS 系统由基准站网、数据处理中心、数据传输系统、定位导航数据播发系统、用户应用系统五个部分组成,各基准站与监控分析中心间通过数据传输系统连接成一体,形成专用网络。

传统的 RTK 的方法都是 1 个基准站 + N 个移动站的作业模式,这种作业模式叫作单基准站模式(Single-base),基准站得自己找点架设,一般都是临时性的,而作业范围都是十几公里,如果有个较大的测区,则需要多次的架设临时基准站。而 CORS 的特点之一就是大的测绘部门架设几个或者几十个上百个永久的基准站,覆盖一个比较大的区域,那么下次出去做外业测量就不用再架设基准站了。

CORS 系统彻底改变了传统 RTK 测量作业方式,其主要优势体现在:①改进了初始化时间、扩大了有效工作的范围;②采用连续基站,用户随时可以观测,使用方便,提高了工作效率;③拥有完善的数据监控系统,可以有效地消除系统误差和周跳,增强差分作业的可靠性;④用户不需架设参考站,真正实现单机作业,减少了费用;⑤使用固定可靠的数据链通信方式,减少了噪声干扰;⑥提供远程 INTERNET 服务,实现了数据的共享;⑦扩大了 GPS 在动态领域的应用范围,更有利于车辆、飞机和船舶的精密导航;⑧为建设数字化城市提供了新的契机。

深圳市建立了我国第一个连续运行参考站系统(SZCORS),已开始全面地测量应用。全国部分省、市也已初步建成或正在建立类似的省、市级 CORS 系统,如广东、江苏、北京、天津、上海、广州、东莞、成都、武汉、昆明、重庆、青岛等。在建立 CORS 系统的城市进行轨道交通施工测量时,可以采用 CORS-RTK 坐标放样方法。

【案例】

下面以华测 CORS 为例进行简要操作说明。

首先将手簿和 GPS 主机用蓝牙连接在一起,方法如下:打开 RTKCE(测地通),选择【配置】→【手簿端口配置】,选择【蓝牙】和【X90DGP】S 打钩。点【配置】,选择【搜索】,系统会自动搜索主机蓝牙,搜索完成之后点击【主机编号】,选择【绑定】,【退出】→【确定】即可。(注蓝牙绑定之后,下次开机时只要打开软件就可以自动连接)。

(1)新建任务。

点击【文件】,选择【新建任务】,输入【任务名称】,选择【坐标系统】,之后点【接受】,如图 3-11 所示。

(2)保存任务。

点击【文件】,选择【保存任务】。

(3)选择坐标参数。

运行测地通,【配置】→【坐标系管理】,修改【中央子午线】。如图 3-12 所示。

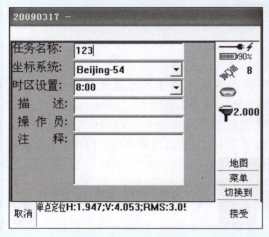

图 3-11　GORS 新建任务

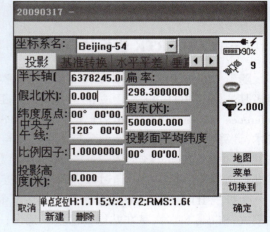

图 3-12　参数设置

(4)已知点数据的输入:打开测地通,选择【配置】→【移动站参数】→【移动站选项】,按图 3-13 所示进行设置。(注:第一次设置之后再次开机就会默认设置,不须再设置)。

(5)选择【配置】→【内置电台和 GPRS】,按图 3-14 所示进行设置。(注:第一次设置之后再次开机就会默认设置,不须再设置)。

(6)选择完内容之后,点击【设置】,将内容写入接收机。(注:设置表示修改,获取表示查看)。

选择【配置】→【移动站参数】→【内置 VRS 移动站】,输入源列表、用户名、密码。如图 3-15 所示。

(7)当 GPRS 状态显示"准备 CORS 登陆"的时候点【设置】,过一段时间会弹出一个对话框"成功登录 VRS 网络,请启动移动站接收机",点【确定】,此时 GPRS 状态会显示 CORS 登陆成功。点击【测量】→【启动移动站接收机】。约 15s 仪器就会由无差分信号到固定,如图 3-16 所示。

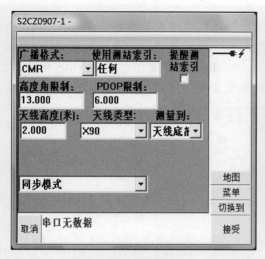
图 3-13 已知点数据设置

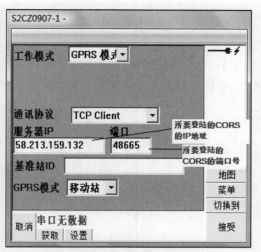
图 3-14 内置电台设置

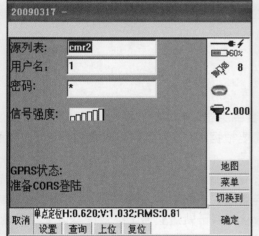
图 3-15 源列表、用户名、密码设置

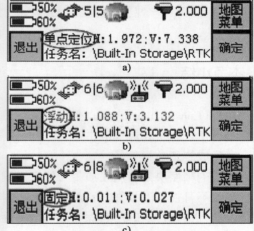
图 3-16 准备 CORS 登陆设置

只有到固定的状态才可以测量(这样才能保证精度)。如果想查看测得点坐标只需点文件→元素管理器→点管理器就可以查看到各个点的坐标。

(8)点放样:选择测量→点放样→常规点放样,按照个人想要放样的点选择方法,如果放样的点很多,将所有的点增加进来以后,选择最近点进行放样,放完该点之后再在放样列表中将删除该点(在点管理器中是不会被删除的)。

(9)导入数据:首先要新建一个文本文档,然后在文本文档里编辑需要放样的格式,具体如图 3-17 所示。

将手簿开机后,用数据线连上计算机,然后将数据保存在手簿里即可。导入时只需选择【文件】→【导入】→【当地点坐标导入】,在路径里找到手簿里保存的文件点【接受】。在【文件】→【元素管理器】→【点管理器】中可以查看点的坐标。

(10)导出数据:选择【文件】→【导出】→【点坐标导出(.dat)或其他格式数据导出】。如果第一次测量或放样没有进行完,第二次进行测量或放样的时候只需选择之前的任务,然后选择【配置】→【移动站参数】→【内置 VRS 移动站】,当 GPRS 状态显示"准备 CORS 登陆"时点设置,然后提示登录成功的时候,等仪器固定即可接着进行工作。

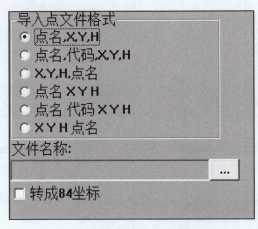

图 3-17 放样数据导入设置

四 本节小结

施工放样(Construction Layout)是地铁施工测量的关键环节,本节主要针对一个平面点位进行放样进行常规方法和原理的讲解,有些时候需要根据现场需要,利用多种方法结合,多种仪器结合来完成施工放样任务。

施工放样的精度决定着施工质量和施工进程,需要加强方法研究和人员素质提升,由于放样失误会导致不可挽回的损失,所以现场施工放样均应实行双检制,即需要利用不同的仪器或方法放样两次,进行检核和复核,保证放样的精度,从而保证轨道交通工程建设整体工程质量。

本节重点讲解的是一个点的平面位置放样方法,那么若干点即可组成一个面或者构筑物,充分理解一个点的平面位置放样的方法,为下一节曲线坐标放样乃至后期盾构姿态测量的学习提供很好的基础。

思 考 题

1. 放样平面有哪几种方法?各适用于哪些场合?
2. 在放样水平角时,为何需用盘左盘右取中的方法进行?
3. GNSS-RTK 放样与 CORS–RTK 放样有何区别,各自特点是什么?
4. 交会法放样时什么情况下会出现误差三角形?
5. 已知如图,A 点坐标为(27101.307,627968.686),B 点坐标为(25942.262,629080.813),AB 边与 AC 边的夹角为 48°15′47″,求 AB 边方位角,AC 边方位角,BA 边方位角,CA 边方位角。

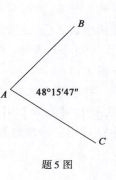

题 5 图

附　表

某市城市轨道交通1号线一期工程坐标放样记录样表。

第二节　地铁常用曲线放样及案例

地铁线路由于设计要求或地形受限,需要经常改变方向。为了满足行车要求,当线路由一个方向转向另一个方向时,必须在两直线段之间用曲线来连接。曲线的形式较多,其中,圆曲线和缓和曲线是最基本的平面连接曲线,本节重点介绍各类曲线的基本特点及坐标计算方法。

一、圆曲线的放样

圆曲线是最常用的单曲线,它的放样一般分两步进行,先放样曲线上起控制作用的主点,然后以主点为基础进行加密,按规定桩距放样曲线上的其他里程桩,称为详细测设,下面进行分述。

(一) 主点测设

1. 主点测设元素的计算

如图3-18所示,圆曲线的主点是指曲线起点(也称直圆点 ZY)、曲线中点(也称曲中点 QZ)、曲线终点(也称圆直点 YZ)。在放样时应先计算出曲线的切线长 T、曲线长 L、外矢距 E 和切曲差 q,这些元素称为主点的测设元素。其中圆曲线半径 R 根据地形和工程要求按设计选定,由转角 α 和圆曲线半径 R(α 根据所测转角计算得到,R 则根据地形条件和工程要求在线路设计时选定),可以计算出图中其他各测设元素值。其计算公式如下:

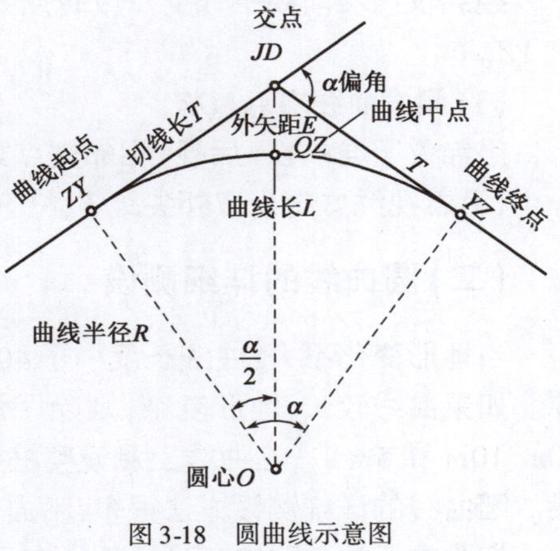

切线长:

$$T = R\tan\frac{\alpha}{2} \tag{3-4}$$

曲线长:

图3-18　圆曲线示意图

$$L = R\alpha \frac{\pi}{180°} \tag{3-5}$$

外矢距：

$$E = R\left(\sec\frac{\alpha}{2} - 1\right) \tag{3-6}$$

切曲差：

$$q = 2T - L \tag{3-7}$$

2. 主点里程桩号的计算

曲线上各点的里程桩号都是从一已知里程的点开始沿曲线推算的。一般已知交点 JD 的里程，它是由前一直线段推算来的，各主点的里程桩号 ZY、QZ、YZ 是根据交点的里程桩号和曲线测设元素计算的，计算公式如下：

$$ZY_{桩号} = JD_{桩号} - T \tag{3-8}$$

$$QZ_{桩号} = ZY_{桩号} + \frac{L}{2} \tag{3-9}$$

$$YZ_{桩号} = QZ_{桩号} + \frac{L}{2} \tag{3-10}$$

$$JD_{桩号} = QZ_{桩号} + \frac{q}{2}（检核） \tag{3-11}$$

3. 圆曲线主点的测设

（1）测设曲线起点（ZY）

在 JD 点安置经纬仪，后视相邻交点或转点方向，自 JD 点沿视线方向量取切线长 T，打下曲线起点桩 ZY。

（2）测设曲线终点（YZ）

经纬仪照准前视相邻交点或转点方向，自 JD 点沿视线方向量取切线长 T，打下曲线终点桩 YZ。

（3）测设曲线中点（QZ）

经纬仪照准前视（后视）相邻交点或转点方向，向测设曲线方向旋转角 $\beta(\beta = 180° - \alpha)$ 的一半，沿着视线方向量取外矢距 E，打下曲线中点桩 QZ。

（二）圆曲线的详细测设

当地形变化不大、曲线长度小于 40m 时，测设曲线的三个主点已能满足设计和施工的需要。如果曲线较长、地形复杂，则除了测定三个主点以外，还需要按照一定的桩距 l（一般为 20m、10m 和 5m），在曲线上测设整桩和加桩。测设曲线的整桩和加桩称为圆曲线的详细测设。圆曲线的详细测设方法很多，下面重点介绍切线支距法放样。

切线支距法又称直角坐标法。它是以曲线的起点（ZY）或终点（YZ）为坐标原点，以该点切线为 x 轴，过原点的半径为 y 轴建立坐标系，如图 3-19 所示。根据曲线上各细部点的坐标 (x, y)，按直角坐标法测设点的位置。

1. 计算测设数据

如图 3-19 所示，圆曲线上任一点的坐标为：

$$\varphi_i = \frac{180°}{\pi} \times \frac{l_i}{R} \tag{3-12}$$

$$x_i = R\sin\varphi_i \tag{3-13}$$

$$y_i = R(1 - \cos\varphi_i) \tag{3-14}$$

2. 测设方法

(1) 在 ZY 点安置经纬仪,定出切线方向,沿视线方向分别量取 x_1、x_2、x_3…标定各点。

(2) 在标定的各点上安置经纬仪拨直角方向,分别量取支距 y_1、y_2、y_3…,由此得到曲线上 1、2、3…各点的位置。

(3) 曲线另一半也可以 YZ 为原点,用同样的方法测设。

(4) 测量曲线上相邻点间的距离(弦长)与计算长度比较,以此作为测设工作的校核。

该方法适用于开阔平坦地区,如果地面起伏较大或各个主点之间距离过长,可考虑适用全站仪。在计算出任意点的坐标后,可利用全站仪坐标放样法,架设仪器进行放样,详细方法在上一节已经介绍,本节不再赘述。

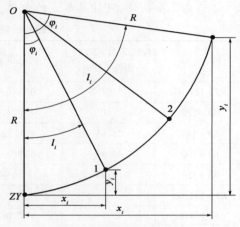

图 3-19 切线支距法进行放样

【例 3-2】 已知圆曲线的半径 $R = 300\text{m}$,线路转角 $\alpha_{右} = 25°48'$,交点 JD 的里程为 K3 + 182.76,要求:

(1) 计算圆曲线主点测设的元素;
(2) 计算圆曲线交点的里程;
(3) 按照整桩号法每 20m 一桩,用切线支距法计算圆曲线的细部点坐标。

【解】 (1) 计算圆曲线主点测设的元素。

切线长:
$$T = R\tan\frac{\alpha}{2} = 300 \times \tan\frac{25°48'}{2} = 68.71(\text{m})$$

曲线长:
$$L = R\alpha\frac{\pi}{180°} = 300 \times 25°48' \times \frac{\pi}{180°} = 135.09(\text{m})$$

外矢距:
$$E = R\left(\sec\frac{\alpha}{2} - 1\right) = 300 \times \left(\sec\frac{25°48'}{2} - 1\right) = 7.77(\text{m})$$

切曲差:
$$q = 2T - L = 2 \times 68.71 - 135.09 = 2.33(\text{m})$$

(2) 计算圆曲线各主点的里程。

$$ZY_{桩号} = JD_{桩号} - T = \text{K3} + 182.76 - 68.71 = \text{K3} + 114.05$$

$$QZ_{桩号} = ZY_{桩号} + \frac{L}{2} + = K3 + 114.05 + 0.5 \times 135.09 = K3 + 181.60$$

$$YZ_{桩号} = QZ_{桩号} + \frac{L}{2} + = K3 + 181.60 + 0.5 \times 135.09 = K3 + 249.14$$

$$JD_{桩号} = QZ_{桩号} + \frac{q}{2} + （检核） = K3 + 181.60 + 0.5 \times 2.33 = K3 + 182.76$$

(3) 由已知条件，可计算各点的坐标，具体结果见表3-1。

圆曲线切线支距法坐标计算表　　　　　　表3-1

桩　号	各桩距 ZY 或 YZ 的曲线长度 l_i	圆心角 φ_i	x_i	y_i	备　注
K3 + 114.05	0	0°00′00″	0	0	ZY
K3 + 120	5.95	1°08′11″	5.95	0.06	
K3 + 140	25.95	4°57′22″	25.92	1.12	
K3 + 160	45.95	8°46′33″	45.77	3.51	
K3 + 180	65.95	12°35′44″	65.42	7.22	
K3 + 181.60					QZ
K3 + 200	49.14	9°23′06″	48.92	4.02	
K3 + 220	29.14	5°33′55″	19.09	1.41	
K3 + 240	9.14	1°44′44″	9.14	0.14	
K3 + 249.14	0	0°00′00″	0		YZ

二、缓和曲线的放样

(一) 缓和曲线概述

当车辆由直线驶入曲线时，即从无穷大半径到一个定值半径，会产生离心力。离心力的大小除了与行车速度有关以外，还与圆曲线的曲率成正比，曲线半径越小，所产生的离心力越大。为保证行车安全，须用铁路外轨超高使车辆向曲线内侧倾斜来抵消这种离心力。但是，为使车辆能安全、迅速、平稳、舒适地在路线上从直线段进入曲线段，超高不应突然产生，因此，需要在直线段与曲线段之间插入一段超高渐变的过渡曲线，即缓和曲线。

$$直线 \xrightarrow{第一缓和曲线} 圆曲线 \xrightarrow{第二缓和曲线} 直线$$

第一缓和曲线的曲率半径由无穷大逐渐变化到圆曲线的半径，第二缓和曲线的半径则由圆曲线的半径逐渐变化到无穷大。

(二) 带有缓和曲线的圆曲线要素计算与主点测设

在圆曲线与直线之间加入缓和曲线，成为具有缓和曲线的圆曲线，如图3-20所示，图中虚线部分为一转向角为 α、半径为 R 的圆曲线 FG，今欲在两侧插入长度为 l_0 的缓和曲线。圆曲线的半径不变而将圆心发生变化，使得移动后的曲线离切线的距离为 P。曲线起点沿切线向

外侧移至 A 点,设 $AF=q$,同时从 A 点到 C 点之间用弧长为 l_0 的缓和曲线代替,故缓和曲线大约有一半在原圆曲线范围内,另一半在原直线范围内,缓和曲线的倾角即 $\angle COF=\beta$。

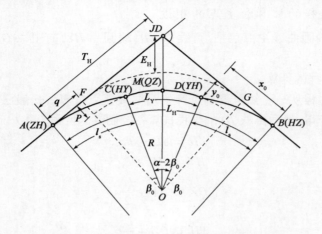

图 3-20 带有缓和曲线的圆曲线

1. 缓和曲线常数的计算

缓和曲线的常数包括缓和曲线的倾角 β_0、圆曲线的内移值 P 和切线外移量 q,根据设计部门确定的缓和曲线长度 l_0 和圆曲线半径 R,其计算公式如下:

$$\left. \begin{array}{l} \beta_0 = \dfrac{l_0}{2R} \cdot \dfrac{180°}{\pi} = \dfrac{l_0}{2R} \rho'' \\[2mm] P = \dfrac{l_0^2}{24R} - \dfrac{l_0^4}{2688R^3} \approx \dfrac{l_0^2}{24R} \\[2mm] q = \dfrac{l_0}{2} - \dfrac{l_0^3}{240R^2} \approx \dfrac{l_0}{2} \end{array} \right\} \qquad (3\text{-}15)$$

2. 有缓和曲线的圆曲线要素计算

在计算出缓和曲线的倾角 β_0、圆曲线的内移值 P 和切线外移量 q 后,就可计算具有缓和曲线的圆曲线要素:

切线长度:

$$T_H = (R+P)\tan\frac{\alpha}{2} + q \qquad (3\text{-}16)$$

曲线长度:

$$L_H = R\frac{(\alpha - 2\beta_0)\pi}{180°} + 2l_0 \qquad (3\text{-}17)$$

圆曲线长度:

$$L_Y = R\frac{(\alpha - 2\beta_0)\pi}{180°} = R\frac{\alpha\pi}{180°} - l_0 = L_H - 2l_0 \qquad (3\text{-}18)$$

外矢距:

$$E_H = (R+P)\sec\frac{\alpha}{2} - R \qquad (3\text{-}19)$$

切曲差：
$$D_H = 2T_H - L_H \tag{3-20}$$

3. 曲线主点里程的计算和主点的测设

具有缓和曲线的圆曲线主点包括：直缓点 ZH、缓圆点 HY、曲中点 QZ、圆缓点 YH、缓直点 HZ。

(1) 曲线主点里程的计算

曲线上各点的里程从一已知里程的点开始沿曲线逐点推算。一般已知 JD 的里程，它是从前一直线段推算而得，然后再从 JD 的里程推算各控制点的里程。

$$ZH = JD - T_H$$
$$HY = ZH + l_0$$
$$QZ = HY + \frac{L_Y}{2}$$
$$YH = QZ + \frac{L_Y}{2}$$
$$HZ = YH + l_0$$

计算检核条件为：
$$HZ = JD + T_H - D \tag{3-21}$$

(2) 曲线主点的测设

①ZH、QZ、HZ 点的测设。

ZH、QZ、HZ 点可采用圆曲线主点的测设方法。经纬仪安置在交点(JD)，瞄准第一条直线上的某已知点(D_1)，经纬仪水平度盘置零。由 JD 出发沿视线方向丈量 T，定出 ZH 点。经纬仪向曲线内转动 $\frac{\alpha}{2}$，得到分角线方向，在该方向线上沿视线方向从 JD 出发丈量 E，定出 QZ 点。继续转动 $\frac{\alpha}{2}$，在该线上丈量 T，定出 HZ 点。如果第二条直线已经确定，则该点就应位于该直线上。

②HY、YH 点的测设。

ZH 和 HZ 点测设好后，分别以 ZH 和 HZ 点为原点建立直角坐标系，利用式(3-22)计算出 HY、YH 点的坐标，采用切线支距法确定出 HY、YH 点的位置。

如以 ZH ~ JD 为切线，ZH 为切点建立坐标系，按计算的直角坐标放样出 HY 点，同样可以测设出 YH 点的具体位置。

$$\left. \begin{array}{l} x_0 = l_0 - \dfrac{l_0^3}{40R^2} \\ y_0 = \dfrac{l_0^2}{6R} \end{array} \right\} \tag{3-22}$$

在以上主点确定后，应及时复核距离，然后分别设立对应的里程桩。

如果使用全站仪，则只需要计算出主点坐标就可以了。先根据相邻交点 JD 的坐标，计算出切线的坐标方位角，再根据切线长 T_H，计算出 ZH 和 HZ 的坐标；根据切线的坐标方位角及转向角 α，计算出分角线的坐标方位角，从而计算出外矢距 E_H 和 QZ 的坐标。HY 和 YH 在下面细部放样时再进行计算。

【例3-3】 已知线路的转角 $\alpha_{左}=22°00'$，JD 里程为 K5+324.00。圆曲线半径 $R=500\text{m}$，缓和曲线长 $l_0=60\text{m}$。

要求：
(1) 计算曲线主点放样的元素；
(2) 计算曲线主点的里程。

【解】 (1) 计算曲线常数。

缓和曲线的倾角：
$$\beta_0 = \frac{l_0}{2R}\cdot\frac{180}{\pi}=3°26'3''$$

圆曲线的内移值：
$$P=\frac{l_0^2}{24R}=0.30(\text{m})$$

切线的外移量：
$$q=\frac{l_0}{2}=30.00(\text{m})$$

(2) 计算曲线元素。

切线长度：
$$T_H=(R+P)\tan\frac{\alpha}{2}+q=127.24(\text{m})$$

曲线长度：
$$L_H=R\frac{(\alpha-2\beta_0)\pi}{180°}+2l_0=251.98(\text{m})$$

圆曲线长度：
$$L_Y=R\frac{(\alpha-2\beta_0)\pi}{180°}=R\frac{\alpha\pi}{180°}-l_0=L_H-2l_0=131.98(\text{m})$$

外矢距：
$$E_H=(R+P)\sec\frac{\alpha}{2}-R=9.66(\text{m})$$

切曲差：
$$D_H=2T_H-L_H=2.50(\text{m})$$

(3) 计算曲线各主点里程桩桩号。

$$ZH=JD-T_H=\text{K5}+324.00-127.24=\text{K5}+196.76$$

$$HY=ZH+l_0=\text{K5}+196.76+60.00=\text{K5}+256.76$$

$$QZ=HY+\frac{L_Y}{2}=\text{K5}+256.76+\frac{131.98}{2}=\text{K5}+322.75$$

$$YH=QZ+\frac{L_Y}{2}=\text{K5}+322.75+\frac{131.98}{2}=\text{K5}+388.74$$

$$HZ=YH+l_0=\text{K5}+388.74+60.00=\text{K5}+448.74$$

计算检核：

$$HZ=JD+T_H-D=\text{K5}+324.00+127.24-2.5=\text{K5}+448.74$$

4. 带缓和曲线的圆曲线的详细放样

详细放样的常用方法为切线支距法、偏角法和坐标法，其中切线支距法是基础。本节将重点介绍切线支距法和坐标法。

(1) 切线支距法

切线支距法是以 ZH 点（对于前半曲线）或 HZ 点（对于后半曲线）为坐标原点，以过原点的切线为 X 轴，过原点的半径为 Y 轴，利用缓和曲线段和圆曲线段上的各点的坐标 (x,y) 测设曲线。

在缓和曲线段上各点坐标(x,y)可按下面缓和曲线的参数方程求得。即：

$$\left.\begin{array}{l} x = l - \dfrac{l^5}{40R^2 l_0^2} \\ y = \dfrac{l^3}{6Rl_0} \end{array}\right\} \qquad (3\text{-}23)$$

式中：l——该点到 ZH 或 HZ 的曲线长。

在圆曲线段上个点的坐标可由图 3-21 按几何关系求得：

$$\left.\begin{array}{l} x = R\sin\varphi_i + q \\ y = R(1 - \cos\varphi_i) + P \\ \varphi_i = \dfrac{l - l_0}{R} \cdot \dfrac{180}{\pi} + \beta_0 \end{array}\right\} \qquad (3\text{-}24)$$

在计算出缓和曲线段和圆曲线段上各点的坐标(x,y)后，即可按用切线支距法测设圆曲线的方法进行测设。日常工作中，可以借助函数型计算器或者在 EXCEL 编辑公式，在表格中计算曲线上各点坐标。

例如以上例 3-3 的数据，缓和曲线的详细坐标计算见表 3-2。

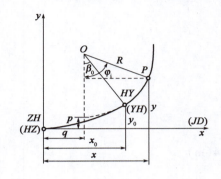

图 3-21 圆曲线上的点的坐标

切线支距法测设带缓和曲线的圆曲线　　　　表 3-2

点　号	桩　号	x(m)	y(m)	备　注
ZH	K5+196.76	0.00	0.00	
1	K5+206.76	10.00	0.01	
2	K5+216.76	20.00	0.04	
3	K5+226.76	30.00	0.15	$l=10\text{m}$
4	K5+236.76	40.00	0.36	
5	K5+246.76	49.99	0.69	
HY	K5+256.76	59.99	1.20	
6	K5+276.76	79.91	2.80	
7	K5+296.76	99.97	5.19	
8	K5+316.76	119.51	8.38	
QZ	K5+322.75	125.40	9.48	$l=20\text{m}$
8′	K5+328.74	119.51	8.38	
7′	K5+348.74	99.77	5.19	
6′	K5+368.74	79.91	2.80	
YH	K5+388.74	59.98	1.20	
5′	K5+398.74	49.99	0.69	
4′	K5+408.74	40.00	0.36	
3′	K5+418.74	30.00	0.15	$l=10\text{m}$
2′	K5+428.74	20.00	0.04	
1′	K5+438.74	10.00	0.01	
HZ	K5+448.74	0.00	0.00	

（2）坐标法

坐标法放样细部点最适合的仪器是全站仪,仪器可以安置在任何控制点上,包括交点、转点等已知坐标的点,只要事先计算出各个细部点的坐标作为待放样点,就可以按照全站仪的提示一步步进行,放样的速度快,效率高。实际工作中,由于坐标系统不一致,需要将切线支距坐标系中的独立坐标转换到测量所用的高斯平面直角坐标系,下面以一具体实例说明其坐标计算过程。

【例3-4】 如图3-22所示：某线路交点JD_2的坐标为(88711.270,78702.880),JD_3的坐标为(91069.056,78662.850),JD_4的坐标为(94145.875,81070.750),JD_3的里程桩号为K6+790.306,圆曲线半径$R=2000$m,缓和曲线长为100m。求曲线各中桩的坐标(圆曲线部分每隔100m设一桩,缓和曲线每隔20m设一桩)。

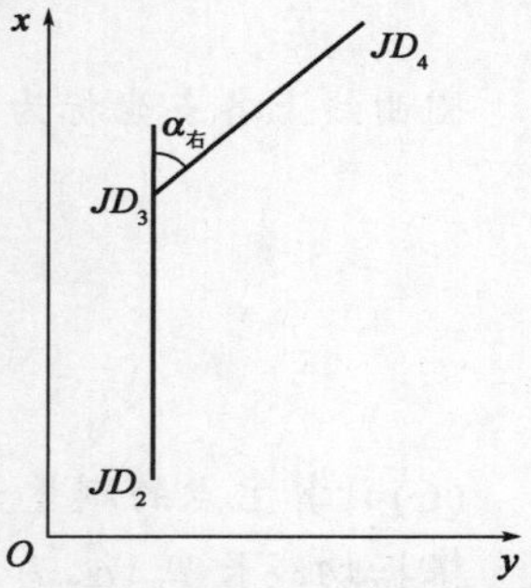

【解】 （1）计算线路转折角。

根据JD_2、JD_3、JD_4的坐标,由测量学的基础知识,我们可以根据坐标反算求得：

$$\alpha_{23} = 359°01'38.4''$$
$$\alpha_{34} = 38°02'47.5''$$

则转向角： $\alpha_右 = \alpha_{34} - \alpha_{23} = 39°01'09.1''$

图3-22 线路交点位置示意图

（2）计算曲线常数。

缓和曲线的倾角： $\beta_0 = \dfrac{l_0}{2R} \cdot \dfrac{180}{\pi} = \dfrac{100}{2 \times 2000} \cdot \dfrac{180}{\pi} = 1°25'56.6''$

圆曲线的内移值： $P = \dfrac{l_0^2}{24R} = \dfrac{100^2}{24 \times 2000} = 0.208(\text{m})$

切线的外移量： $q = \dfrac{l_0}{2} = \dfrac{100}{2} = 50.00(\text{m})$

（3）计算放样元素。

切线长度： $T_H = (R+P)\tan\dfrac{\alpha}{2} + q = 758.687(\text{m})$

曲线长度： $L_H = R\dfrac{(\alpha - 2\beta_0)\pi}{180°} + 2l_0 = 1462.027(\text{m})$

圆曲线长度： $L_Y = R\dfrac{(\alpha - 2\beta_0)\pi}{180°} = R\dfrac{\alpha\pi}{180°} - l_0 = L_H - 2l_0 = 1262.027(\text{m})$

外矢距： $E_H = (R+P)\sec\dfrac{\alpha}{2} - R = 122.044(\text{m})$

切曲差： $D_H = 2T_H - L_H = 55.347(\text{m})$

（4）计算主点里程。

$$ZH = JD - T_H = K5 + 324.00 - 127.24 = K5 + 196.76$$
$$HY = ZH + l_0 = K5 + 196.76 + 60.00 = K5 + 256.76$$
$$QZ = HY + \dfrac{L_Y}{2} = K5 + 256.76 + \dfrac{131.98}{2} = K5 + 322.75$$
$$YH = QZ + \dfrac{L_Y}{2} = K5 + 322.75 + \dfrac{131.98}{2} = K5 + 388.74$$

$$HZ = YH + l_0 = K5 + 388.74 + 60.00 = K5 + 448.74$$

计算检核:

$$HZ = JD + T_H - D = K5 + 324.00 + 127.24 - 2.5 = K5 + 448.74$$

(5)计算切线支距坐标。

缓和曲线上各点坐标为:

$$x = l - \frac{l^5}{40R^2 l_0^2} = l - \frac{l^5}{40 \times 2000^2 \times 100^2} = l - 6.25 \times 10^{-13}$$

$$y = \frac{l^3}{6Rl_0} = \frac{l^3}{6 \times 2000 \times 100} = \frac{l^3}{1.2 \times 10^6}$$

圆曲线上各点坐标为:

$$\varphi_i = \frac{l - l_0}{2000} \cdot \frac{180}{\pi} + 1°25'56.6''$$

$$x = 2000\sin\varphi_i + 50.000$$

$$y = 2000(1 - \cos\varphi_i) + 0.208$$

(6)计算主点的测量坐标。

根据切线长 T_H、α_{32} 和 JD_3 的坐标,由测量学的基础知识,可以根据坐标正算求得 ZH 点的坐标:

$$x_{ZH} = x_{JD_3} + T_H \times \cos\alpha_{32} = 90310.478$$

$$y_{ZH} = y_{JD_3} + T_H \times \sin\alpha_{32} = 78675.729$$

同理,由切线长 T_H、α_{34} 和 JD_3 的坐标,可求 HZ 点的坐标为(91666.530,79130.430)。

根据转向角 $\alpha_{左}$ 和 α_{34},可计算出 JD_3 至曲中 QZ 的坐标方位角为 α:

$$\alpha_{3-QZ} = \alpha_{34} + \frac{180 - \alpha_{左}}{2} = 38°02'47.5'' + \frac{180 - 39°01'09.1''}{2} = 108°32'13.0''$$

再由外矢距 E_H 和 JD_3 的坐标,即可推算出 QZ 点的坐标为(91030.256,78778.562)。

(7)分别将两个切线支距坐标系中的独立坐标转换为测量用的高斯平面直角坐标,换算公式为:

$$x = x_0 + A\cos\beta - B\sin\beta$$

$$y = y_0 + A\sin\beta + B\cos\beta$$

①第一段缓和曲线(ZH 至 HY 段)中各点坐标的换算。

如图 3-23a)所示,当 A 轴旋转至与 x 轴同向时,B 轴也与 y 轴同向,可直接套用上述公式。式中 x_0 和 y_0 在此处是 ZH 点的坐标,β 是直线23的坐标方位角 α_{23}。因此换算公式为:

$$x = 90310.478 + A\cos359°01'38.4'' - B\sin359°01'38.4''$$

$$y = 78675.729 + A\sin359°01'38.4'' + B\cos359°01'38.4''$$

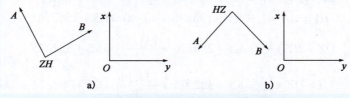

图 3-23 缓和曲线坐标轴方向与测量坐标轴方向的对比

② 第二段缓和曲线(YH 至 HZ 段)中各点坐标的换算。

如图 3-23b)所示,当 A 轴旋转至与 x 轴同向时,B 轴也与 y 轴反向,在套用公式时 B 的系数符号为负。式中 x_0 和 y_0 在此处是 HZ 点的坐标,β 是直线 43 的坐标方位角 α_{43}。因此换算公式为:

$$x = 91666.530 + A\cos 218°02'47.5'' + B\sin 218°02'47.5''$$
$$y = 79130.430 + A\sin 218°02'47.5'' - B\cos 218°02'47.5''$$

(8)按照圆曲线 100m 加桩,缓和曲线 20m 加桩,计算坐标见表 3-3。

线路中桩坐标计算表   表 3-3

点 号	桩 号	切线支距坐标		测量坐标	
		x(m)	y(m)	x(m)	y(m)
ZH	K6+031.619	0.000	0.000	90310.478	78675.729
1	K6+040	8.381	0.000	90318.858	78675.587
2	K6+060	28.381	0.019	90338.855	78675.266
3	K6+080	48.381	0.094	90358.853	78675.002
4	K6+100	68.380	0.266	90378.853	78674.835
5	K6+120	88.378	0.575	90398.853	78674.804
HY	K6+131.619	99.994	0.833	90410.471	78674.865
6	K6+200	168.311	3.710	90478.828	78676.582
7	K6+300	267.946	12.119	90578.591	78673.297
8	K6+400	367.037	25.496	90677.895	78694.991
9	K6+500	465.335	43.809	90776.490	78711.633
10	K6+600	562.595	67.012	90874.130	78733.182
11	K6+700	658.574	95.048	90970.571	78759.583
QZ	K6+762.632	717.928	115.037	91030.257	78778.563
12	K6+800	682.592	102.887	91065.572	78790.773
13	K6+900	586.975	73.642	91158.895	78826.670
14	K7+000	490.016	49.212	91250.308	78867.188
15	K7+100	371.957	29.659	91339.581	78912.223
16	K7+200	293.043	15.030	91426.492	78961.664
17	K7+300	193.522	5.365	91510.824	79015.387
YH	K7+393.646	99.994	0.833	91587.270	79069.460
18	K7+400	93.641	0.684	91592.365	79073.258
19	K7+420	73.645	0.333	91608.329	79085.305
20	K7+440	53.646	0.129	91624.204	79097.469
21	K7+460	33.646	0.032	91640.014	79109.719
22	K7+480	13.646	0.002	91655.782	79122.022
HZ	K7+493.646	0.000	0.000	1666.530	79130.430

三、本节小结

本节重点讨论了标准曲线的曲线参数、主点里程等计算,同时讲解了传统的曲线线路放样方法,以便读者理解后面章节讲述的地铁盾构姿态测量内容。

标准曲线是城市轨道交通的主要平曲线形式。轨道交通正线的最小曲线半径标准的确定,是综合考虑工程的可实施性、工程与运营的经济性、车辆构造要求、安全性等各个方面进行权衡的结果。

在地面或高架线路中,任何小半径曲线均可实施。在地下线路中,明挖、暗挖等施工方法能够适应各种小半径曲线的施工,但对盾构法,目前国内受现有设备的限制,只能实施半径 300 m 或以上的曲线。

思 考 题

1. 用切线支距法测设曲线时为什么要从两端分别向中点测设?
2. 圆曲线放样中主点测设元素有哪些?
3. 某一既有线,其中一段圆曲线的半径 $R=1000$m,线路转角 $\alpha=28°56'$,求该曲线的主点测设元素。
4. 带有缓和曲线的圆曲线的主点测设包括哪些点位?
5. 某一在建地铁线路,ZH 点起始方位角 $\alpha=18°21'47''$,坐标为 (86437.901,88239.941),起始里程为 DK186+421.02,圆曲线半径 $R=2500$m,缓和曲线长 $l=120$m,求 HY 点坐标。

第三节 高程放样的基本方法

一、已知高程的放样(水准仪测设)

测设已知高程点,是根据施工现场已有水准点,将设计高程标定在某一位置,作为施工的依据。

1. 地面起伏较小时的高程测设

如图 3-24 所示,某建筑物的室内地坪设计高程为 46.000m,附近有一水准点 BM_3,其高程为 $H_3=45.680$m。现在要求把该建筑物的室内地坪高程测设到木桩 A 上,作为施工时控制高程的依据。测设方法如下:

(1) 在水准点 BM_3 和木桩 A 之间安置水准仪,在 BM_3 立水准尺上,用水准仪的水平视线测得后视读数为 1.556m,此时视线高程为:45.680 + 1.556 = 47.236m。

(2) 计算 A 点水准尺尺底为室内地坪高程时的前视读数:b = 47.236 − 46.000 = 1.236m。

(3) 上下移动竖立在木桩 A 侧面的水准尺,直至水准仪的水平视线在尺上截取的读数为 1.236m 时,尺底面高度即为欲测设的高度。

(4)沿水准尺的底端在木桩侧面用特定符号做出标记。一般用红油漆以倒三角符号"▼"表示,"▼"的水平边位于测设的高程线上,其高程即为 46.000m。

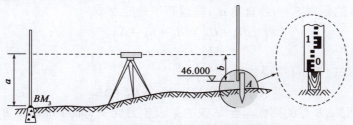

图 3-24 地面起伏较小时的高程测设(单位:m)

2. 地面起伏较大时的高程测设

当向较深的基坑或较高的建筑物上测设已知高程点时,水准尺长度明显不够,只用水准尺已无法放样,此时可借助钢尺将地面水准点向下或向上引测到基坑或高楼上。

如图 3-25 所示,欲在深基坑内设置一点 B,使其高程为 $H_设$。地面附近有一水准点 A,其高程为 H_A。测设方法如下。

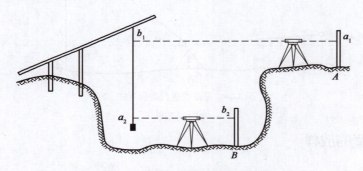

图 3-25 地面起伏较大时的高程测设

(1)在基坑一边架设吊杆,杆上吊一根零点向下的钢尺,尺的下端挂上 10kg 的重锤以减少摆动,并放入油桶中。
(2)在地面安置一台水准仪,设水准仪在 A 点所立水准尺上读数为 a_1,在钢尺上读数为 b_1。
(3)在坑底安置另一台水准仪,设水准仪在钢尺上读数为 a_2。
(4)计算 B 点水准尺底高程为 $H_设$ 时,B 点处水准尺的读数应为:

$$b_应 = (H_A + a_1) - (b_1 - a_2) - H_{B设} \tag{3-25}$$

用同样的方法,亦可从低处向高处测设已知高程的点,方法与上述相似。如果是精密高程放样,应考虑尺长改正等问题。

二、全站仪测设高程

当施工现场起伏较大,用水准仪放样比较困难,用吊钢尺的方法又不太现实,这时就可以使用全站仪进行直接放样高程。

如图 3-26 所示,为了放样 B 点的高程,在施工现场任一合适的位置 O 安置全站仪,后视已知点位 A,测得 OA 距离 S_1 和竖直角 α_1,设全站仪的安置高度为 $H_仪$,A 点安置的棱镜高度为 h_A,则有下式成立:

$$H_0 + H_仪 = H_A + h_A - \Delta h_1 \tag{3-26}$$

其中：
$$\Delta h_1 = S_1 \times \sin\alpha_1$$

然后测得 OB 的距离 S_2 和竖直角 α_2，同理有下式成立：

$$H_0 + H_仪 = H_B + h_B - \Delta h_2 \tag{3-27}$$

其中：
$$\Delta h_2 = S_2 \times \sin\alpha_2$$

由式(3-25)和式(3-26)可得：

$$H_B = H_A + h_A - \Delta h_1 - h_B + \Delta h_2 \tag{3-28}$$

由式(3-27)可知，B 点的高程与全站仪的架设位置无关，而且如果 A、B 两点的棱镜高设为同一数值（h_A 和 h_B 相同），则该式变为：

$$H_B = H_A - S_1 \times \sin\alpha_1 + S_2 \times \sin\alpha_2 \tag{3-29}$$

将测得的 H_B 与设计值进行比较，精确放样出 B 点的高程。

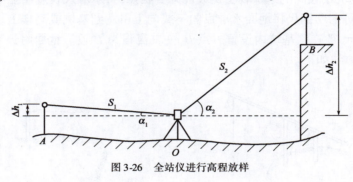

图 3-26　全站仪进行高程放样

三、已知坡度的放样

在场地平整、线性工程和地下管线埋设等工程中，通常需要测设出设计坡度线。测设已知坡度线是根据附近已知水准点高程、设计坡度和设计坡度起点的设计高程，用水准测量的方法测设出坡度线上一系列点的高程来实现的，主要的测设方法有水平视线法和倾斜视线法两种。

直线坡度 i 是直线两端点的高差 h 与其水平距离 D 之比，即 $i = \dfrac{h}{D}$，常用百分率或千分率表示，如 $i = +1\%$（升坡）、$i = -1\%$（降坡）。

（一）水平视线法

水平视线法是根据待坡度的起点、方向和坡度值，计算待测设点位的高程，然后直接进行高程测设，以确定坡度线。

如图 3-27 所示，A、B 为设计坡度线的两端点，其设计高程分别为 H_A、H_B，AB 直线的设计坡度为 i_{AB}，$BM.5$ 为已知水准点。先在 AB 方向上每隔固定水平距离 d 的位置定一木桩，运用式(3-30)计算各点设计高程：

$$\left.\begin{array}{l} H_1 = H_A + i_{AB} \times d \\ H_2 = H_1 + i_{AB} \times d \\ H_3 = H_2 + i_{AB} \times d \\ H_B = H_3 + i_{AB} \times d \end{array}\right\} \tag{3-30}$$

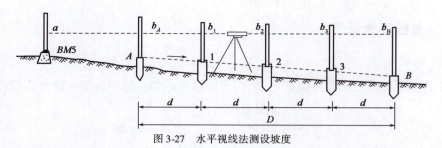

图 3-27 水平视线法测设坡度

测设时,安置水准仪于水准点 BM5 附近,后视读数 a,求算可得水准仪视线高程 $H_{视} = H_{BM.5} + a$,然后根据各点设计高程计算应读前视尺读数 $b_j = H_{视} - H_j (j = 1,2,3)$,将水准尺分别贴靠在各木桩的侧面,上、下移动水准尺,直至尺读数为 b_i 时,便可沿水准尺底面画一横线,各横线连线即为 AB 设计坡度线。

(二) 倾斜视线法

倾斜视线法是根据仪器视线与设计坡度平行时,各点竖直距离处处相等的原理来进行测设的。适用于坡度较大,且设计坡度与自然坡度较一致的地段。

如图 3-28 所示,A、B 为设计坡度线的两端点,其水平距离为 D,A 点高程为 H_A,待测设坡度线坡度为 i_{AB},可根据 A 点高程 H_A、设计坡度 i_{AB} 和水平距离 D 计算出 B 点的设计高程 H_B,并将其测设到 B 点木桩上。然后在 A 点架设水准仪,使三个脚螺旋中的一个位于 AB 方向线上,量取仪器高 i,B 点立水准尺,并使水准尺底端位于 H_B 高程面上。转动水准仪上位于 AB 方向线上的脚螺旋和微倾螺旋,使十字丝中丝对准 B 点水准尺上的读数等于仪器高 i。此时,水准仪视线与设计坡度平行。在 AB 方向的中间点 1、2、3… 的木桩侧面立尺,上、下移动水准尺,直至尺上读数等于仪器高 i 时,沿尺子底面在木桩上画一红线,则各桩红线的连线就是设计坡度线。

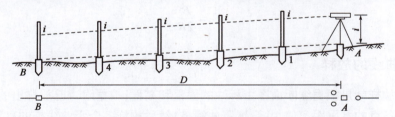

图 3-28 倾斜视线法测设坡度

如果设计坡度较大,超出水准仪脚螺旋所能调节的范围,则可用经纬仪测设,方法相同且不需要一个脚螺旋位于 AB 方向线上。

 ### 四、竖曲线的放样

由于地势原因,地铁线路是由许多坡度不同的坡段连接而成,当相邻不同坡度的坡段相交时就出现了变坡点。为了缓和坡度在变坡点上的急剧变化,保证车辆行驶安全与平稳通过,可在相邻坡度段设置竖向曲线进行连接,称之为竖曲线。当变坡点在曲线上方时,称为凸形竖曲线,反之则称为凹形竖曲线。竖曲线可以用圆曲线和二次抛物线,考虑施工方便,我国线路设计中一般采用圆曲线形的竖曲线。考虑节能等因素,在地铁线路区间设计中大多设置凹形竖曲线。

(一) 竖曲线要素计算

1. 变坡角的计算

如图3-29所示,设相邻的两纵坡i_1、i_2,由于地铁线路的实际设计中纵坡允许值很小,可认为变坡角为:

$$\delta = \Delta i = i_1 - i_2$$

2. 切线长的计算

由图3-29可知,切线长T为:

$$T = R \cdot \tan\frac{\delta}{2}$$

由于变坡角δ很小,可认为:

$$\tan\frac{\delta}{2} = \frac{\delta}{2} = \frac{1}{2}(i_1 - i_2)$$

因此:

$$T = \frac{1}{2}R(i_1 - i_2)$$

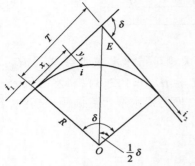

图3-29 竖曲线要素计算

3. 曲线长的计算

由于变坡角δ很小,可认为:

$$L = 2T$$

4. 外矢距的计算

由于变坡角δ很小,可认为y坐标与半径方向一致,它是切线上与曲线上的高程差。由于y比x值小很多,当$x = T$时,y值最大,约等于外矢距E,所以:

$$E = \frac{T^2}{2R}$$

(二) 竖曲线的放样

竖曲线的放样就是根据纵断面图上标注的里程和高程,根据附近已放样出的整桩,向前或者向后放样出各点的水平距离值,并设置竖曲线桩,然后放样各个竖曲线桩的高程。具体放样步骤如下:

(1) 计算竖曲线元素切线长T、曲线长L和外矢距E。

(2) 推算竖曲线上各点的桩号:

曲线起点桩号 = 边坡点桩号 − 切线长

曲线终点桩号 = 曲线起点桩号 + 曲线长

(3) 根据竖曲线上细部点距曲线起点(或终点)的弧长,求相应的y值,然后求各点高程:

$$H_i = H_{坡} \pm y_i$$

式中: H_i——竖曲线细部点i的高程;

$H_{坡}$——细部点i的坡段高程。

当竖曲线为凹曲线时,取正号,竖曲线为凸曲线时,取负号。

(4) 从变坡点沿线路方向向前或向后丈量切线长T,分别得到竖曲线的起点和终点。

(5) 由竖曲线的起点(终点)开始,沿切线方向每隔一定距离在地面上标定一木桩。

(6)放样各个细部点的高程,在细部点的木桩上标明地面高程与竖曲线设计高程之差(即填挖高度)。

【例3-5】 设竖曲线半径 $R=3000\text{m}$,相邻坡段的坡度为 $i_1=+3.1\%$、$i_2=+1.1\%$,变坡点的里程桩号为 K20+870,其高程为 496.67m。如果曲线上每隔 10m 设置一桩位,试计算竖曲线上各桩点的高程。

【解】 (1)计算竖曲线放样元素

$$T = \frac{1}{2}R(i_1 - i_2) = \frac{1}{2} \times 3000 \times (3.1\% - 1.1\%) = 30(\text{m})$$

$$L = 2T = 2 \times 30 = 60(\text{m})$$

$$E = \frac{T^2}{2R} = \frac{30^2}{2 \times 3000} = 0.15(\text{m})$$

(2)计算竖曲线起终点桩号及坡道高程

起点桩号: K20+(870−30)=K20+840
起点高程: 496.67−30×3.1%=495.74
终点桩号: K20+(870+30)=K20+900
终点高程: 496.67+30×1.1%=497.00

(3)计算各桩点竖曲线的高程

由于两坡道的坡度均为正值,且 $i_1 > i_2$,故该曲线为凸曲线,y 计算公式取"−"号,计算结果见表3-4。

竖曲线各桩点高程计算　　　　　表3-4

桩　号	至竖曲线起点或终点的距离 x(m)	高程改正值 y(m)	坡道高程(m)	竖曲线高程(m)
起点 K20+840	0	0.00	495.74	495.74
K20+850	10	−0.02	496.05	496.03
K20+860	20	−0.07	496.36	496.29
变坡点 K20+870	30	−0.15	496.67	496.52
K20+880	20	−0.07	496.78	496.71
K20+890	10	−0.02	496.89	496.87
终点 K20+900	0	0.00	497.00	497.00

计算出各点高程后,即可实地进行放样。

五 本节小结

本节重点讲述高程放样的基本原理和方法、地铁竖曲线的曲线要素及放样方法等基本知识。根据现行《地铁设计规范》(GB 50157)规定,地铁正线的最大坡度不宜大于 30‰,困难地段可采用 35‰。正线最小坡度在隧道和路堑地段不宜小于 3‰,困难地段在确保排水条件下可采用小于 3‰ 的坡度,地面和高架桥上在采取了排水措施后不受限制;车站地段正线坡度:为防止停站车辆溜动和隧道内排水需要,地下车站站台计算长度段线路坡度宜采用 2‰,在困难条件下可设在不大于3‰的坡道上;地面和高架桥上的车站宜设在平道上,在困难地段也可设在不大于3‰的坡道上。

两相邻坡段的坡度代数差等于或大于2‰时,应设圆曲线形的竖曲线连接,其半径在区间一般情况5000m,困难情况3000m,车站端部一般情况3000m,困难情况2000m。

有条件时车站宜布置在纵断面的凸形部位上,并设置合理的进出站坡度。车站设在线路纵断面的高处,两端大下坡,称为节能坡。

列车从车站启动后,借助下坡的势能增加列车加速度,缩短列车牵引时间,从而达到节能的目的。列车进站停车可借助坡度阻力,降低列车速度,缩短制动时间,减少制动发热,节约环控能量消耗。节能型坡道应尽量靠近车站,竖曲线头宜贴近站台端部,以发挥最大节能效果。节能坡道长度一般宜在200~300m。

思 考 题

1. 在深基坑施工时,通常采用什么方法传递高程(　　)。
   A. 倒尺法　　　　　　B. 悬挂钢尺法　　　　　　C. 全站仪三角高程测量法
2. 坡度线的测设中,在坡度较小的地段常通常采用水准仪法。(1:对　2:错)
3. 请简述节能坡的作用。
4. 简述水准仪测设高程和全站仪测设高程的方法各有什么不同。各适用于什么场合?
5. 已知施工水准点 B_{M1} 的高程 $H_1=78.897\text{m}$,隧道顶点的设计高程 $H_D=83.622\text{m}$。放样时,将水准尺立于 B_{M1} 上的后视读数 $a=2.243\text{m}$,试计算倒立水准尺时与 H_D 对应的前视读数 b。
6. A、B 均为一高速公路的道路中线桩,两桩之间水平距离 $D_{AB}=100\text{m}$,其地面高程 $H_A=1423.689\text{m}$ 和 $H_B=1424.489\text{m}$,安置经纬仪于 A 点,仪器高 $i=1.435\text{m}$,现用倾斜视线法放样 $i_{AB}=±8‰$ 的坡度线,试求立尺于 B 点的水准尺读数 b。
7. 已知水准点 A 的高程为105.310m,欲放样设计高程为104.502m 的 B 点,现在 A、B 两点间安置水准仪,读取 A 点所立水准尺读数为1.385m,请计算 B 点所立水准尺读数应为多少,才能使尺底高程为设计高程值? 怎样操作才能使 B 点桩顶部高程为设计高程值?

附　表

某市城市轨道交通1号线一期工程高程放样记录表。

第四章

盾构施工联系测量

第一节 概　　述

本章首先阐述了联系测量在建设工程中所起的作用,以及所应用的领域,重点介绍了联系测量的基本要求和不同的测量方法,以便读者根据实际工况选择合适的联系测量方法。

一、联系测量的概述

联系测量和控制测量是地铁施工测量中最重要的两个环节,联系测量将地面坐标系转入地下,通过各种测量将地面坐标系延伸至各导洞内,联系测量的数据是否准确,直接关系到地铁主体结构的尺寸是否准确。所以如何做好联系测量是地铁暗挖工程施工测量工作成败的关键。将地面平面坐标系统和高程系统传递到地下的测量工作,称为联系测量。

联系测量主要是通过竖井、平峒及斜井等将地面和地下控制网联系在统一坐标系统中的测量工作。把地面上控制点的坐标、方位角和高程传递到地下导洞中去,作为地下导线的起算坐标和起始方位角,依次指导地下工程的施工,并保证正确贯通。联系测量主要包括地面近井导线测量、近井水准测量、通过竖井(斜井、平峒、钻孔等)的定向测量、传递高程测量及地下近井导线测量和近井水准测量。下面就联系测量的基本方法和要求进行简要说明。

二、联系测量的基本要求

联系测量是地下隧道施工中极为重要的环节,是地下隧道贯通的重要保证,为了确保联系测量精度高、成果可靠,结合城市轨道交通工程的特点和工程经验,从提高联系测量精度以及加强线路检核等实际要求出发,根据《城市轨道交通工程测量规范》(GB/T 50308—2017)中关于联系测量的基本技术要求,要严格遵守。

(1)联系测量应包括地面近井导线测量、近井水准测量以及通过竖井、斜井、平峒及钻孔的定向测量和传递高程测量。

(2)每次联系测量应独立进行三次,取三次平均值作为定向成果。地下近井定向边方位角中误差不应超过±8″,地下近井高程点高程中误差不应超过±5mm。

(3)定向测量的地下近井定向边应大于120m,且不应少于2条,传递高程的地下近井高程点不应少于2个。使用近井定向边和地下近井高程点前,应对地下近井定向边之间和地下近井高程点之间的几何关系进行检核,其不符值应分别小于12″和2mm。

(4)隧道贯通前的联系测量工作不应少于3次,宜在隧道掘进约100m,300m以及距贯通面100～200m时,分别进行一次。各次地下近井定向边方位角较差应小于16″,地下高程点高程较差应小于3mm,符合要求时,可取各次测量结果的平均值作为后续测量的起算数据指导隧道贯通。

(5)当隧道单向贯通距离大于1500m时,应采用高精度联系测量或增加联系测量次数等方法,提高定向测量精度。

三、联系测量基本方法

(1) 定向测量基本方法

将地面的平面坐标系统传递到地下的测量工作,就称为平面联系测量,又称为定向。在竖井联系测量中,从竖井定向误差对地下近井测量的影响来看,确定地下导线起算边的方位角是很重要的环节,因为地下导线起算边的坐标方位角误差将使地下导线各个边的方位角偏转同一个误差值,由此引起的导线各点的点误差将随着导线的延伸不断增大。设导线终点为 P,起算边的坐标方位角误差为 m_α,则 P 点的位置中误差为:

$$m_P = \frac{m_\alpha''}{\rho''} \cdot L \tag{4-1}$$

式中:L——导线终点到起算点的直线距离;
ρ''——206265″。

按照上式计算,若 $m_\alpha = \pm 5''$,$L = 1000\text{m}$,则可计算得到:

$$m_P = \pm 5 \times 5 = \pm 25(\text{mm})$$

由此可以得出,沿着隧道(巷道)布设的近似直伸形的导线,由竖井定向计算的导线起算边方位角误差对导线位置的终点误差影响是比较大的。对于地铁隧道的贯通而言,为了保证在贯通面能正确贯通,竖井定向的精度要求是很高的。竖井定向的坐标传递误差对导线各点的误差影响是一个常数,它只使导线点位置发生平移,其影响不随导线的延长而积累,它相对于导线坐标方位角误差的影响就很小了。因此竖井联系测量确定地下导线起算边方位角比确定起算点坐标更重要,精度要求更高。

目前,在城市轨道交通工程中定向测量的方法主要有以下几种:
①陀螺经纬仪、铅垂仪(钢丝)组合法。
②联系三角形法。
③两井定向。
④导线直接传递法。
⑤投点定向法。

(2) 传递高程测量基本方法

将地面的高程系统传递到地下的测量工作,就称为高程联系测量,也可称为导入高程。测量的方法主要有:
①悬挂钢尺法。
②光电测距三角高程法。
③水准测量法。

四、本节小结

本节结合地铁施工现场的情况,将联系测量的内容、意义、分类及一般的工作流程,进行了说明,并结合《城市轨道交通工程测量规范》(GB/T 50308—2017)中联系测量部分的相关规定对联系测量的要求进行了一些说明。

思考题

1. 联系测量的关键点或者关键环节是什么？如何做，才能够保证联系测量成果的精确性？
2. 联系测量的主要任务是什么？

第二节 地面近井点测量

地面近井测量描述的是通过把地面测量坐标系统通过竖井传递到井下的第一步工作，并且明确近井导线测量布设的施工与施测的方法，求得点的精确二维坐标；近井水准测量主要是怎样获得水准点精确的高程，进而获得近井点的三维坐标。最后通过实例说明具体施测方式。

将地面测量坐标系统通过竖井传递到井下，一般应在地面竖井口附近设立近井点，通过近井点进行坐标传递。因此要求所设立的近井点能够使用方便、不受施工影响。当原有各等级地面控制点能够与联系测量中的观测标志通视且距离较近时，可以不另行建立近井点，并以其为近井点，直接利用这些点进行联系测量。否则应通过加密控制点测量建立近井点。

一 近井导线测量

1. 对已有导线点的复核测量

城市轨道交通工程的一等卫星定位控制点和二等导线点的位置一般选择在线路附近或高大建筑物上，由于受施工影响，线路附近的地面和建筑在施工期间很可能会产生变形造成邻近地面和建筑物上的导线点点位产生移动，所以为确保起算点的正确，进行近井导线测量前，对地面已有导线点必须进行复核测量。

根据复测结果发现，一些城市有的导线点位移量为 10～30m，这就给不同时期各次复核测量结果的互相比较产生困难。为此，为防止此类情况发生，在复测时，如果对原起算点的稳定情况有疑问时，应按规定报告监理方，并要求对该控制点进行多方复测，确定准确的控制点成果，如果该点无法使用，或急需要进行联系测量时，应另选择可靠的控制点作为起算数据，并在经检测确认这些控制点稳定、可靠的情况下，才可以作为起算点。

2. 近井点测量

为便于进行联系测量，一般在竖井口附近设置近井点。测定近井点的位置，可采用极坐标法或导线测量等方法。

(1) 极坐标法测定近井点

当竖井附近的一、二等控制点能够直接测定近井点时，应利用坐标法直接测定近井点位置。为保证测量成果的可靠，此时应进行双极坐标测量，即独立的对控制点进行两次极坐标测量。近井点的点位中误差应在 ±10mm 以内。

(2) 导线测量方法测定近井点

采用导线测量方法测定近井点时，应以一、二等控制点为起算数据，在其间应加密近井导线,并形成附合路线,近井点要纳入近井导线中。近井导线测量应按精密导线测量的技术要求施测,最短边长不应小于 50m,同样近井点的点位中误差应在 10mm 以内。近井点位置处在施工影响的变形区内,经常会发生变化,因此每次进行联系测量时都要重新对近井点进行测量。

二、近井水准测量

为便于进行高程联系测量,同样在竖井口附近设置近井高程点(近井高程点和近井点也可设置成同一个点)。确定近井点高程可采用水准测量方法。

同样应利用一、二等水准点为起算点,引测近井高程点的加密近井水准测量。进行近井水准测量前应对作为起算点的已有的一、二等水准点进行检测,确认稳定、可靠后才能使用。加密近井水准路线应构成附合路线,并应按二等水准测量技术要求施测。

三、近井点测量实例

地面导线点尽管沿线路布设,但因为怕受施工影响而使点位发生变化,必须距线路有适当距离,同时施工现场非常复杂,千变万化,因此布设近井点和进行近井测量要适应现场情况,选择适宜的测量方法和路线。

北京地铁 4 号线某盾构施工段,在测区附近有 4 号线二等导线点 DS134、DS135、DS128、BSQ 等控制点,可作为近井点测量平面起算依据。根据现场条件以 DS134—DS135 为起算边,在竖井口附近测设两个近井点,连接成双导线形式,并与 DS128、BSQ 形成附合导线。近井导线布设形式如图 4-1 所示。

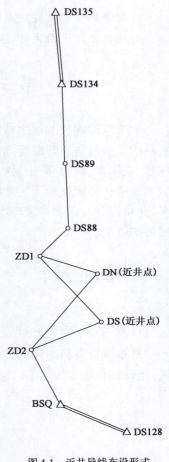

图 4-1 近井导线布设形式

近井导线测量按照二等导线测量技术要求进行。经平差计算,地面导线全长相对闭合差 1/59000,最大点位中误差 ±4.1mm,最大点间中误差 ±2.8mm,精度满足《城市轨道交通工程测量规范》(GB/T 50308—2017)的要求。

本施工段近井水准点和近井导线点共用同一近井点,近井水准点采用二等水准测量方法施测,测量精度同样满足《城市轨道交通工程测量规范》(GB/T 50308—2017)相关技术要求。

四、本节小结

本节结合地铁施工现场的情况,将近井测量的内容工作流程,进行了说明,并结合《城市轨道交通工程测量规范》(GB/T 50308—2017)中联系测量部分的相关规定,对近井测量的要求进行了一些说明。

思 考 题

1. 近井测量的关键点或者关键环节是什么?如何做,才能够保证近井点的精度?
2. 地铁施工平面坐标选择的原则是什么?

第三节 陀螺经纬仪定向测量

本节从陀螺仪的基本特征入手,以图表的形式形象的表达定向原理,然后介绍了一般陀螺经纬的定向方法。陀螺经纬仪是一种全天候、不依赖其他条件能够测定真北方位的物理定向仪器,在军事、航天、矿山、铁道、森林、建筑、海洋和测绘部门得到广泛应用。近年来,随着我国城市轨道交通建设的飞速发展,陀螺经纬仪定向在城市轨道交通工程建设中的应用也越来越多,北京、广州、深圳等城市地铁建设中有不少利用陀螺经纬仪进行定向的工程实例,均取得了良好的效果。

一 陀螺仪简介

1. 陀螺仪的基本特性

凡是绕自身轴高速旋转的任意刚体都可以看作是一个陀螺,自由陀螺仪有两个基本特性:定轴性和进动性(图4-2)。

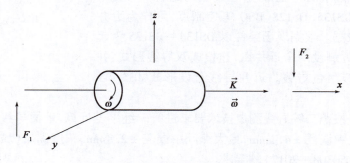

图4-2 陀螺仪的进动性示意图

根据动力学原理,对于一个转子的动量矩矢量来说,有如下公式:

$$\vec{H} = \vec{\omega}\int r^2 \mathrm{d}m = \vec{\omega}J \tag{4-2}$$

式中: $\vec{H}$ ——转子的动量矩矢量;

$\vec{\omega}$ ——转子的角速度;

J ——转子的转动惯量。

式(4-2)表明:转子的动量矩矢量的方向与角速度矢量的方向一致,且与角速度及转动惯量成正比。

另外,根据动量矩定理:动量矩矢量对时间的导数等于外力矩。即:

$$\vec{u} = \frac{d\vec{H}}{dt} = \vec{M} \tag{4-3}$$

式中: $\vec{u}$ ——转子的动量矩矢量 $\vec{H}$ 末端的线速度;

$\vec{M}$ ——外力矩矢量。

从式(4-3)可以得出以下两个结论:

(1)当外力矩为零时,陀螺仪保持其动量矩的大小和方向不变,这种特性称为陀螺的定轴性。

(2)对于匀速自转的陀螺,如果在陀螺自转轴上施加一个力矩,这时陀螺的动量矩矢量的端点将沿力矩方向运动,这称为陀螺仪的进动性。如图 4-2 所示如果转子以角速度 $\vec{\omega}$ 高速旋转,其动量矩与 x 轴重合,这时在旋转轴两端施加上下方向的力,在此力矩作用下 $\vec{H}$ 矢量的端点将沿力矩方向运动,即在 xy 平面内向 y 轴方向转去,此时的转子绕 z 轴逆时针转动,这就是陀螺仪的进动性。正是由于陀螺仪具有进动性,人们才能够利用陀螺仪测定过某点的真子午线的位置。

2. 陀螺经纬仪的定向原理

陀螺仪能够测定真北方向,与地球自转对陀螺仪的作用有关。我们知道,地球以南北两极的连线为自转轴,一刻不停地自西向东旋转,其自转的角速度 $\vec{\omega} = 360/24h = 7.25 \times 10^5 \text{rad/s}$,如果在宇宙空间面向地球的北极看去,地球在做逆时针方向旋转,地球旋转角速度矢量 ω 沿自转轴指向北端(图 4-3),对于纬度为 φ 的地面点 P 而言,地球自转角速度矢量和当地的水平面成 φ 角,且位于过当地的子午面内。地球自转角速度可以分解为水平分量 ω_1(沿子午线方向)和垂直分量 ω_2(沿铅垂方向),即:

$$\omega_1 = \omega \cos\varphi \tag{4-4}$$

$$\omega_2 = \omega \sin\varphi \tag{4-5}$$

水平分量 ω_1 表示地平面在空间绕子午线旋转的角速度,地平面的东半面降落,西半面升起。

垂直分量 ω_2 表示子午面在空间绕铅垂线旋转的角速度,表示子午线的北端向西移动,对地面观测者而言,好像太阳和其他星体的方位在变化。

为了说明悬挂式陀螺仪受地球自转角速度的影响,作如图 4-4 辅助天球在地平面以上的半球来示意,O 点为天球的中心,陀螺仪位于 O 点上,陀螺仪主轴位于水平面上,其正端偏向真子午面以东,与真子午线夹角为 α。图中 NP_nZ_nS 为观测点真子午面;$NWSE$ 为真地平面;OP_N 为地球旋转轴;OZ_N 为铅垂线;NS 为子午线方向;φ 为纬度。

在图 4-4 中我们把地球旋转的水平分量再分解成为两个互相垂直的分量 ω_3 和 ω_4,分量 ω_4 表示地平面绕陀螺仪主轴旋转的角速度,其大小为:

$$\omega_4 = \omega\cos\varphi\cos\alpha \tag{4-6}$$

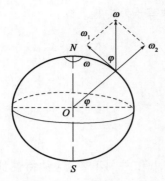
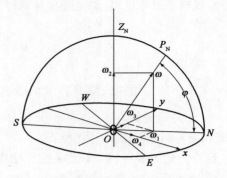

图 4-3　地球自转角速度的分量　　　　图 4-4　地球自转角速度分量相对陀螺主轴的变化

此分量对陀螺仪轴的空间方位没有影响，所以不加考虑。分量 ω_3 表示地平面绕 y 轴旋转的角速度，其大小为：

$$\omega_3 = \omega\cos\varphi\sin\alpha \tag{4-7}$$

分量 ω_3 对陀螺仪轴 x 的进动有影响，称为地球有效分量，该分量使陀螺轴空间方位发生变化；使陀螺轴向东的一端相对地平面升起，向西的一端相对地平面如图 4-5 所示。

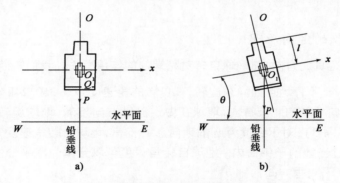

图 4-5　地球旋转的水平分量对陀螺仪轴的影响

当陀螺仪的主轴倾斜时，陀螺转子的重心与吊点将不在同一铅垂线上。此时陀螺转子的重力将产生一个力矩，这个力矩将使陀螺向子午面方向进动。此力矩的大小为：

$$M_B = Pl\sin\theta \tag{4-8}$$

式中：P——陀螺转子的重量；

l——陀螺转子重心到吊点的距离；

θ——陀螺仪轴与地平面的夹角。

由式(4-7)，陀螺仪转子的角速度为：

$$\omega_P = \frac{Pl}{H}\sin\theta \tag{4-9}$$

悬挂陀螺仪在地转有效分量 ω_3 和重力矩 M_B 的共同作用下，使陀螺主轴总是向子午方向进动，造成这种进动效应的力矩我们称为指向力矩，其大小为：

$$M_H = H\omega_3 = H\omega\cos\varphi\sin\alpha \tag{4-10}$$

悬挂式陀螺仪的进动如图 4-6 所示，A 为陀螺仪的初始位置，陀螺转子在高速旋转，由于没有外力矩作用，陀螺轴在空间的方位保持不变，由于地球自转而使陀螺仪位置移动至 B 处，此时地平面将和陀螺轴形成一个夹角 θ，由于陀螺转子偏离铅垂位置，形成了重力矩 M_B。M_B 与陀螺动量矩 H 的共同作用使陀螺转子产生进动，陀螺轴向子午面靠拢。当陀螺轴与子午面重合时，即处于 C 位置时，重力矩为零，陀螺的主轴指向真北。

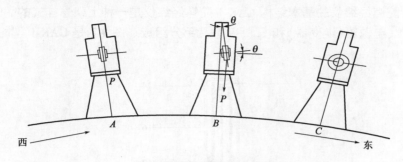

图 4-6　悬挂式陀螺仪的进动

指向力矩 M_H 表示将陀螺轴转至子午面的力矩大小。在赤道上 $\varphi=0$，M_H 最大，在南北极 $\varphi=90°$，$M_H=0$。因此在两极和 $\varphi>75°$ 的高纬度地区，不能使用陀螺仪进行定向陀螺仪运动方程推导，但是可以证明：指向子午面的进动力矩与动量矩 $\vec{H}$ 的方角 α 的正弦 $\sin\alpha$ 成正比。随着陀螺轴靠近子午面，α 越来越小。进动力矩也越来越小。当陀螺轴与子午面重合时，力矩为零。但此时陀螺轴的角速度达到最大值，由于惯性的作用陀螺轴继续摆动偏离子午面，指向力矩会阻止陀螺的进一步摆动，直到陀螺轴达到最大摆幅后反方向转动。如此不断往复。如果没有其他因素影响，陀螺轴将以子午面为对称中心做角简谐运动。其运动周期与陀螺的动量矩、重量、吊点到重心的距离以及地理纬度有关。但实际上由于空气阻力、轴承摩擦阻力等因素的影响，陀螺轴作摆幅逐步衰减的阻尼运动。

3. 陀螺经纬仪的基本结构

近年来，国内外研制的陀螺经纬仪精度不断提高的同时也在向自动化、智能化的方向发展。目前国外较先进的陀螺经纬仪有德国 Deutsche Montan Technologie GmbH（DMT）研制的 GYROMAT 2000 以及 GYROMAT 3000 陀螺经纬仪，它们的一次定向精度达到 ±3.6″时间约为 10min。仪器为全自动操作。英法海底隧道在施工时就应用了 GYROMAT2000 陀螺经纬仪。在国内，最近研制的高精度自动陀螺经纬仪有中南大学和长沙莱塞光电子技术研究所联合研制生产的 AGT-1 以及 AFS-1 自动陀螺经纬仪，该仪器一次定向精度 在 ±5″以内，定向时间 15min；另外还有由西安测绘研究所研制、西安 1001 工厂生产的 Y/JTG-1 自准直陀螺经纬仪。Y/JTG-1 在中纬度地区一次定向中误差在 ±7″以内，一次定向时间约 20min。在众多型号的陀螺经纬仪中，目前在地铁工程中使用较多的有我国徐州光学仪器厂生产的 JTi5 以及瑞士 WILD 广的 GAK-1 型陀螺经纬仪等。

① 一般陀螺经纬仪的基本结构。

目前工程中使用的陀螺经纬仪大部分是上架悬挂式陀螺经纬仪，上架是指陀螺仪架在经纬仪的上部，悬挂是指陀螺仪的灵敏部采用带状悬挂的支承方式。

对于悬挂式的陀螺仪，其结构一般分为如下几部分。

a. 灵敏部：包括悬挂带、导流丝、陀螺电机和陀螺房以及反光镜或光学传感器元件。

b. 光学观测系统：这部分主要用来观测灵敏部的摆动或用来跟踪灵敏部。

c. 锁紧装置：此部分主要用来固定灵敏部，当陀螺不使用时可以使悬挂带处于不受力状态,以便于搬运,有时也附有阻尼装置或限幅装置。

d. 机体外壳:主要附有防磁屏蔽层和其他一些附属于机体的元件、电缆插头、观测孔等。

e. 电源:包括蓄电池和逆变器。

②GAK-1 陀螺经纬仪的基本结构 GAK-1 陀螺经纬仪是一种上架悬挂式的陀螺经纬仪,由陀螺仪、经纬仪、电源箱(逆变器)和三脚架等几部分组成。图 4-7 是 GAK-1 型陀螺经纬仪的剖面图。

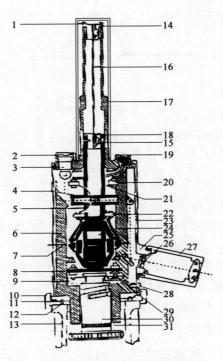

图 4-7 GAK-1 型陀螺经纬仪的剖面图

1-上钳形夹头的固定螺钉;2-灯头帽;3-灯泡座;4-光学指示系统;5-悬挂柱;6-框架柱;7-陀螺轴;8-限幅盘;9-锁紧盘;10-陀螺仪与桥式支架的连接螺母;11-V 形槽;12-桥式支架的球形头顶针;13-桥式支架;14-悬挂带上固定钳形夹头;15-悬挂带固定螺钉;16-悬挂带;17-上部保护管;18-悬挂带下固定钳形夹头;19-连接逆变器的电缆插座;20、22-绝缘板;21-导流丝;23-外壳;24-陀螺;25-短柱凸块;26-分画板;27-目镜筒;28-外壳固定螺钉;29-锁紧盘的触点;30-锁紧装置;31-警告红带

GAK-1 陀螺仪的摆动系统包括悬挂柱、悬挂带、陀螺、限幅盘等。陀螺和悬挂柱固连,并通过悬挂带悬挂在支架上。悬挂带的上下两端分别用钳形夹头固定在支架和悬挂柱上,可以通过上端钳形夹头的两个固定螺钉来调整悬带零位。在陀螺工作时,整个摆动系统的重量全部由悬挂带来承担。限幅盘用于在陀螺处于半脱位置时限制陀螺的摆幅。

支架系统包括一块底板,三个支承柱和一个烟函状的外伸圆筒。底板下面的三个 V 形槽和经纬仪桥形支架上的三个球形顶针相配合,可以使陀螺仪在经纬仪上定位并强制归心,使得经纬仪照准部和陀螺仪可以一起旋转。光学棱镜和反射镜以及电源输入插口均固定于支架上。

经纬仪外壳的下部有一个凸出的短柱,内部嵌有一块带有刻度的目镜分划板。陀螺的指标线通过光路投射在分划板上。由于观测陀螺指标线摆动的目镜可安装在这个短柱上,目镜可拆卸式,不用时可以卸下。陀螺仪外壳内衬有一层防止外磁场干扰的防磁层。

锁紧装置包括锁紧环、带螺纹的导柱和锁紧盘。锁紧盘的作用是在锁紧时使陀螺托起。这时悬挂带处于不受力的状态，以防止陀螺启动、刹车或者搬运陀螺时损坏悬挂带。锁紧盘上有 3 个安装在板式弹簧上的触头。当锁紧盘处于半脱状态时，这 3 个触头与限幅盘摩擦以限制陀螺的摆幅。在螺纹导柱上有一个红圈，当红圈可见时表示陀螺没有锁紧。

GAK-1 型陀螺经纬仪的蓄电池采用 10 节 1.2V 的镍镉电池，逆变器可将直流电变为 115V,400Hz 的三相交流电给陀螺仪供电。

GAK-1 型陀螺经纬仪的主要技术参数见表 4-1。

GAK-1 型陀螺经纬仪主要技术参数　　　　　　表 4-1

项目		参数
(1)陀螺仪	高	340mm
	直径	85mm
	悬挂带	0.4mm × 0.02mm
	转速	22000r/min
	角动量	$1.86 \times 10^{-6} g \cdot cm^2/s$
	启动时间	约 90s
	制动时间	约 50s
	中纬度地区摆动半周期	约 4min
	适应范围	纬度 75°以内
	方位角测定标准偏差	±20
(2)GKK3 逆变器	金属盒子总尺寸	260mm × 170mm × 225mm
	输入电压	12V(DC)
	输出电压	115V(AC),400Hz
(3)GKB1 蓄电池	金属盒子总尺寸	260mm × 170mm × 90mm
	可充电的镍镉电池	10 节 1.2V 电池
	电压	12V
	容量	7A
	电池充足电可用	4h 左右
(4)GKL1 蓄电池	输入电压	115V 或 220V
	空电池充足	14h

二　一般陀螺经纬仪的定向方法

1. 陀螺经纬仪定向的一般步骤

在地下工程中使用陀螺经纬仪定向的一般步骤如下。
(1) 在地面已知边上测定测前仪器常数。
(2) 在待定边上测定该边的陀螺方位角。
(3) 在地面已知边上测定测后仪器常数。
(4) 计算待定边坐标方位角和精度评定。

2. 悬带零位的测定和零位改正

(1) 悬带零位改正意义

在定向时,要进行悬带零位改正,在这里首先介绍一下什么是悬带零位,以及如何进行悬带零位的测定和改正。

悬挂式陀螺仪的灵敏部是由悬挂带悬挂起来的,悬挂带是一个有弹性的金属带,由合金制成,当悬带发生扭曲时,由于弹性效应会产生扭力。这样陀螺仪的灵敏部相当于一个扭摆。陀螺转子不运行时,灵敏部也会摆动。当灵敏部的摆动处于平衡位置时,悬挂带的扭力为零。这个位置称为无扭位置,此时光标在分画辑上的读数称为悬带零位。

在定向时,如果悬带零位不在子午线方向,那么当陀螺在指向力矩作用下指向子午线方向时,悬挂带就会扭曲,扭力矩的作用会使测得的陀螺北方向值带有误差。为了消除这种误差,应该尽量使悬带零位接近北方向。在定向作业前后,应该测量悬带零位。如果悬带零位值比较大,应该进行零位改正。

(2) 悬带零位观测的方法

①松开锁紧装置,缓慢地释放灵敏部。待灵敏部完全放下时,可从观测目镜中观察光标线在分画板上摆动的情况,如果摆幅很大,就要重新托起灵敏部,再慢慢释放,反复几次,直到光标线不跑出观测目镜视场为止。

②连续观测光标线左、右逆转点,并在分画板上读数,记录在测前或测后零位观测栏内。然后按式(4-11)取中数作为测前或测后的零位值。观测和记录的顺序如图4-8所示。

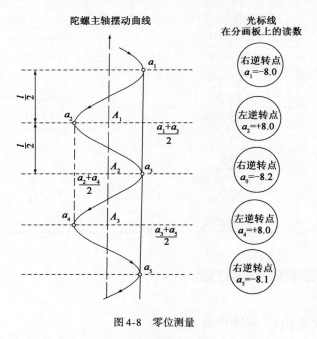

图 4-8 零位测量

根据摆幅达到逆转点的读数按式(4-11)计算悬带零位。

③观测完毕后,当光标线移动到分画板零刻画线附近时,将灵敏部托起拧紧锁紧装置。这时在观测目镜中可以看到光标又回到了分画板零刻画线上。

如果测得的悬带绝对零位偏移大于0.5格时,就需要进行零位校正。零位校正通过调整陀螺仪上部的校正螺旋进行。需要指出的是,零位校正应该由熟悉陀螺仪内部结构、有经验的人员进行操作,以免损坏仪器。

$$\left.\begin{aligned} A_1 &= \frac{1}{2}\left(\frac{a_1+a_3}{2}+a_2\right) \\ A_2 &= \frac{1}{2}\left(\frac{a_2+a_4}{2}+a_3\right) \\ A_3 &= \frac{1}{2}\left(\frac{a_3+a_5}{2}+a_4\right) \\ A_i &= \frac{1}{2}\left(\frac{a_i+a_{i+2}}{2}+a_{i+1}\right) \\ &\vdots \\ A &= \frac{A_1+A_2+A_3+\cdots+A_n}{n} \end{aligned}\right\} \quad (4\text{-}11)$$

式中：a_i——光标线在分画板上的读数,规定左逆转点读数为正；
A_i——悬带摆动读数中值；
n——悬带摆动中值的个数；
A——悬带零位的平均值。

悬带零位经过校正也不能完全消除零位带来的方位观测误差。在城市轨道交通隧道工程测量中,方位角测量的精度要求很高,当测得的悬带绝对零位大于 0.05 格时,零位改正值就相当大,因此必须进行零位改正。

零位改正值的计算公式如下：

$$\Delta a = \lambda \tau \delta \tag{4-12}$$

式中：δ——零位值,以格为单位；
τ——目镜分画板的分画值；
λ——零位改正系数。

$\lambda = D_B/D_K$ 是悬带扭力矩对陀螺力矩的比值,一般仪器说明书中给出,当仪器更换悬挂带或更换陀螺电机时,应重新测定。当说明书中未给出 λ 值时,可用式(4-13)计算：

$$\lambda = \frac{T_A^2 - T_B^2}{T_B^2} \tag{4-13}$$

式中：T_A——跟踪摆动周期；
T_B——不跟踪摆动周期。

此处求 λ 只适用于无扭观测(如逆转点法),当采用有扭(如中天法)时,λ 按式(4-14)计算：

$$\lambda = \frac{T_A^2 - T_B^2}{T_A^2} \tag{4-14}$$

3. 粗略定向

不管采用何种定向方法,在精确定向前都必须将经纬仪望远镜的视准轴置于近似北方向,这个过程称为粗略定向。在已知边上测定仪器常数时,可以根据已知边的坐标方位和测站的子午线收敛角直接寻找北方向。当在未知边上定向时,可以采用逆转点法或四分之一周期法进行粗略定向。

(1) 细逆转点法粗略定向

经纬仪的视准轴大致指北(可以借助罗盘),水平微动螺旋置于行程中间位置,启动陀螺,达到额定转速后下放陀螺灵敏部,用手转动照准部来跟踪陀螺灵敏部,使得陀螺仪目镜视场中移动的光标与分画板零刻画线时时重合。光标快达到逆转点位置时制动照准部,改用水平微动螺旋继续跟踪,达到逆转点时,在经纬仪上读取水平度盘读数 a_1;然后松开水平制动,继续用相同的方法跟踪陀螺灵敏部至另一个逆转点并在经纬仪上读取水平度盘读数 a_2。锁紧灵敏部,制动陀螺电机,按式(4-15)计算近似北方向在水平度盘上的读数:

$$N' = \frac{1}{2}(a_1 + a_2) \tag{4-15}$$

转动照准部,使水平度盘读数为 N',此时视准轴就指向近似北方向,这种近似寻北的方法精度约为 $\pm 3''$,观测时间 10min 左右(图4-9)。

(2) 四分之一周期法粗略定向

启动陀螺电机,达到额定转速后下放陀螺灵敏部。用手转动照准部进行跟踪,让陀螺仪目镜分画板零刻画线走在光标的前面,当光标像移动速度逐渐减慢,接近逆转点时固定照准部,停止跟踪,光标与分画板零刻画线重合时,启动秒表,光标像继续向前移动至逆转点后又反向移再次经过分画板零刻画线时不停表读取时间 t,并用式(4-16)计算 T':

$$T' = \frac{t}{2} + \frac{T_1}{4} \tag{4-16}$$

式中:T_1——跟踪摆动周期。

松开水平制动螺旋继续跟踪,使光标像与分画板零刻画线始终重合,同时观测秒表读数。当跟踪到 T' 时刻,立刻固定照准部,停止跟踪,这时望远镜视准轴就指向了近似北方向。这所方法指北精度可在 $\pm 10''$ 以内,观测时间约 6min(图4-10)。

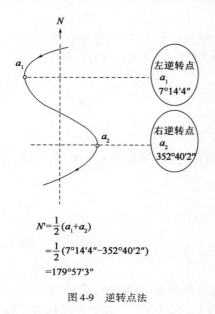

图4-9 逆转点法

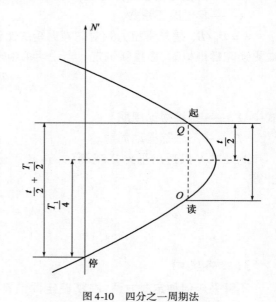

图4-10 四分之一周期法

4. 精密定向

粗略定向完成后就可以进行精密定向了,精密定向的过程就是测定被测边陀螺方位角的过程。定向方法一般分为两大类,一种是在定向过程中仪器的照准部跟踪灵敏部,主要指逆转点法;另一种则是测量过程中照准部固定,这类方法有中天 d 时差法、摆幅法、计时摆幅法等,其中中天法应用最广泛。下面分别介绍这两种典型的方法。

(1)逆转点法定向

逆转点法定向示意如图 4-11 所示,在一个测站上的主要操作程序如下:

①经纬仪严格对中整平,并安置好陀螺仪,一测回测定待测边的方向值。

②进行粗略定向,使望远镜视准轴指向近似北方向并固定照准部。

③打开陀螺照明,下放陀螺灵敏部,进行测前悬带零位测量,同时用秒表记录自摆周期。零位测量完成后,托起并锁紧灵敏部。

④启动陀螺电机,达到额定转速后,缓慢下放灵敏部到半脱离位置,稍停数秒钟再全部放下,如果摆幅过大,再次用半脱离阻尼限幅,使摆幅在 1°~3°范围为宜。用水平微动螺旋微动照准部,让光标像与分画板零刻画线随时重合,即跟踪。跟踪时要做

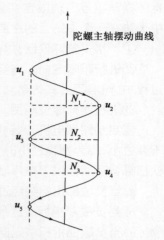

图 4-11 逆转点法观测示意图

到平稳和连续,切忌跟踪不及时,产生分划板时而落后于光标像,时而赶上或超前。这种情况将影响摆动中值的稳定性,从而影响定向精度。每次摆动到达逆转点时较快地在水平度盘上读数,一般连续读取 5 个逆转点读数 $u_1, u_2 \cdots u_5$,然后托起锁紧灵敏部,制动陀螺电机。

跟踪时,还需要用秒表测定连续两次同一方向经过逆转点的时间,即跟踪摆动周期 T_A。

⑤进行测后零位观测。

a. 以一测回测定待定或已知测线的方向值,前后两次观测结果的互差,对于 J2 经纬仪不大于 10″,对于 J6 经纬仪不大于 24″。取测前测后两测回平均值作为测线方向值。

b. 以一测回测定待定或已知测线的方向值,前后两次观测结果的互差,对于 J2 经纬仪不大于 10″,对于 J6 经纬仪不大于 24″。取测前测后两测回平均值作为测线方向值。

c. 摆动平衡位置在水平度盘上的读数 N_T 按式(4-17)计算:

$$\left. \begin{array}{l} N_1 = \dfrac{1}{2}\left(\dfrac{u_1 + u_3}{2} + u_2\right) \\[2mm] N_2 = \dfrac{1}{2}\left(\dfrac{u_2 + u_4}{2} + u_3\right) \\[2mm] N_3 = \dfrac{1}{2}\left(\dfrac{u_3 + u_5}{2} + u_4\right) \\[2mm] \vdots \\[2mm] N_T = \dfrac{N_1 + N_2 + N_3}{3} \end{array} \right\} \quad (4\text{-}17)$$

d. 待定测线陀螺方位角按式(4-18)计算:

$$\alpha_T = B - N_T + A \quad (4\text{-}18)$$

式中: B——测线方向值;

N_T——陀螺北方向值;

A——零位改正数,计算方法见式(4-18)。

(2) 中天法定向

中天法定向示意如图 4-11 所示,中天法观测过程中照准部固定于近似北方向上,观测光标的摆动幅度必须限定在目镜的视场范围之内,因此要求起始的近似北方向精度 ±15″以内。中天法在一个测站上的主要操作程序如下:

① 严格安置好仪器,以一测回测定待测测线的方向值 B_1。

② 进行粗略定向。将经纬仪照准部固定在近似北方向 N' 上,并记录下 N' 值。在整个定向过程中,照准不允许转动。

③ 进行测前零位观测。

④ 启动陀螺电机,达到额定转速后下放灵敏部行限幅,使摆幅不要超出目镜视场,但摆幅不要过小,因为摆幅过小时光标像经过分画板零刻画线时的速度较慢,时间不容易测准。在确认摆幅合适后按以下顺序观测。

a. 当灵敏部指标线经过分画板零刻画线瞬间,立即启动专用秒表,读取中天时间 t_1。

b. 当灵敏部指标线达到逆转点时,在分画板上读取摆幅读数 a_W。

c. 当灵敏部指标线返回零刻画线瞬间,读取中天时间 t_2。

d. 当灵敏部指标线达到另一逆转点时读取摆幅读数 a_E。

e. 当灵敏部指标线返回零刻画线瞬间,读取中天时间 t_3。

测完毕后托起陀螺灵敏部,关闭电机。

⑤ 测后零位观测。

a. 以一测回再次测定待测边的方向值 B_2;当前后两测回方向值互差满足要求时,取其平均值作为测线方向值,即:

$$B = \frac{1}{2}(B_1 + B_2) \tag{4-19}$$

b. 测线陀螺方位角的计算:

摆动半周期:

$$\left.\begin{array}{l} t_W = t_2 - t_1 \\ t_E = t_3 - t_2 \end{array}\right\} \tag{4-20}$$

时间差:

$$\Delta t = t_W - t_E \tag{4-21}$$

摆幅值:

$$a = \frac{|a_w| + |a_E|}{2} \tag{4-22}$$

近似北方向偏离平衡位置的改正数:

$$\Delta N = c \cdot a \cdot \Delta t \tag{4-23}$$

陀螺摆动平衡位置在水平度盘上的读数为:

$$N = N' + \Delta N = N' + c \cdot a \cdot \Delta t \tag{4-24}$$

测线的陀螺方位角按式(4-25)计算:

$$\alpha_T = B - N + A \tag{4-25}$$

在式(4-24)中的 c 称为比例系数,可以按以下两种方法测定和计算:

(a) 将经纬仪视准轴分别安置在北偏东 $10'\sim15'$ 和北偏西 $10'\sim15'$，分别用中天法观测，求出时间差 Δt_1 和 Δt_2 以及摆幅值 a_1 和 a_2，然后列出如下方程式，以求解 c 值。

$$\left.\begin{array}{l} N = N'_1 + c \cdot a_1 \cdot \Delta t_1 \\ N = N'_2 + c \cdot a_2 \cdot \Delta t_2 \end{array}\right\} \quad (4\text{-}26)$$

求解式(4-26)得：

$$c = \frac{N'_2 - N'_1}{a_1 \Delta t_1 - a_2 \Delta t_2} \quad (4\text{-}27)$$

(b) 利用摆动周期计算比例系数 c：

$$c = \tau \cdot \frac{\pi}{2} \cdot \frac{T_A^2}{T_B^2} \quad (4\text{-}28)$$

式中：τ——分画板格值；
T_A——跟踪摆动周期；
T_B——不跟踪摆动周期。

比较而言，以实际观测数据求算 c 值比较可靠。因此一般采用第一种方法求算 c 值与地理纬度有关，在同一地区南北不超过 500km 范围内可以使用同一个 c 值，超过这个范围必须重新测定。隔一定时间应抽测检查。

(c) 测线坐标方位角 α 的计算：

$$\alpha = \alpha_T + \Delta - \gamma \quad (4\text{-}29)$$

式中：Δ——仪器常数；
γ——子午线收敛角。

三、陀螺定向案例

(一) 工程概况

本工程为呼和浩特东站—市政府路站区间盾构施工(图 4-12)，区间起于呼和浩特东站南广场南侧的东站前街上的呼和浩特东站，出呼和浩特东站后，继续沿东站前街下敷设，穿过万通路过街通道后进入水岸小镇小区，然后在东河下方向西南侧穿过市政府广场进入市政府站。区间设计起止里程范围为：ZDK20+175.68~ZDK21+876.657，右线隧道长 1700.56m，左线隧道长 1700.645m(含一处短链 0.332m)，区间共设置三座联络通道。

本区间采用盾构法施工，自呼和浩特东站小里程端始发，市政府站大里程接收。根据工程筹备安排，区间内计划为反向掘进，由大里程往小里程方向。掘进区间线路带有两个半径为 450m 的曲线，线路整体呈 V 形坡，最大坡度为 23‰。隧道处于中粗砂、粉细砂及粉质黏土层，地下水位埋深约 15m。

本区间长达 1700m，为呼和浩特地铁 1 号线最长区间，且含有两个半径为 450m 的平曲线，对测量精度要求很高，因此根据规范规定，该标段在隧道内进行双导向布设，且掘进至 1500m 时进行了陀螺定向。

(二)洞内双导线布设

对于长达1700m的隧道而言,洞内导线布设形式极为重要,它关系着隧道掘进精度,因此,采用双导线形式布设,比较适用这种长距离掘进隧道(图4-13)。

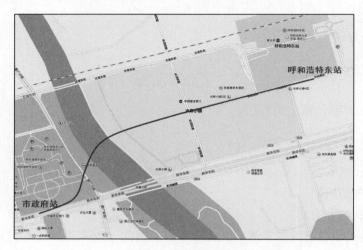

图4-12 案例区间线路示意图

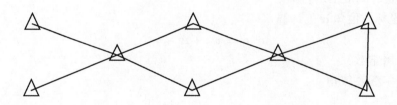

图4-13 双导线布设示意图(△为控制点)

双导线测量的优点是:增加导线的闭合检核条件、提高网的整体强度和精度,此种方法在长度较长、精度要求较高的长大隧道平面控制测量中被广泛采用;其缺点是:对隧道内复杂多变的测量环境适应性差,选布点困难,特别是本区间带有两个半径为450m的曲线,控制点间距离较近,最短边长仅为70m。即便如此,在精度控制上依然有支导线无法比拟的优势。

(三)陀螺定向

按照《城市轨道交通工程测量规范》(GB 50308—2017)要求,超过1500m的隧道要进行陀螺定向测量,为此,本标段于2017年11月15日(左线掘进至1362m)和2017年12月27日(右线掘进至1237m)进行陀螺定向测量。

陀螺定向测量是用陀螺经纬仪测定某控制网边的陀螺方位角,并经换算获得此边真方位角的测量工作。首先在两个地面已知点为基准边计算陀螺常数,然后在井下测得待测点的陀螺方位角,将陀螺常数代入进去,最终求得坐标方位角。

最终陀螺定向测得方位角和我们双导线测得的方位角进行对比,均未超过规范规定的10″,取两次方位角均值作为已知边采用科傻平差软件进行联合平差,平差成果作为最终成果指导隧道贯通(图4-14~图4-16)。

图 4-14 陀螺定向地面已知点测陀螺常数

图 4-15 隧道内测待测点陀螺方位角

图 4-16 2017 年 12 月 20 日,区间左线顺利贯通

四 本节小结

本节结合地铁施工现场的情况,将陀螺经纬仪定向的基本原理进行了说明,用定量的方式阐述其定向数值,并结合呼和浩特地铁项目进行了案例分析。

思 考 题

1. 陀螺经纬仪是确定什么方位角?现实生活有哪些工具与之类似?
2. 测定陀螺北的程序是什么?测定陀螺北有几种方法?
3. 为什么说陀螺经纬仪是定向测量的先进仪器?定向实用价值如何?

第四节 联系三角形定向测量

联系三角形定向测量亦称一井定向测量。一井定向是在一竖井中悬挂两根钢丝,在地面近井点与钢丝组成三角形,并测定近井点与钢丝的距离和角度,从而算得两钢丝的坐标及它们之间的方位角。在井下,同样井下近井点也与钢丝构成三角形,并测定井下近井点与钢丝的距离和角度,由于钢丝处在自由悬挂状态,可以认为钢丝的坐标和方位角与地面一致,通过计算便可获得地下导线起算点的坐标和方位角,这样就把地上与地下导线联系起来了,一井定向示意如图4-17所示。

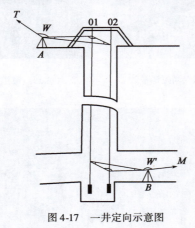

图4-17 一井定向示意图

一、地下近井点的计算路线和方法

将一井定向立体示意图转换成平面,便得到图4-18所示一井定向联系三角形法平面示意图。由图4-18可以算出三角形相关角度和边长,以及地下近井点的坐标和方位角。先由 $\triangle AO_1O_2$ 解出 β,从 $\triangle BO_1O_2$ 中解出 β'。

$$\left. \begin{array}{l} \sin\beta = \sin\alpha \cdot \dfrac{b}{a} \\ \sin\beta' = \sin\alpha \cdot \dfrac{b'}{a} \end{array} \right\} \quad (4\text{-}30)$$

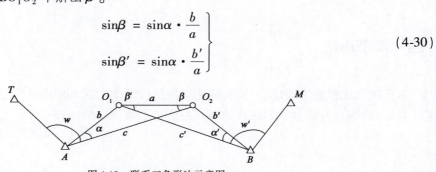

图4-18 联系三角形法示意图

然后按 $T \rightarrow A \rightarrow O_2 \rightarrow O_1 \rightarrow B \rightarrow M$ 路线推算各边和各点方位角和坐标。

二、联系三角形的有利图形

在竖井定向测量中,以很高的精度传递方位角是定向测量的关键,所以下面我们以图4-18

联系三角形布设形式,从传递方位角这个角度来分析联系三角形的有利图形。竖井定向测量时,在近井点与两根钢丝组成的联系三角形中测量 a、b、c 三条边长和角 α,为提高传递方位角精度,除了提高 a、b、c 三条边和角 α 的测量精度外,还要保证 β 的精度。

当 α 与 β 都是小角时,可用式(4-31)计算 β:

$$\beta = \alpha \cdot \frac{b}{a} \tag{4-31}$$

微分式可得:

$$\frac{\mathrm{d}\beta}{\beta} = \frac{\mathrm{d}\alpha}{\alpha} + \frac{\mathrm{d}a}{a} + \frac{\mathrm{d}b}{b}$$

由此可得中误差关系式为:

$$\left(\frac{m_\beta}{\beta}\right)^2 = \left(\frac{m_\alpha}{\alpha}\right)^2 + \left(\frac{m_a}{a}\right)^2 + \left(\frac{m_b}{b}\right)^2 \tag{4-32}$$

式(4-32)右边可分两部分,一部分为测角误差的影响,即 $\left(\frac{m_\alpha}{\alpha}\right)^2$,另一部分为量边误差的影响,即 $\left(\frac{m_a}{a}\right)^2 + \left(\frac{m_b}{b}\right)^2$。

令:

$$\frac{m_{\beta 1}}{\beta} = \frac{m_\alpha}{\alpha} \tag{4-33}$$

$$\frac{m_{\beta 2}}{\beta} = \sqrt{\left(\frac{m_a}{a}\right)^2 + \left(\frac{m_b}{b}\right)^2} \tag{4-34}$$

由式(4-34),并考虑式(4-32)可得:

$$m_{\beta 1} = \frac{\beta}{\alpha} \cdot m_\alpha = \frac{b}{a} \cdot m_\alpha \tag{4-35}$$

由此可见为了缩小实测角误差 m_α 对待定角 β 的影像,应在布网时尽量缩小比值 $\frac{b}{a}$ 一般应使 b 在场地许可的条件下尽量短些,但必须大于仪器望远镜的盲区。a 取决于竖井的口径大小,应尽可能大些。当竖井直径大于 5m 时一般可争取使 $\frac{b}{a} \leq 1$,这时有 $m_{\beta 1} \leq m_\alpha$。如果设:

$$\frac{m_a}{a} \approx \frac{m_b}{b} \approx \frac{m_s}{s} \tag{4-36}$$

代入式(4-35)后可得:

$$\frac{m_{\beta 2}}{\beta} = \sqrt{2}\,\frac{m_s}{s} \tag{4-37}$$

或

$$m_{\beta 2} = \sqrt{2}\,\frac{m_s}{s}\beta \tag{4-38}$$

一般说来丈量两根悬挂钢丝间距的精度 $m_s \approx 1 \sim 2\mathrm{mm}$,而 a 值受竖井直径限制,因此不宜要求量距有太高的精度,满足下面要求即可。

$$\frac{m_s}{s} \approx \frac{1}{3000} \sim \frac{1}{10000}$$

$$m_{\beta 2} \approx \left(\frac{1}{2000} \sim \frac{1}{7000}\right)\beta$$

为了减少量距误差对推算待定角 β 的影响,应该在布设图形时使 β 角尽可能小些。这意味着联系三角形应具有直伸三角形的形状,也即三角形三点宜近似在一条直线上。例如,当 $\beta \approx 1°$,则 $m_{\beta 2}$ 可望小于 $1''$。如果让 $\beta \approx 3' = 180''$,则 $m_{\beta 2}$ 将小于 $0.1''$,而且 $m_{\beta 2} \leqslant m_{\beta 1}$。因此当 $\beta < 1°$ 时有:

$$m_\beta \approx m_{\beta 1} = \frac{b}{a} \cdot m_\alpha$$

综上所述,联系三角形测量的精度,取决于测站点和钢丝悬挂点位置的选择,分析上述误差公式可得出如下结论:

(1) 连接三角形最有利的形状为锐角 α、α' 不大于 $1°$ 的直伸三角形。

(2) 计算角 β(或 β')的误差,随 α 角误差的增大而增大,随比值 b/a(或 b'/a)的减小而减小,所以在进行联系测量时,应尽量使连接点 A 和 B 靠近最近的钢丝线,精确的测量角度 α。

(3) 两根钢丝之间的距离 a 越大,计算角的误差就越小。

(4) 在直伸三角形中,量边误差对定向精度的影响较小。

三 双联系三角形定向测量

在生产实践中,测量工作者总结出了双联系三角形定向测量方法,该方法是在竖井中悬吊三根钢丝,组成两个联系三角形,双联系三角形定向测量示意图如图 4-19 所示。进行定向测量时,在地面和地下近井点分别测量近井点至三根钢丝 a、b、c、a'、b'、c' 和钢丝间 O_1O_2、O_2O_3 的距离以及近井点与钢丝间的角度 α_1、α_2、α_1'、α_2'。然后根据观测数据,利用平差软件解算出地下近井点的坐标和方位角。该双联系三角形定向测量具有方法简单、操作精度高等优点,在上海等地区得到普及,建议在竖井联系测量工作中广泛应用。

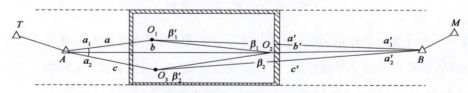

图 4-19 双联系三角形定向测量示意图

四 联系三角形定向测量技术要求

联系三角形的边长可以采用光电测距或经过鉴定的钢尺丈量,每次应独立测量 3 个测回,每测回 3 个读数,各测回较差应小于 $1mm$,地上和地下丈量的钢丝较差应小于 $2mm$,钢尺丈量时,应施加钢尺鉴定时的拉力,应进行倾斜、温度、尺长改正。

角度观测应采用 $\pm 2''$,$2mm + 2 \times D$(D 是测距边长,以 km 为单位)的全站仪,用方向观测法观测六测回,测角中误差应在 $\pm 2.5''$ 之内。

五 本节小结

本节总结了在地铁隧道施工现场进行一井定向测量时的方法、流程及其特点,并对联系三角形的方位传递精度进行了分析,描述了联系三角形定向的实施过程。

思考题

1. 联系三角形定向测量使用的情况是什么？与双联系三角形定向测量有何区别？
2. 两井定向的实质是什么？其外业工作有哪些？
3. 联系三角形测量过程中,测站点和钢丝悬挂点位置的选择有哪些注意事项？

第五节　两井定向测量

当竖井井口小、井中钢丝间距小于 5m 时,为了提高定向精度,可利用地铁车站两端的施工竖井(或在长隧道中部钻孔)进行两井定向,本节讲述两井定向的布设形式、计算步骤与方法等。

一、两井定向的布设形式

两井定向是在两施工竖井(或钻孔)中分别悬挂一根钢丝,与一井定向相比,由于两根钢丝间的距离大大增加,因而减少了投点误差引起的方向误差,有利于提高地下导线的精度,这是两井定向测量主要优点。其次是外业测量简单,占用竖井的时间较短。

两井定向时,利用地面上布设的近井点或地面控制点采用导线测量或其他测量方法测定两钢丝的平面坐标值。在地下隧道中,将已布设的地下导线与竖井中的钢丝联测,即可将地面坐标系中的坐标与方向传递地下去,经计算求得地下导线各点的坐标与导线边的方位角。

二、两井定向计算步骤和方法

在地面上采用导线测量测定两根钢丝的坐标,在地下使地下导线的两端点分别与两根钢丝联测,这样就组成一个复合图形。在这个图形中,两根钢丝处缺少两个连接角,这样的地下导线是无起始方向角的,故称它为无定向导线。

设有导线 $A,1,2\cdots n-1,B$,附合在 A、B 两个控制点上,丈量诸边长 S_i,并在 $1,2\cdots n-1$ 诸点上测了转折角 β_i(设测左角)。

假设一个坐标系统,其原点在 A,其 x' 轴与 $A1$ 边重合,如图 4-20 所示。显然,在此坐标系统中 $A1$ 的方位角 $\alpha'_1 = 0$,A 的坐标 $x'_a = y_a = 0$,再按下述步骤计算各点坐标。

(1) 计算各点在假定坐标系统中的坐标值：

$$\left.\begin{array}{l} x_k{'} = \sum_{i=1}^{k} S_i\cos\alpha_i' \quad (k = 1,2\cdots n-1,n) \\ y_k{'} = \sum_{i=1}^{k} S_i\sin\alpha_i' \quad (k = 1,2\cdots n-1,n) \\ \alpha_i{'} = \alpha_1{'} + \sum_{j=1}^{i-1}(\beta_j - 180°) \end{array}\right\} \qquad (4\text{-}39)$$

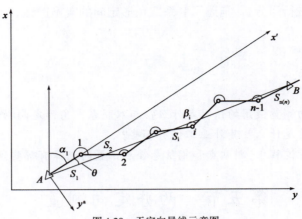

图 4-20　无定向导线示意图

（2）计算 A_1 边在原坐标系中的方位角：

$$\alpha_1 = \tan^{-1}\frac{y_b - y_a}{x_b - x_a} - \tan^{-1}\frac{y_b' - y_a'}{x_b' - x_a'} \tag{4-40}$$

式中：(x_a, y_a)、(x_b, y_b)——A、B 点在原坐标系中的坐标；

(x_a', y_a')、(x_b', y_b')——A、B 点在假定坐标系中的坐标。

（3）计算长度比：

$$M = \frac{\sqrt{(x_b - x_a)^2 + (y_b - y_a)^2}}{\sqrt{(x_b' - x_a')^2 + (y_b' - y_a')^2}} \tag{4-41}$$

（4）计算各点在原坐标系中的坐标：

$$\begin{pmatrix} x_i \\ y_i \end{pmatrix} = \begin{pmatrix} x_a \\ y_a \end{pmatrix} + M \begin{pmatrix} \cos\alpha_1 & -\sin\alpha_1 \\ \sin\alpha_1 & \cos\alpha_1 \end{pmatrix} \begin{pmatrix} x_i' \\ y_i' \end{pmatrix} \tag{4-42}$$

（5）计算各边在原坐标系中的方位角：

$$\alpha_i = \alpha_i' + \alpha_1 \tag{4-43}$$

三　本节小结

本节主要阐述了一井、两井定向的布设形式以及后期数据处理步骤，利用有效的数学模型计算出定向数据。

思 考 题

1. 思考一井、两井定向各适用什么情况？怎么衡量它们的精度？
2. 一井定向技术设计书应包括哪些内容和图样？

第六节　导线直接传递测量

竖井联系三角形定向测量虽然有较高的精度，由于竖井的井筒直径有限，工作面窄小，施工干扰大，布设优化的联系三角形并不容易，且存在工序繁多、作业时间长、劳动强度大等不足。当地铁工程深度相对较浅时，竖井联系测量可采用导线直接传递测量定向，相对于竖井联系三角形定向法，该方法布设和施测比较简单，受井口施工干扰小，且同样可满足工程实际要求，但导线直接定向精度和点位传递精度随竖井深度增加而降低。

一、导线直接传递测量路线形式

当井筒直径比较大，且竖井中部有站厅平台（车站中板）等可架设测量仪器时，可采用经纬仪或全站仪直接从地面经站厅平台（车站中板），到地下布设导线进行坐标和方向传递测量，该方法测量示意图如图 4-21 所示。

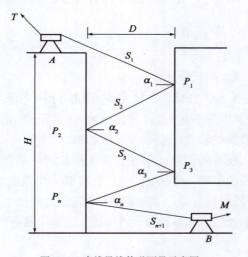

图 4-21　直线导线传递测量示意图

二、导线直接测量计算方法

导线直接测量主要是沿竖井的竖直方向布设导线点，通过测定相邻点之间的水平角和导线边，根据地面已知边和已知点坐标推算井下待定边的方位角和待定点坐标的一种方法。地下定向边 BM 的坐标方位角 α_{BM} 及井下坐标可表示为：

$$\alpha_{BM} = \alpha_{TA} + \sum_{i=1}^{n+1} \pm \beta_i \mp 180(n+1) \tag{4-44}$$

$$\left.\begin{array}{l} X_B = X_A + \sum_{i=1}^{n} S_i \cos\alpha_i \cos\alpha_{i-1,i} \\ Y_B = Y_A + \sum_{i=1}^{n} S_i \cos\alpha_i \sin\alpha_{i-1,i} \end{array}\right\} \tag{4-45}$$

式中：S_i——各导线的观测边长；
α_i——各导线边的竖直角；
$\alpha_{i-1,i}$——各导线边的方位角。

三、导线直接测置误差分析

1. 方位角的中误差分析

若不考虑起始误差的影响，且设测角中误差都为 m_β，则可得到方位角的中误差为：

$$m_{\alpha BM} = m_\beta \sqrt{n+1} \tag{4-46}$$

由式（4-46）看出，方位角中误差与导线边数和测角中误差有关。

当 m_β 一定时，边数越少越好，同时在竖井深度 H 与洞径 D 确定的情况下，竖直角 α、竖井深度 H、洞径 D 之间的关系：

$$D\tan\alpha_1 + D\tan\alpha_2 + \cdots D\tan\alpha_n = H \tag{4-47}$$

设

$$\alpha_1 = \alpha_2 = \cdots = \alpha_n = \alpha$$

则有：

$$n = \frac{H}{D\tan\alpha} \tag{4-48}$$

因此导线边数与竖直角大小成反比。

2. 仪器竖轴倾斜误差和对中误差对定向的影响和克服措施

在直接导线水平角观测中具有边长短、竖直角大、水平角较小的特点，因此，其主要误差来源为仪器的三轴误差、仪器测站和目标偏心误差的影响。

在仪器的三轴误差中，视准轴误差和横轴误差的影响均可采用盘左、盘右取平均值的观测方法加以消除，而竖轴误差的影响不能通过盘左、盘右取平均值的观测方法加以消除，目标觇牌与仪器不同轴误差其实质为目标偏心误差，对水平观测方向值也有较大的影响。

因此，直接导线传递测量方法必须解决两个问题：就是仪器竖轴倾斜误差影响和短边上的对中误差影响。

在短边上对中误差一般要求不大于 0.1mm（当边长 10~20m 时，则对水平角的影响为 $\Delta\beta = 1'' \sim 2''$）对中误差的产生往往是由于在仪器转站时或在同一测站上，觇牌中心与仪器旋转中心、觇牌中心与自身旋转轴不一致，以及基座连接装置的偏心等都会对方位角的传递产生较大的误差。这些误差大多是由于觇牌变形所致，因此，对觇牌必须事先进行检验。在井边适合位置砌筑强制对中固定观测墩，再经站厅平台砌筑强制对中固定观测墩中转，将坐标和方位角传至隧道内。在导线布设时各点埋设具有强制对中装置的观测墩或带有内外架式的金属吊篮，就可有效地消减或减弱仪器对中误差和目标偏心误差的影响。

井上导线点与导线点的高差约为 8~15m，而其水平距离一般只有 10~20m，即在该边上的高度角 30°~35°。在如此大的高度角情况下，进行水平角观测，仪器的纵轴必须严格垂直，当仪器的纵轴不严格垂直时，将按式（4-49）影响水平角测量精度：

$$\Delta\beta = V \cdot \tan\alpha \tag{4-49}$$

式中：V——仪器纵轴倾斜量；
α——该边的高度角；

$\Delta\beta$——对水平角的影响值。

由式(4-49)计算,当高度角 $\alpha = 35°$ 时,如果照准气泡偏 0.2 格(4″),则对水平角影响 $\Delta\beta = 3″$。必须指出,这项误差是属于系统误差,不能通过盘左盘右或多个测回数来消除。只有通过改正或观测时严格气泡居中来克服。这种传递方法,由于高差大,对仪器结构完善要求高。目前,全站仪均有纵轴倾斜自动改正装置,经过实践,全站仪的这种补偿功能的作用是有效的。在观测时宜采用具有双轴补偿的电子经纬仪或全站仪,有利于减弱竖轴倾斜误差对水平方向观测值的影响。

在竖井联系测量中采用直接导线进行定向测量的方法,通过实践证明是一种比较经济的定向测量方法,只要在测量过程中,注意仪器气泡居中和觇牌的偏心问题,同样可以获得高精度的方位角传递成果,而且与联系三角形定向测量方法比较更为简便、可行。例如在上海、北京等城市的竖井联系测量生产实践中,一些单位在井筒中设置多个带有强制对中标志的控制点,使用具有双轴补偿装置的 TCA 全站仪,通过测量多组导线路线,将坐标和方位角传递到地下定向边上,得到高精度定向测量成果。

四 本节小结

本节具体讲述导线直接传递测量步骤的具体方式,利用有效的数学模型计算出定向数据,并对数据进行有效的精度分析。

::::::::::::::::::::: 思 考 题 :::::::::::::::::::::

思考导线直接传递测量适用什么情况?与双井定向的区别?

第七节 投点传递测量

在城市轨道交通联系测量中,除采用传统的两井定向测量方法外,在生产实践中,利用互相通视的地铁车站两端的施工竖井或在长隧道中部钻 2 个互相通视的钻孔,并在竖井或钻孔底部埋设控制点,在地面利用垂准仪分别以底部控制点对中,由于垂准仪对中视线为铅垂线,所以测量地面垂准仪的坐标,即得到地下控制点坐标和它们的方位角,并直接作为地下测量起算数据。上述测量方法我们称之为投点传递测量,该方法是根据地铁浅埋的特点,应用一铅垂线上平面坐标相同的原理而总结出的联系测量方法。

一 利用地铁车站进行投点传递测量

一般地铁车站施工竖井位于车站两端,进行投点传递测量时,首先应以附合路线形式布设近井导线,近井点要分别位于施工竖井附近;然后在两个井上分别搭设观测台,在其上边架设垂准仪,并以竖井底部埋设的控制点进行对中,从而达到垂直投点的目的;接着由地面近井点联测垂准仪,测量中为加强检核和提高测量精度,应采用双极坐标法测量垂准仪的坐标,其坐标和方位角就是地下导线的起算数据。

二、利用钻孔进行投点传递测量

当贯通隧道长度大于1500m时,为提高定向测量的精度,可采取在隧道贯通前于隧道顶部钻孔后进行投点传递测量。作业时,首先根据现场情况,布设近井导线并利用其测定钻孔位置,钻孔间距离大于150m为宜;其次利用钻机在隧道上方钻出约20~40cm的钻孔,并使钻孔垂直偏差小于1/200;然后采取与竖井投点相同的方法在钻孔上架设垂准仪,进行垂准仪测量,得到地下导线的起算数据。

投点传递测量是一种适合于浅埋工程的联系测量方法,具有作业时间短、测量精度高、简单直观、容易操作的特点。有条件时,应优先考虑采用此法进行联系测量。

当工程埋深大于30m时,应结合钻孔费用、投点误差、投点作业环境等具体情况,慎重考虑是否采用钻孔投点进行传递测量的方法。

三、投点仪器的选择

进行投点传递测量时采用的投点仪种类有多种,下面简单介绍几种常用的垂准仪(铅垂仪)。

1. 光学垂准仪(铅垂仪)

光学垂准仪(铅垂仪)是专门用于放样铅垂线的仪器,如图4-22所示为日本索佳公司生产的PD3型铅垂仪,它有两个相互垂直的水准管用于整平仪器,仪器可以向上或向下作垂直投影,因此有上下两个目镜和两个物镜,垂直精度为1/4000。此外还有瑞士徕卡公司生产的光学垂准仪,其型号为 WILD NZL,WILD ZL 等,垂直精度为 1/30000~1/200000。

2. 激光铅垂仪

除了以上光学垂准仪(铅垂仪)以外,目前还有高精度激光铅垂仪,如图4-23所示,为日本索佳公司出的 LV1 型激光铅垂仪,仪器可以同时向上和向下发射垂直激光,所以用户可以很直观地找到它的垂直投影点,垂直精度为 1/30000。

图 4-22 PD3 型光学铅垂仪

图 4-23 激光铅垂仪

3. 经纬仪 + 弯管目镜法

经纬仪 + 弯管目镜法只能向上投点,所采用的仪器照准误差应小于 2″。只要将通常所用的经纬仪(全站仪或激光经纬仪),卸下目镜,装上弯管目镜,如图 4-24 所示,望远镜的视线就可以指向天顶。实际操作时,为减少投点误差,提高投点精度,通常使照准部每旋转 90°向上投一点,这样就可得到四个对称点,取其中点作为最终结果。

经纬仪 + 弯管目镜法在城市轨道交通工程中应用还比较少,需要进一步研究。特别在高精度联系测量中使用,如果在测量各个环节中采取一些相应措施,应该能够满足联系测量精度要求。

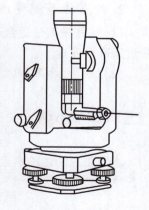

图 4-24 加弯管目镜的仪器

 四 投点传递测量实例

广州地铁某区间使用 TC1610 全站仪和 NL 垂准仪,利用施工竖井和钻孔,采用投点传递测量方法进行联系测量,投点传递测量示意如图 4-25 所示。

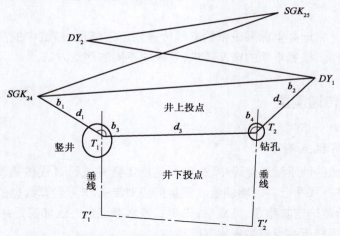

图 4-25 利用施工竖井和钻孔投点传递测量示意图

1. 作业实施

根据现场情况,本次联系测量利用已建成的施工竖井和钻孔,采用投点传递测量方法进行。按图 4-24 所示测量步骤如下:

(1)对保存良好的已知导线点 SCK_{24}、SCK_{25}、DY_2、DY_1 进行检测,认定其点位稳定、可靠作为已知数据。

(2)在竖井井盖和隧道上方钻孔上分别选择点 T_1 和 T_2 为投点位置,并安置 NL 垂准仪,NL 垂准仪以井下点 T_1'、T_2' 对中。井下点 T_1'、T_2' 要预先埋设固定标志。

(3)利用已知导线点 $SCGK_{24}$ 和 DY_1 分别测量 T_1 和 T_2 点上安置的 NL 垂准仪。由于井下点 T_1'、T_2' 和地面点 T_1、T_2 分别位于同一根垂线上,所以 T_1'、T_2' 坐标分别等于 T_1、T_2 坐标,并用于指导隧道施工。

2. 投点传递测量注意的问题

（1）钻孔投点法适合于浅埋（埋深小于30m）工程，当具有钻孔条件时应优先考虑采用此法进行联系测量。

（2）钻孔点距离以大于150m为宜，以减少投点误差对坐标方位的影响。

五、本节小结

本节重点阐述的是选择合适的投点仪器对地面上的点进行投点测量，并且用实例现场说明投点的方法。

思 考 题

常规的仪器可以进行投点测量吗？投点测量误差怎么传递的？

第八节　高程传递测量

高程传递测量是将地面坐标系统中的高程传递到地下隧道、基坑中的高程近井点或高程起算点上的测量工作。根据不同的精度要求，可采取不同的测量方法。

一、竖井高程传递测量

1. 地面近井高程点测量

在城市轨道交通的地下隧道建设中，一般利用施工竖井进行高程传递测量。为了测定近井点高程，首先应进行加密近井水准测量。测量前应对准备作为起算数据的地面控制水准点进行检查测量，经检测确定其稳定、可靠后，采用二等水准测量方法加密近井水准测量，并应构成附合水准路线。同样近井点应纳入水准路线中。

明挖施工时，向基坑下传递高程同样采用上述方法，在基坑边缘附近建立近井点。

2. 高程传递测量主要方法

（1）悬挂钢尺法

利用悬挂的钢尺向地下传递高程是经常采用的测量方法，其测量示意如图4-26所示。测量时，首先应搭建挂尺架，在挂尺架上悬挂经检定的钢尺至底部，钢尺零刻划端朝下，并在下端挂一个重锤，重锤重量应与钢尺鉴定时拉力相同；然后如图4-26所示在地上和地下各安置一台水准仪进行测量。

设地面水准仪在A点尺上的读数为a_1，在钢尺的读数为b_1；地下水准仪在钢尺读数为a_2，在B点尺上的读数为

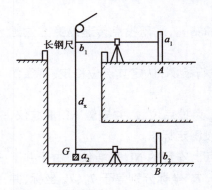

图4-26　悬挂钢尺法竖井高程传递

b_2。由图 4-26 可以看出,AB 两点的高差 h_{AB} 和地下近井高程点 B 的高程分别为:$H_B = H_A + (a_1 - d_x - b_2)$。

(2)全站仪三角高程法传递高程

当竖井联系测量采用导线直接传递法将方位角传递到井下时,同时采用全站仪三角高程法将高程传递到井下。

全站仪三角高程法,在传递高程时可避免由于测量仪器高所带来的误差,故又称全站仪无仪器高作业法,其原理如图 4-27 所示,为了确定 B 点的高程,在 O 处架设全站仪,后视已知点 A。设目标高为 l,当目标采用反射片时:$l = 0$。测得 $O—A$ 的斜距 S_1 和垂直角 α_1,从而计算 O 全站仪中心的高程为:

$$H_O = H_A + l - \Delta h_1 \tag{4-50}$$

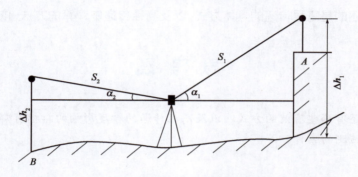

图 4-27 全站仪无仪器高作业法

然后测得 $O—B$ 的距离 S_2 和垂直角 α_2,并考虑式(4-50),从而计算 B 点的高程为:

$$H_B = H_O + \Delta h_2 - l = H_A - \Delta h_1 + \Delta h_2 \tag{4-51}$$

从式(4-51)可以看出:此方法不需要测定仪器高,由于没有仪器高和觇标高测量误差,因而用无仪器高作业法传递高程同样具有很高的测量精度。

(3)全站仪天顶测距法传递高程

在地铁隧道施工中,车站施工竖井或定向测量投点孔,为光电测距提供一条垂直通道,为采用全站仪天顶测距法传递高程提供了方便。进行全站仪天顶测距法传递高程步骤如下:

①在竖井或隧道中钻空下安置配有弯管目镜的全站仪,并将望远镜放置水平,既竖盘天顶距读数为 90°,读取立于井下待测高程的控制点上的水准尺读数,得到仪器高。

②在地面投点孔置有孔的钢板,在钢板孔上安置反射棱镜。

③然后将望远镜转到显示天顶距读数为 0°的状态,并瞄准反射棱镜,按测距键测定垂直距离;仪器高程加垂直距离后,即得到仪器与钢板面的高差。

④在地面上用水准仪将钢板面与地面水准控制点联测,得到钢板面高程后,根据已经测定的仪器高、仪器与钢板面的高差,从而计算出井下高程控制点的高程。

二 竖井高程传递测量主要技术要求

根据《城市轨道交通工程测量规范》(GB/T 50308—2017)的规定,采用上述测量方法进行高程传递测量时。还应满足下列技术要求:

（1）测定近井水准点高程的地面近井水准路线，应附合在地面二等水准点上。

（2）采用在竖井内悬挂钢尺的方法进行高程传递测量时，地上和地下安置的两台水准仪应同时读数；高差应进行温度、尺长改正，当井深超过 50m 时应进行钢尺自重张力改正。

（3）传递高程时，每次应独立观测三测回，测回间应变动仪器高，三测回测得地上、地下水准点间的高差应小于 3mm。

（4）明挖施工或暗挖施工通过斜井进行高程传递测量时，可采用水准测量方法，也可采用光电测距三角高程测量等方法。

三 本节小结

本节重点阐述的是高程传递的具体方式，以及高程传递中计算的方法、依据的规范等。

思 考 题

1. 高程传递还有那些有效的方式？以及高程传递的精度影响的指标有哪些？
2. 井下水准施测的条件？

附 表

高程传递记录计算表。

第九节 典型案例

一 工程简述

呼和浩特市轨道交通 1 号线一期工程土建 01 标段主要施工内容包括 3 站 3 区间，即金海工业园站、孔家营站和呼钢东路站，三间房车辆段（不含）—金海工业园站—孔家营站—呼钢东路站区间，线路沿新华西街呈东西走向布置，线路全长 4062.557m。

呼钢东路站位于呼钢东路与新华西街交叉路口处，车站长 203m，采用明挖顺做法施工，标准段宽度为 19.7m，基坑深度约 18m，盾构端头宽度为 24.3m，本车站设有四个出入口、两组风亭。基坑支护采用地下连续墙＋内支撑，车站结构为地下二层单柱双跨箱形框架结构。

孔家营站—呼钢东路站区间起于呼和浩特市热电开发经营总公司门口的孔家营站,出孔家营站后,继续沿新华西街路下敷设,止于呼钢东路与新华西街十字路口设呼钢东路车站。沿线道路北侧主要为工业区,南侧以住宅为主,区间沿线建筑物较少,无高层建筑。区间隧道洞顶覆土 10.09～16.70m,线间距 14.0m,左、右线线路平面均为直线,线路纵剖面含五处竖曲线,整体呈"V"字坡,线路最大纵坡 23‰。区间采用盾构法施工,联络通道采用矿山法施工。

二、采用的规范及标准

(1)《城市轨道交通工程测量规范》(GB/T 50308—2017)。
(2)《城市测量规范》(CJJ/T 8—2011)。
(3)《工程测量规范》(GB 50026—2007)。
(4)《国家一、二等水准测量规范》(GB/T 12897—2006)。
(5)《呼和浩特市轨道交通地铁 1 号线 01 标工程施工测量方案》。
(6)《呼和浩特市城市轨道交通工程施工测量管理及考核办法》(暂行)。

三、联系测量控制网情况

根据呼和浩特市城市轨道交通 1 号线一期工程第三方测量提供的平面及高程控制点情况来看,本次联系测量采用的平面控制点共 4 个,分别为 IDT17、IDT18、IDT21、IDT22,近井加密点 2 个(HG1-1、HG1-3),底板加密点 3 个(HKZP3、HKZP2、HKZP1)。

本次联系测量采用的高程控制点 2 个分别为 01II06 和 IGPS05-1,近井加密点 2 个(JM3、JM4),底板加密点 3 个(HGSZ3-3、HGSZ3-4、HGSZ3-5),各加密点满足盾构施工要求。

四、人员配置与仪器设备(略)

五、测量方法及精度要求

本次平面联系测量控制网采用"两井定向"附合导线网形式,由已知设计控制点 IDT17 和 IDT18 起始,经 HG1-1、GS1、HKZP3、HKZP2、HKZP1、GS2、HG1-3 附合至 IDT21、IDT22。

其外业数据采集方法:地面控制点水平角观测时采用全测回法观测 4 个测回,即前 2 个测回测左角,后 2 个测回测右角。距离观测时,在仪器内加入当时气象元素(观测前 30min,将仪器置于露天阴影下,使仪器与外界气温趋于一致,然后输入当前的温度、气压、相对湿度等),往返观测各 2 个测回,直接测平距,往测和返测均取平均值作为往返测的导线边长,现场记录人员按要求随即算出观测数据是否超限,若超限立即进行重新观测,记录字迹清晰,严禁涂改。

本次高程联系测量分三部分,分别为地面近井点水准测量、高程传递测量及地下近井点水准测量,其中地面及地下近井点水准测量采用闭合水准测量的方法进行测量,高程传递采用钢尺悬吊的方法独立进行三次、互差满足精度要求后取平均值。

地面近井点水准测量首先以高等级水准点 01II05-1 为起点,经 JM4、JM3 附合至 01II06,经过严密平差得出近井点 JM4、JM3 高程。

高程传递测量以地面近井点 JM4 为起点,经洞口悬吊的钢尺传递至地下近井点 HGSZ3-3,其中在测量钢尺位置时采用上下两台仪器同时读数,并改变仪器高独立测量三次,当满足地面转点及地下转点高差互差小于 3mm 时,采用三组高差平均值作为地面转点至地下转点的高差值,计算出 HGSZ3-3 高程。

地下近井水准测量以 HGSZ3-3 为起点,经 HGSZ3-4、HGSZ3-5 再闭合至 HGSZ3-3,平差得出 HGSZ3-4、HGSZ3-5 高程值。

测量时采用天宝 DINI03 型电子水准仪(标称精度为 0.3mm/km),配铟瓦尺,并严格控制前后视距在规范允许范围内进行观测,精度按照《城市轨道交通工程测量规范》(GB/T 50308—2017)的要求控制,高差闭合差不大于 $±8\sqrt{L}$(mm)。

六、控制测量精度评定及平差计算结果

1. 地面近井导线测量精度

(1) 测角精度评定

根据平面附合导线网测量结果,本网共形成 1 个角度闭合条件,其测角中误差 m_β 按下式计算:

$$m_\beta = \sqrt{\frac{1}{N}\left[\frac{f_\beta^2}{n}\right]} \tag{4-52}$$

式中:f_β——各导线环或附合导线角度闭合差(-4.6″);
  n——附合导线的测角个数(4);
  N——导线环的个数(1)。

本次地面控制网测角中误差为 ±2.3″,小于精密导线控制网 ±2.5″ 的要求;附合导线角度闭合差为 -4.6″,小于 $±5\sqrt{n} = ±10″$ 的精度要求,故测角精度满足规范要求。

(2) 测距精度评定

本次导线控制网复测导线点间距离采用往返观测,取往返平均值为各边长成果。导线边长的实测精度及测距中误差是按往返测距的较差来计算的,其测距精度 M_D 及相对中误差 m 分别按下式计算:

$$\left.\begin{aligned}M_D &= \frac{1}{2}\sqrt{\frac{[dd]}{n}} \\ \frac{1}{m} &= \frac{M_D}{D}\end{aligned}\right\} \tag{4-53}$$

式中:M_D——往返测距中误差;
  d——导线边长往返测距的较差(mm);
  n——导线网的测距边数,共 5 条导线边;
  m——相对中误差分母。

导线边长往返测距的精度统计见表 4-2。

导线边长往返测距精度统计表　　　　　　　　　　表 4-2

起点	终点	往测距离 (m)	返测距离 (m)	较差 d (mm)	往返平均 (m)	dd	M_D	全长相对中误差分母
IDT17	IDT18	279.247	279.247	0	279.247	0		443251
IDT18	HG1-1	220.159	220.159	0	220.159	0		349459
HG1-1	HG1-2	207.885	207.883	2	207.884	4	0.63	329975
HG1-2	IDT21	413.070	413.068	2	413.069	4		655665
IDT21	IDT22	341.131	341.131	0	341.131	0		541478

根据测距精度评定公式计算结果，测距相对中误差最大值为 1/329975 小于 1/60000，导线全长相对闭合差最大值为 1/81017 小于 1/35000。故本次平面控制网复测精度满足规范规定。

（3）地面平面近井点复测成果对比表及结论说明（表 4-3）

由平面成果对比表可以看出地面平面近井点 HG1-1 和 HG1-3 坐标较差均小于 ±12mm 的精度要求，本次地面平面近井点 HG1-1 和 HG1-3 采用本次测量成果。

地面平面近井点（HG1-1 和 HG1-3）复测成果对比表　　　　表 4-3

点号	原测坐标		复测坐标		差　值		
	X(m)	Y(m)	X(m)	Y(m)	ΔX(mm)	ΔY(mm)	Δ(mm)
HG1-1	18461.9360	15167.4869	18461.9358	15167.4876	-0.2	0.7	1
HG1-3	18584.7791	15335.1921	18584.7797	15335.1928	0.6	0.7	1

2. 定向测量及地下近井导线测量方法及计算结果

定向测量及地下近井导线测量采用两井定向，使用钢丝投点定向法分别在左线小里程盾构井及右线大里程盾构井悬挂一根钢丝（钢丝间距大于 60m），下坠 10kg 垂球并浸入阻尼液中，以保证钢丝的稳定性。使用钢丝投点定向测量时，应独立测量三次，角度观测时采用 I 级全站仪，用全测回法观测 6 个测回，即前 3 个测回测左角，后 3 个测回测右角，测角中误差应在 ±2.5″之内。测距时在仪器内加入当时气象值，直接测平距，每次独立测量四测回，各测回较差应小于 1mm，当其推算的地下起始边方位角互差小于 12″时，采用平均值作为本次定向结果。

本次联系测量地下平面近井点坐标及方位角平差结果见表 4-4。

地下平面近井点坐标及方位角平差结果　　　　　　　　表 4-4

序号	点号	坐　标		方位角 (°)
		X(m)	Y(m)	
第一组	HKZP3	18492.6725	15194.5687	61.140779
	HKZP2	18531.1921	15264.7384	
	HKZP1	18565.4134	15351.4979	68.282559
第二组	HKZP3	18492.6732	15194.5704	61.141021
	HKZP2	18531.1916	15264.7401	
	HKZP1	18565.4112	15351.4992	68.282894
第三组	HKZP3	18492.6736	15194.5694	61.140856
	HKZP2	18531.1928	15264.7390	
	HKZP1	18565.4117	15351.4983	68.283047

由表 4-4 可见,本次联系测量地下平面近井点方位角互差均小于 12″。根据规范要求,采用以上三组成果的平均值作为本次联系测量地下平面近井点坐标及方位角结果,详见表 4-5、表 4-6。

三组成果的平均值 表 4-5

序号	点号	坐标		方位角(°)
		X(m)	Y(m)	
平均值	HKZP3	18492.6731	15194.5695	61.140875
	HKZP2	18531.1922	15264.7392	
	HKZP1	18565.4121	15351.4985	68.282842

逐次联系测量地下近井点方位角及坐标比较表 表 4-6

次数	点号	坐标		方位角(°)
		X(m)	Y(m)	
第二次	HKZP3	18492.6738	15194.5673	61.141479
	HKZP2	18531.1916	15264.7395	
	HKZP1	18565.4110	15351.5013	68.283148
第三次	HKZP3	18492.6724	15194.5670	61.14139
	HKZP2	18531.1901	15264.7383	
	HKZP1	18565.4096	15351.4988	68.283022
第四次	HKZP3	18492.6731	15194.5695	61.140875
	HKZP2	18531.1922	15264.7392	
	HKZP1	18565.4121	15351.4985	68.282842

由表 4-6 可以看出 HKZP3~HKZP2、HKZP2~HKZP1 三次测出的方位角最大差值分别为 6.04″和 3.06″小于 12″,故取三次的平均值作为本次联系测量成果(表 4-7)。

本次联系测量成果 表 4-7

点名	X(m)	Y(m)
HKZP3	18492.6731	15194.5679
HKZP2	18531.1913	15264.7390
HKZP1	18565.4109	15351.4995

3. 高程联系测量

(1)地面高程近井点复测

本次高程近井点复测采用附合水准测量的方法进行往返测量。首先往测由控制交桩水准点 01Ⅱ005-1 起,经 JM4、JM3 附合至 01Ⅱ06,再由原线路进行返测。具体测量结果见表 4-8。

高程往返测量比较表 表 4-8

起点	终点	往测高差(m)	返测高差(m)	距离均值(km)	往返较差(mm)	允许误差±8$\sqrt{L}$(mm)	是否符合限差要求
01Ⅱ05-1	JM4	-0.100425	0.100295	0.275	-0.13	±4.19	是
JM4	JM3	0.06163	-0.061265	0.340	0.36	±4.66	是
JM3	01Ⅱ06	1.20765	-1.20724	0.193	0.41	±3.51	是

由表4-8可以看出,本次高程控制网复测,其往、返测不符值均符合《城市轨道交通工程测量规范》(GB/T 50308—2017)小于±8$\sqrt{L}$(mm)的限差要求。

精度评定:根据水准测量结果,本次水准测量每公里高差中数偶然中误差M_Δ按下式计算:

$$M_\Delta = \sqrt{\frac{1}{4n}\left[\frac{\Delta\Delta}{L}\right]} \tag{4-54}$$

式中:Δ——测段往返高差不符值(mm);
$\quad L$——测段长(km);
$\quad n$——测段数。

由统计可知:$[\Delta\Delta/L]=1.32$, 测段$(n)=3$,则$M_\Delta=\pm0.33$mm/km。

本次高程复测每千米高差中数的偶然中误差M_Δ为±0.33mm。满足二等水准测量每千米高差中数的偶然中误差小于±2mm的要求。

(2)地面高程近井点复测成果对比表及结论说明

由高程成果对比表(表4-9)可以看出,地面高程近井点JM3和JM4高程互差均满足不大于±3mm的精度要求,本次JM3和JM4采用本次的测量成果。

地面高程近井点(JM3和JM4)复测成果对比表　　　表4-9

点　号	原测高程 Z(m)	复测高程 Z(m)	差值 ΔZ(mm)
JM3	1049.8091	1049.8087	-0.4
JM4	1049.7463	1049.7463	0.0

(3)高程传递测量

高程传递测量以地面近井点JM4为起点,经洞口悬吊的钢尺传递至地下近井点HGSZ3-3,其中在测量钢尺位置时采用上下两台仪器同时读数,并改变仪器高独立测量三次,当满足地面转点及地下转点高差互差小于3mm时,采用三组高差平均值作为地面转点至地下转点的高差。具体测量结果见表4-10。

高程往返测量比较表　　　表4-10

起点	终点	第一次高差(m)	第二次高差(m)	第三次高差(m)	较差(mm)	平均值(m)	允许误差(mm)	是否符合限差要求
JM4	HGSZ3-3	-14.3499	-14.3496	-14.3500	0.4	-14.3498	±3	是

由表4-10可以看出,本次高程传递测量,其不符值符合《城市轨道交通工程测量规范》(GB/T 50308—2017)小于±3mm的限差。

(4)地下近井点高程测量

地下近井水准测量以HGSZ3-3为起点,经HGSZ3-4、HGSZ3-5再闭合至HGSZ3-3。具体测量结果见表4-11。

高程往返测量比较表　　　表4-11

起点	终点	往测高差(m)	返测高差(m)	距离均值(km)	往返较差(mm)	允许误差±8$\sqrt{L}$(mm)	是否符合限差要求
HGSZ3-3	HGSZ3-4	-0.24428	0.24435	0.058	0.07	±1.93	是
HGSZ3-4	HGSZ3-5	-0.327165	0.32712	0.063	-0.04	±2.01	是
HGSZ3-5	HGSZ3-3	0.57153	-0.57156	0.061	-0.03	±1.98	是

由表 4-11 可以看出,地下近井点闭合水准测量,其往、返测不符值均符合《城市轨道交通工程测量规范》(GB/T 50308—2017)小于 $\pm 8\sqrt{L}$(mm)的限差要求。

精度评定:根据水准测量结果,本次水准测量每公里高差中数偶然中误差 M_Δ 按式(4-54)计算。

由统计可知:$[\Delta\Delta/L]=0.13$,测段$(n)=3$,则:$M_\Delta=\pm 0.10$ mm/km。

本次高程复测每千米高差中数的偶然中误差 M_Δ 为 ± 0.10 mm。满足二等水准测量每千米高差中数的偶然中误差小于 ± 2 mm 的要求。

(5)地下高程近井点复测成果对比表及结论说明

由高程成果对比表(表 4-12)可以看出,四次联系测量的地下高程近井点 HGSZ3-3、HGSZ3-4 和 HGSZ3-5 高程最大互差均满足不大于 ± 5 mm 的精度要求,故采用逐次平均值作为本次测量的最终成果。成果见表 4-13。

地下高程近井点成果　　　　　　　　　表 4-12

点　号	第一次(m)	第二次(m)	第三次(m)	第四次(m)	最大差值 ΔZ(mm)
HGSZ3-3	—	1035.3975	1035.3961	1035.3965	1.4
HGSZ3-4	1035.1527	1035.1532	1035.1514	1035.1522	1.6
HGSZ3-5	—	1034.8256	1034.8246	1034.8250	1.0

最　终　成　果　　　　　　　　　表 4-13

点　号	本次地下高程近井点成果 H(m)
HGSZ3-3	1035.3967
HGSZ3-4	1035.1524
HGSZ3-5	1034.8251

4. 复测结论

根据外业观测及平差计算结果可知,本次地面平面近井点测量方位角闭合差最大值为 $-4.6''$,允许误差为 $\pm 10''$;测距相对中误差最大值为 1/329975 小于 1/60000,导线全长相对闭合差最大值为 1/81017 小于 1/35000,本次地面平面近井点测量满足精密导线要求。高程平差后,本次地面高程近井点往返测高差较差小于 $\pm 8\sqrt{L}$ mm,每千米高差中数的偶然中误差为 ± 0.33 mm,小于限差 ± 2 mm/km。高程钢尺传递测量高差较差为 0.4 mm,小于限差 ± 3 mm。地下高程近井点往返测高差较差小于 $\pm 8\sqrt{L}$ mm,每千米高差中数的偶然中误差为 ± 0.10 mm,小于限差 ± 2 mm/km。故本次联系测量成果各项指标均满足《城市轨道交通工程测量规范》(GB/T 50308—2017)有关轨道交通平面控制测量和高程控制测量精度要求。

七、数据处理及平差计算

本次复测平面及高程外业观测结束后,首先对观测数据进行分析和计算,当各项指标满足规范要求后,再进行平差计算。本次平面及高程控制网复测平差计算时,采用武汉大学科傻地面控制测量数据处理系统进行严密平差计算。

八 控制点成果表（表4-14）

控 制 点 成 果 表　　　　　　表 4-14

点号	成果值(m)			备 注
	X	Y	H	
IDT17	18244.0070	14719.2010		已知点
IDT18	18379.6880	14963.2700		已知点
HG1-1	18461.9358	15167.4876		采用本次测量成果
HG1-3	18584.7797	15335.1928		采用本次测量成果
HKZP3	18492.6731	15194.5679		采用逐次平均值
HKZP2	18531.1913	15264.7390		采用逐次平均值
HKZP1	18565.4109	15351.4995		采用逐次平均值
IDT21	18780.0280	15699.2030		已知点
IDT22	18942.5800	15999.1210		已知点
01Ⅱ05-1			1049.8458	已知点
01Ⅱ06			1051.0167	已知点
JM3			1049.8087	采用本次测量成果
JM4			1049.7463	采用本次测量成果
HGSZ3-3			1035.3967	采用逐次平均值
HGSZ3-4			1035.1524	采用逐次平均值
HGSZ3-5			1034.8251	采用逐次平均值

九 附件

（1）控制网平差报告。
（2）仪器检定证书复印件。
（3）控制网示意图。
（4）外业测量原始记录表。

第五章

盾构姿态测量原理

盾构姿态是指盾构轴线相对于隧道设计轴线的位置以及变化趋势,以水平及垂直方向上的相对量来表示。盾构姿态的控制也就是盾构推进轴线的控制。盾构推进轴线的质量基本确定了管片轴线位置,也就决定了隧道竣工轴线的质量。

目前国内外的盾构姿态测量系统有四种模式,分别是:全站仪 + 激光靶(Laser Target)的激光导向模式(代表系统有德国 VMT 公司的 SLS – T 系统、英国 ZED 公司的 ZED 系统、德国 TACS 公司的 ACS 系统、上海米度的 MTG – T 系统);全站仪 + 双棱镜 + 倾斜仪模式(代表系统有德国 PPS 系统、日本演算工房的 ROBOTEC 系统、上海米度系统、上海力信的 RMS – D 系统);陀螺仪全站仪模式(日本东京计器株式会社开发的 TMG – 32B 系统和 Tellus 导向系统);全站仪 + 三棱镜模式(代表系统有日本演算工房、上海力信的早期产品)。

上述系统中,激光靶系统精度高,智能化,成本高;棱镜系统精度稍差,但维修方便,成本低;陀螺仪全站仪模式依赖陀螺仪精度和人员素质,国内没有普及。

第一节　三棱镜系统盾构姿态测量原理

一　术语定义

1. 切口里程

指盾构刀盘切口中心里程。

2. 偏差

盾首平面偏差是指盾首中心相对于隧道设计轴线的左右偏差,以掘进方向为准,盾首偏右为正,偏左为负,单位 mm。

盾首高程偏差是指盾首中心相对于隧道设计轴线的高程偏差,盾首偏高为正,偏低为负,单位 mm。

盾尾平面偏差是指 TBM 轴心相对于隧道设计轴线的左右偏差,以掘进方向为准,盾尾偏右为正,偏左为负,单位 mm。

盾尾高程偏差是指 TBM 轴心相对于隧道设计轴线的高程偏差,盾尾偏高为正,偏低为负,单位 mm。

盾构偏差示意如图 5-1 所示。

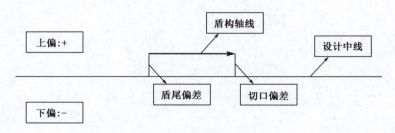

图 5-1　盾构偏差示意图

3. 趋势

偏航角(平面趋势)是指盾构轴线方向偏离设计隧道轴线方向的偏差值,向左侧偏离为负,向右侧偏离为正,单位为 mm/m。

俯仰角(高程趋势)是指盾构轴线方向偏离设计隧道轴线坡度的偏差值,向上方偏离为正,向下侧偏离为负,单位为 mm/m。

坡度是指盾构轴线相对于水平线的坡度,单位 mm/m。

盾构水平及垂直趋势如图 5-2 所示。

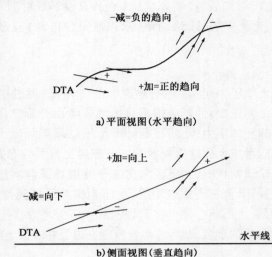

图 5-2 盾构水平及垂直趋势示意图

4. 滚动角

盾构滚动角是指盾构盾体相对于预先设定水平线的摆动夹角,通常以 mm/m 或度为单位,当以 mm/m 为单位时,可以简单计算盾体外径部位的环向位移量,以度为单位时,周长乘以 1/360 的度数即为环向位移量,按照简单计算的环向位移量可以得出盾构允许的滚动角。

盾构在推进过程中,刀盘顺时针、逆时针相互交替进行,降低滚动角的影响。盾构绕自身轴线旋转的角度,面向掘进方向,盾构顺时针转动为正,逆时针为负,单位 mm/m,如图 5-3 所示。

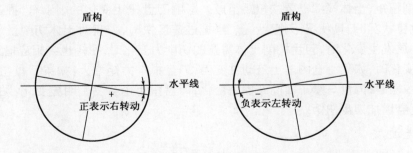

图 5-3 盾构滚动角

5. DTA

DTA 是设计隧道轴线(Design Tunnel Axis)的缩写。DTA 数据包括平曲线数据和竖曲线数据两部分。

6. 平曲线

平曲线是隧道设计中心线的平面走向。

7. 竖曲线

竖曲线是隧道设计中心线的垂直走向。

8. 零位数据

零位数据用来确定激光靶在盾构上的安装位置，供导向系统计算时使用。在盾构静止状态下，用人工测量方法测量出盾构盾首、盾尾坐标（X、Y、H）和滚动角（°），并测量安装在盾构上激光靶棱镜的三维坐标、激光靶坡度、滚动角（双轴倾斜仪自动）及激光束照射到靶屏上的光点坐标。

9. 土压

土压主要由水压以及土体压力组成（还有渗透力的作用）。掘进中一般按照土体埋深考虑静水压力以及适当考虑土体压力，但都应根据具体地质考虑计算土压。实际掘进中的土压除考虑静水压力以及理论的土体压力外，应根据计算土压以及实际出土量和地面沉降综合考虑。实际各种地层土压还应考虑地面建筑物状况以及隧道上方管线布置，通常，对于各种含水或富含水砂层并且地面有建筑物状况，土压应考虑高于隧道埋深静水压力并能够产生隆起以应对后期沉降；对于需要进行半仓气压掘进地层，土压也需高于隧道埋深的静水压力以保证正常出土量；对于弱含水地层，土压不必完全按照埋深静水压力考虑，可以根据出土量及地面沉降进行适当增减；对于富含黏粒质地层，即考虑半仓气压掘进但并非欠土压，以免刀盘黏结。

10. 总推力

正常掘进推力由刀盘切削土体的推力，土仓压力对盾体的阻力，盾体与土体的摩擦力以及后配套拉力组成。在始发进洞阶段，由于盾构进入加固区时，正面土体强度较大，往往造成推进油压过高，加大了钢支撑承受的荷载，为了防止盾构后靠支撑及变形过大，必须严格控制盾构推力的大小。把盾构总推力控制在允许范围内，避免因盾构总推力过大，造成后靠变形过大或破坏，导致管片位移。在正常施工阶段，可适当加大推力，以免过多沉降（边推边注浆）。

11. 掘进刀盘扭矩

刀盘扭矩是指盾构掘进过程中刀盘切削土体时需要刀盘驱动系统提供的作用力，刀盘扭矩由土体切削扭矩，土体搅拌需要的扭矩组成。影响刀盘扭矩变化的因素有：掘进速度、地质因素、渣土改良状况、刀具状况、刀盘状况。当掘进速度快时，刀盘对土体切削量增加，扭矩增加；当地层地质发生变化时，刀盘切削土体需要的切削力变化时，扭矩也会相应增大；当渣土改良效果发生变化时，如果土仓内渣土流动性变差，刀盘搅拌力矩增大；如果刀盘与掌子面之间渣土流动性变差时，刀盘与掌子面间摩擦力变化，刀盘扭矩也会发生明显变化；黏性土挤压黏结成泥饼，也会增加刀盘扭矩。

12. 推进速度

盾构单位转速内推进的长度为贯入度，单位时间内推进的长度为推进速度。在软土地层掘进时，盾构推进速度应该是越快越好（可以减少土层的损失），较快的推进速度能够有效控制渣土出土量。当盾构推进速度出现忽快忽慢周期性变化时，应考虑刀盘出现泥饼或中心部位刀具损坏。在强风化地层中，当盾构掘进速度突然变慢时，应考虑是否土仓内渣土积土严重，避免发生泥饼。

13. 螺旋输送机转速及扭矩

螺旋输送机转速具有调节土压、控制出土量的作用。螺旋输送机在富含水砂层中掘进时，如果喷涌严重,可以通过反转出土的方式掘进。螺旋输送机掘进中扭矩持续过大时,应考虑向螺旋管内注入泡沫或泥浆(膨润土)减小扭矩防止螺旋机积土卡死,也可加装高压喷水装置(出现泥饼时能够较好地处理,减小扭矩)。

14. 推进液压缸行程差

推进液压缸行程差是指掘进过程中由于各组推进液压缸在掘进中产生的各组液压缸的行程差,而不是在管片拼装后形成的液压缸行程差。从推进液压缸行程差在掘进中的变化可以判断盾构的行进方向变化。通过铰接液压缸调整盾构姿态,能较好地避免以推进液压缸行程差调整姿态产生的盾尾间隙变化过大而卡住管片的情形。液压缸行程过大可能会引起轴力偏心从而损伤管片,因此要适当控制液压缸行程。

15. 注浆压力

实际背衬压力与显示注浆压力的差别是随着盾尾内置注浆管的管径变化而变化的,所以初始注浆压力值应作为注浆压力的参考基数值。实际注浆压力与刀盘掘进土压相关,注浆压力应在土仓压力与参考基数值间调整。实际注浆压力必须考虑盾尾刷可以承受的密封压力,过大的注浆压力值必然损坏盾尾刷,尤其在进入富含水砂层前,必须慎重考虑注浆压力以免在富含水砂层中由于尾刷损坏而产生地层失水,从而使地表沉降的严重后果。同步注浆的真正含义在于同步,而不是背衬压力注浆,所以不同地层应该考虑不同的注浆量。对于各种原因造成的注浆不足,应该以二次注浆予以补充,而不能以同步注浆高压大量的方式填充。同步注浆可以有效地减少地表沉降,有时为减少沉降可以加大注浆量。边推边注,不注不推。同步注浆浆液一般由粉煤灰、石灰、膨润土、砂、高效减水剂、水等组成(一般是惰性的,有时添加水泥就变成硬性的)。二次注浆一般的水泥浆(水泥:水=1:1)就能满足,对已漏水较严重的,可以用双液浆(水泥浆:水玻璃=1:0.5)进行注入。

二 三棱镜法导向系统

三棱镜法导向系统和人工测量的三点法相类似,如图 5-4 所示,在盾构内部安装了三个反射棱镜,在安装时,需要确定三个棱镜与盾构切口中心和盾尾中心的相对位置,为盾构掘进过程中盾构姿态计算提供基础数据。全站仪在一次测量过程中依次搜索三个棱镜,并进行坐标测量,利用所得结果,通过几何关系换算可得到盾构切口中心和盾尾中心坐标。安装于全站仪后部的后视棱镜是用来对全站仪进行定位(图 5-5 ~ 图 5-8)。

三 三棱镜法导向系统数学模型

1. 三棱镜法的数学模型符合空间测距后方交会基本原理

通过全站仪直接测量三个棱镜的三维坐标,$A(x_A, y_A, z_A)$、$B(x_B, y_B, z_B)$、$C(x_C, y_C, z_C)$,根据三个棱镜与盾构切口中心 P 点的距离关系,反算 P 点坐标。同理,反算盾构中心坐标,从而根据盾构切口中心坐标和盾构中心坐标确定盾构姿态。根据盾构姿态与地铁线路设计中心线的比较,进行指导掘进工作。三棱镜法导向系统盾构切口中心坐标计算公式见式(5-1)。

$$\left.\begin{array}{l}d_1^2 = (x_A - x_P)^2 + (y_A - y_P)^2 + (z_A - z_P)^2 \\ d_2^2 = (x_B - x_P)^2 + (y_B - y_P)^2 + (z_B - z_P)^2 \\ d_3^2 = (x_C - x_P)^2 + (y_C - y_P)^2 + (z_C - z_P)^2\end{array}\right\} \qquad (5-1)$$

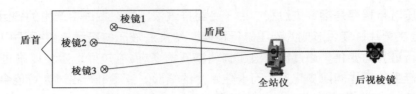

图 5-4 三棱镜法导向系统示意图

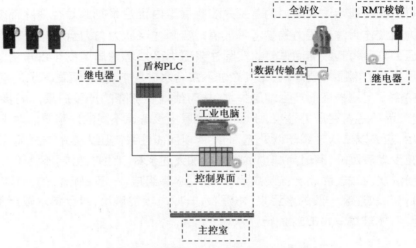

图 5-5 三棱镜法导向软件系统机械结构示意图

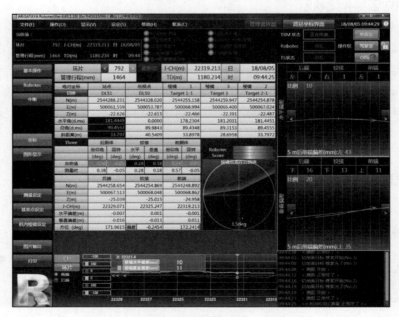

图 5-6 三棱镜法导向软件系统界面(一)(演算工房)

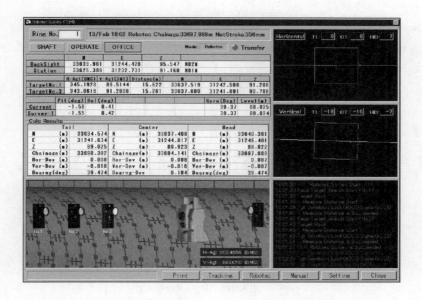

图 5-7 三棱镜法导向软件系统界面(二)(演算工房)

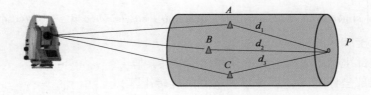

图 5-8 三棱镜法导向原理图

2. 坐标旋转平移公式

(1) 平面直角坐标转换数学模型：

$$\begin{bmatrix} x_2 \\ y_2 \end{bmatrix} = \begin{bmatrix} x_0 \\ y_0 \end{bmatrix} + m \begin{bmatrix} \cos\alpha & -\sin\alpha \\ \sin\alpha & \cos\alpha \end{bmatrix} \begin{bmatrix} x_1 \\ y_1 \end{bmatrix} \quad (5\text{-}2)$$

式中：x_0, y_0——平移参数；

　　　α——旋转参数；

　　　m——尺度参数；

　　　x_2, y_2——城市轨道交通工程坐标系下的统一坐标；

　　　x_1, y_1——盾构局部坐标。

(2) 三维坐标系转换数学模型：

$$\begin{bmatrix} x_2 \\ y_2 \\ z_2 \end{bmatrix}_T = \begin{bmatrix} x_0 \\ y_0 \\ z_0 \end{bmatrix}_T + mR \begin{bmatrix} x_1 \\ y_1 \\ z_1 \end{bmatrix}_S \quad (5\text{-}3)$$

式中：x_0, y_0, z_0——平移参数；
　　　m——尺度参数；
　　　x_2, y_2, z_2——城市轨道交通工程坐标系下的统一坐标；
　　　x_1, y_1, z_1——盾构局部坐标。

$$R_1 = \begin{bmatrix} \cos\theta & \sin\theta & 0 \\ -\sin\theta & \cos\theta & 0 \\ 0 & 0 & 1 \end{bmatrix}$$

$$R_2 = \begin{bmatrix} 1 & 0 & 0 \\ 0 & \cos\phi & \sin\phi \\ 0 & -\sin\phi & \cos\phi \end{bmatrix} \quad (5\text{-}4)$$

$$R_3 = \begin{bmatrix} \cos\psi & 0 & -\sin\psi \\ 0 & 1 & 0 \\ \sin\psi & 0 & \cos\psi \end{bmatrix}$$

$$R = \begin{bmatrix} \cos\psi\cos\theta - \sin\theta\sin\psi & \cos\psi\sin\theta + \sin\psi\sin\phi\sin\theta & -\sin\psi\cos\phi \\ -\cos\phi\sin\theta & \cos\phi\cos\theta & \sin\theta \\ \sin\psi\cos\theta + \cos\psi\sin\theta\sin\phi & \sin\psi\sin\theta - \cos\psi\sin\phi\cos\theta & \cos\psi\cos\phi \end{bmatrix} \quad (5\text{-}5)$$

式中：R——坐标旋转矩阵，$R = R_3 R_2 R_1$；
　　　R_1——把局部坐标绕 Z 轴旋转 θ 角得到的旋转矩阵；
　　　R_2——把局部坐标绕 X 轴旋转 ϕ 角得到的旋转矩阵；
　　　R_3——把局部坐标绕 Y 轴旋转 ψ 角得到的旋转矩阵。

盾构盾体可以看作一个局部坐标系，在局部坐标系中，三个棱镜、盾构切口中心、盾尾中心的关系是固定的，即三棱镜坐标、盾构切口中心坐标和盾尾中心坐标在局部坐标系中是预设已知的。根据隧道内控制点坐标，可以通过全站仪测出三棱镜的城市轨道交通工程坐标系下的统一坐标。可以根据三棱镜在两个坐标系下的不同坐标值，计算出坐标系的旋转平移参数，从而根据坐标系的旋转平移公式计算出盾构切口中心、盾尾中心等在城市轨道交通工程坐标系下的统一坐标。

图 5-9 为某盾构局部坐标计算报告。

四 本节小结

三棱镜法导向系统的基本原理是利用全站仪直接测出棱镜的三维大地坐标，通过棱镜大地坐标反算盾构中心及切口中心的大地坐标。这种方法原理简单，直接测得大地坐标，和线路中心线坐标进行比较，直观而容易理解。

该系统的缺点是其精度受棱镜安装精度制约较大，并且在盾构姿态测量过程中，因受制于盾构内部空间的原因，全站仪和棱镜之间的通视问题也常常受到制约。所以，三棱镜法导向系统多出现在早期的姿态控制测量系统的版本中。

刀盘中心计算

盾构参考点			
	Y	X	H
14	0.6794	−7.0586	1.2641
16	0.7755	−7.058	0.4953
1	−0.7443	−7.0589	0.5506
实测参考点			
	Y	X	H
14	0.6825	8.792	−13.366
16	0.766	8.7755	−14.1345
1	−0.752	8.771	−14.0565
M14-16-1平面方程			
−1.16X+0.005Y+0.025Z+10.536=0			
刀盘中心：(X_0, Y_0, Z_0)			
点(X_0,Y_0,Z_0)至M14-16-1平面的垂直距离 d_0=7.058			
计算成果			
刀盘	X_0 15.8179	Y_0 −0.0414	H_0 −14.7791
设计	X_0 15.818	Y_0 0	H_0 −14.845
偏差	ΔX −0.0001	ΔY −0.0414	ΔH 0.0659

图 5-9 某盾构局部坐标计算报告

思 考 题

1. 三棱镜法导向系统的基本原理是什么？
2. 三棱镜法导向系统的主要优缺点有哪些？

第二节 双棱镜+倾斜仪系统盾构姿态测量原理

盾构的姿态是指盾构前端刀盘中心(简称"刀头"或"切口")的三维坐标和盾构筒体中心轴线在三个相互垂直平面内的转角等参数(图 5-10)。盾构姿态的主要参数有以下 9 个：①刀盘切口里程；②刀盘切口方向偏差；③刀盘切口高程偏差；④盾尾方向偏差；⑤盾尾高程偏差；⑥盾构滚动角；⑦盾构俯仰角；⑧盾构方位角；⑨环号。

一、双棱镜+倾斜仪系统盾构姿态测量原理

双棱镜+倾斜仪系统盾构姿态测量原理是：双棱镜法的解算都是应用三参空间坐标旋转

公式来解算的,在盾构始发时就测定两个目标棱镜在盾构坐标系中的局部坐标,由于倾斜仪提供了坡度和转角,这两个角度参数,只需要求解方位角参数和盾构切口中心、盾尾中心的三维坐标。以切口中心为例,2个目标棱镜应用三参空间坐标旋转公式(1号棱镜的局部坐标经过切口中心施工坐标的平移,盾构方位角、坡度角、滚角的依次矩阵旋转就等于在施工坐标系中实测的棱镜坐标),可以建立6个方程,可以求解切口中心三维坐标和盾构的方位角。具体公式见本章第一节。

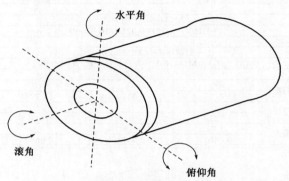

图 5-10 盾构姿态角度

现在应用比较多的倾斜仪为高精度电压输出型双轴倾角传感器,该倾斜仪的工作原理是:采用电容微型摆锤原理,利用地球重力原理,当倾角单元倾斜时,地球重力在相应的摆锤上会产生重力的分量,相应的电容量会变化,通过对电容量放大、滤波、转换之后得出倾角,如图5-11所示。

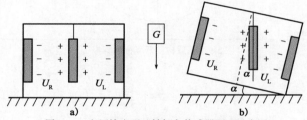

图 5-11 电压输出型双轴倾角传感器原理示意图

U_R、U_L 分别为摆锤的左极板和右极板与其各自对应电极间的电压,当倾角传感器倾斜时,U_R、U_L 会按照一定规律变化,所以 $\int(U_R, U_L)$ 是关于倾角 α 的函数:$\alpha = \int(U_R, U_L)$。

倾斜仪角度输出计算公式为:

角度 = (输出电压 - 零点位置电压)/角度灵敏度

角度灵敏度 = 输出电压范围/角度测量范围

例如:某型号电压输出型双轴倾角传感器的测量范围为 ±30°,输出电压范围为 0 ~ 5V,则其角度灵敏度 = 5/60 = 0.83333 V/°。

一些高精度模拟电压输出的双轴倾角传感器,其小量程最高精度可达到0.003°,其功能主要用来测量物体与水平面的倾斜,内置微型固体摆锤,通过测量静态重力场变化,转换成倾角变化,变化通过电压(0~5V)方式输出。内部采用高分辨率差分数模转换器,通过内部MCU系统进行二次线性度和温度修正,同时可以减小环境变化对其精度造成的误差。

二、倾斜仪的关键指标及安装

倾斜仪的关键指标如下。

倾斜仪的分辨率：是指传感器在测量范围内能够检测和分辨出的被测量的最小变化值。一般情况为 $0.001°$。

倾斜仪的绝对精度：绝对精度是指在常温条件下，对传感器的绝对线性度、重复性、迟滞、零点偏差、横轴误差的综合误差。一般情况在 $0.001° \sim 0.05°$ 之间。

长期稳定性：长期稳定性是指传感器在常温条件下，经过一年的长期工作下最大值与最小值的偏差。一般情况在 $0.02° \sim 0.08°$ 之间。

响应时间：响应时间是传感器在一次角度变化时，传感器输出达到标准值所需的时间。一般为 0.02s。

倾斜仪的安装过程中，注意确保电气连接线的正确，一般情况下，黑色线表示电源负极，白色线表示 X 轴输出电压，红色线表示供电电源的正极，绿色线表示 Y 轴输出电压。

在安装过程中，须按照正确的方法进行安装倾角传感器，不正确的安装会导致测量误差，尤其注意一"面"，二"线"。

一"面"即：传感器的安装面与被测量面固定必须紧密、平整、稳定，如果安装面出现不平容易造成传感器测量夹角误差。

二"线"即：传感器轴线与被测量轴线必须平行，两轴线尽可能不要产生夹角。

图 5-12 为某型号高精度电压输出型双轴倾角传感器。图 5-13 为某型号电压输出型双轴倾角传感器在盾构上安装位置的示意图。

图 5-12 高精度电压输出型双轴倾角传感器

图 5-13 双棱镜模式倾斜仪

三、本节小结

高精度双轴倾斜仪传感器已经广泛应用于盾构姿态测量过程中，倾斜仪常常与双棱镜搭配，或者与激光靶搭配使用（下一节重点讲述）。总之，双棱镜和高精度双轴倾斜仪传感器搭配使用的优点如下。

（1）在通视条件不利的小直径和小曲率隧道中，可以沿着盾构轴线方向布设目标，符合盾构隧道施工的现场情况，克服布设三棱镜容易造成通视不利的缺点。

（2）观测棱镜数量少，观测时间间隔短，提高测量效率。

（3）双轴倾角传感器灵敏度较高，观测误差不传递，整体提高盾构姿态测量精度。

（4）传感器安装和初始化方法均方便，成本较低。

思 考 题

1. 电压输出型双轴倾角传感器的原理是什么？
2. 安装倾角传感器时的接线规则是什么？应该注意哪些？
3. 高精度双轴倾斜仪传感器在盾构姿态测量中的优点有哪些？

第三节 激光靶系统盾构姿态测量原理

在工程测量中，确定任何一几何体在三维空间中的绝对位置，最少需要六个参数，即：三个线元素和三个角元素。

现在盾构姿态测量系统的主流是激光靶盾构姿态测量系统。激光靶系统的组成为：全站仪、激光靶、双轴倾斜仪、后视棱镜、工业计算机、中央控制器、数据电台以及软件部分。其核心是：全站仪 + 激光靶 + 倾斜仪。其中，全站仪负责测量三个线元素，三个角元素中的两个（坡度和滚动角）由双轴倾斜仪测量，第三个角元素（偏航角/平面趋势）由全站仪发出的激光 + 激光靶来完成（图5-14）。

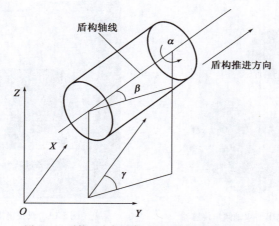

图5-14 盾构三个角元素（滚角、仰俯角、水平方位角）

一、坐标系统

激光靶盾构姿态测量系统中，涉及三个三维坐标系统，分别是城市轨道交通工程坐标系、盾构切口中心坐标系、标靶坐标系。

1. 城市轨道交通工程坐标系

城市轨道交通工程坐标系一般采用 CGCS2000 国家大地坐标系统或城市独立坐标系统。2018 年 7 月 1 日,国家自然资源部正式启用 CGCS2000 国家大地坐标系统。

2000 国家大地坐标系,是我国当前最新的国家大地坐标系,英文名称为 China Geodetic Coordinate System 2000,英文缩写为 CGCS2000。

2000 国家大地坐标系的原点为包括海洋和大气的整个地球的质量中心;2000 国家大地坐标系的 Z 轴由原点指向历元 2000.0 的地球参考极的方向,该历元的指向由国际时间局给定的历元为 1984.0 的初始指向推算,定向的时间演化保证相对于地壳不产生残余的全球旋转,X 轴由原点指向格林尼治参考子午线与地球赤道面(历元 2000.0)的交点,Y 轴与 Z 轴、X 轴构成右手正交坐标系。

2000 国家大地坐标系采用的地球椭球参数如下:

长半轴:$a = 6378137$m;

扁率:$f = 1/298.257222101$;

地心引力常数:$GM = 3.986004418 \times 10^{14} \text{m}^3 \text{s}^{-2}$;

自转角速度:$\omega = 7.292115 \times 10^{-5} \text{rad s}^{-1}$;

短半轴:$b = 6356752.31414$m;

极曲率半径 $= 6399593.62586$m;

第一偏心率:$e = 0.0818191910428$。

在城市范围内布设控制网时,应考虑不仅要满足大比例尺测图的需要,还要满足一般工程放样的需要,通常情况下要求控制网由平面直角坐标反算的长度与实测的长度尽可能地相符,而国家坐标系的坐标成果则往往无法满足这些要求,这是因为国家坐标系每个投影带都是按照一定的间隔划分,由西向东有规律地分布,其中央子午线不可能恰好落在每个城市的中央。为了减小长度投影变形所产生的影响,使由控制点的平面直角坐标反算出来的长度在实际利用时不需要做任何改正,方便测绘实际作业,根据《城市测量规范》(CJJ/T8—2011)的要求,需要建立有别于国家统一坐标系统的城市独立坐标系统。

图 5-15 中的 $OXYZ$ 坐标系为城市轨道交通工程坐标系。隧道设计轴线,以及盾构测量中用到的隧道内外的控制点、测站点、后视点等均用该坐标系表示。盾构的位置就是通过确定盾构的切口中心和盾尾中心在该坐标系下的坐标来获得的。

2. 盾构切口中心坐标系

盾构切口中心坐标系,该坐标系固接在盾构上,以盾构的切口中心为坐标原点,在盾构水平放置,且未发生旋转的情况下,以盾尾中心到切口中心的轴线为 x 轴正向,以竖直向上方向为 z 轴正向,y 轴可根据左手坐标系确定。在盾构出厂前,相关制造商会给出盾构内部的电子激光标靶,盾尾中心点等在该坐标系下的坐标。如图 5-15 所示。

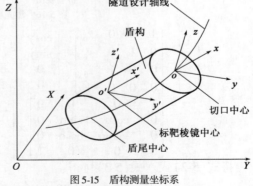

图 5-15 盾构测量坐标系

3. 标靶坐标系

$o'x'y'z'$ 坐标系为标靶坐标系,该坐标系和盾构坐标系平行,原点位于电子标靶棱镜中心位置。

二 激光靶系统姿态测量原理

在盾构施工测量中,全站仪固定在隧道衬砌环的基座上,基座后方安装有后视棱镜,该棱镜固定在另一个基座上,两个基座的三维坐标是采用人工方法多次精密测量得到的。全站仪以基座中心坐标位置为基准坐标值,以瞄准后视棱镜得到的水平角度为方位角基准,测量电子标靶棱镜的三维坐标。

设 $(x_测,y_测,z_测)$ 为测站点全站仪基座中心在城市轨道交通工程坐标系下的坐标,h 为全站仪基座中心到镜头中心的高度,L 为全站仪镜头到激光标靶中心距离,φ 为全站仪至激光标靶中心的水平方位角,T 为全站仪至激光标靶中心的仰俯角。

激光标靶的棱镜中心在城市轨道交通工程坐标系的坐标为 (x_0,y_0,z_0)。则:

$$\left.\begin{array}{l} x_0 = x_测 + L\sin T\cos\phi \\ y_0 = y_测 + L\sin T\sin\phi \\ z_0 = z_测 + L\cos T + h \end{array}\right\} \quad (5\text{-}6)$$

在测得激光标靶的三维坐标情况下,结合另外三个姿态角,即:滚角 α、俯仰角 β、水平角 γ,即可计算得到盾构切口中心坐标 (x,y,z)。

如图 5-16 激光靶安装位置坐标示意图所示,盾构切口中心为 o,其在标靶坐标系下的坐标为 $(a,-b,-c)$,激光标靶的棱镜中心 o' 在城市轨道交通工程坐标系的坐标为 (x_0,y_0,z_0)。则切口中心在城市轨道交通工程坐标系下的坐标为 (x,y,z) 可由一系列坐标变换得到,如下式所示:

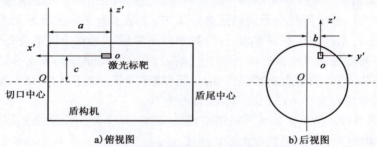

图 5-16 激光靶安装位置坐标示意图

$$\begin{bmatrix} x \\ y \\ z \\ 1 \end{bmatrix} = \begin{bmatrix} 1 & 0 & 0 & x_0 \\ 0 & 1 & 0 & y_0 \\ 0 & 0 & 1 & z_0 \\ 0 & 0 & 0 & 1 \end{bmatrix} \times \begin{bmatrix} \cos\gamma & -\sin\gamma & 0 & 0 \\ \sin\gamma & \cos\gamma & 0 & 0 \\ 0 & 0 & 1 & 0 \\ 0 & 0 & 0 & 1 \end{bmatrix} \times \begin{bmatrix} \cos\beta & 0 & -\sin\beta & 0 \\ 0 & 1 & 0 & 0 \\ \sin\beta & 0 & \cos\beta & 0 \\ 0 & 0 & 0 & 1 \end{bmatrix} \times \begin{bmatrix} 1 & 0 & 0 & 0 \\ 0 & \cos\alpha & \sin\alpha & 0 \\ 0 & -\sin\alpha & \cos\alpha & 0 \\ 0 & 0 & 0 & 1 \end{bmatrix} \times \begin{bmatrix} a \\ -b \\ -c \\ 1 \end{bmatrix} \quad (5\text{-}7)$$

将式(5-2)代入式(5-3)可得:

$$\left.\begin{array}{l} x = x_测 + L\sin T\cos\phi + a\cos\beta\cos\gamma + b\cos\alpha\sin\gamma - \\ \quad b\sin\alpha\sin\beta\cos\gamma + c\sin\alpha\sin\gamma + c\cos\alpha\sin\beta\cos\gamma \\ y = y_测 + L\sin T\sin\phi + a\cos\beta\sin\gamma - b\cos\alpha\cos\gamma - \\ \quad b\sin\alpha\sin\beta\sin\gamma + c\cos\alpha\sin\beta\sin\gamma - c\sin\alpha\cos\gamma \\ z = z_测 + L\cos T + h + a\sin\beta + b\sin\alpha\cos\beta - c\cos\alpha\cos\beta \end{array}\right\} \quad (5\text{-}8)$$

盾尾中心在城市轨道交通工程坐标系下的坐标也按照上述过程求得,只需将盾尾中心坐标代入计算即可。

三 激光靶系统姿态测量软硬件

激光靶姿态测量系统的硬件主要组成包括:全站仪、激光靶、工业计算机、控制盒、后视棱镜、电台等。其相互关系如图5-17所示。

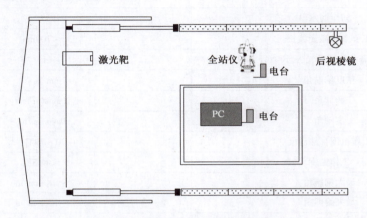

图5-17 激光靶姿态测量系统的硬件组成

1. 激光靶

激光靶用来确定盾构轴线相对于DTA和水平面的偏航角、滚动角和俯仰角。

激光靶前面板上的棱镜用作全站仪瞄准和测量的目标。入射激光的坐标、高程、方位角和竖直角由全站仪测量。偏航角通过透镜系统和工业相机测量。俯仰角和滚动角通过安装在激光靶内的双轴倾斜仪测量。

激光靶前面板上可以安装两种棱镜:徕卡mini棱镜或索佳圆棱镜,全站仪距离较远、洞内灰尘水汽较大时,可以安装索佳棱镜以增大测程,使导向系统能够连续工作;更换棱镜后,软件上应该改变相应设置(图5-18)。

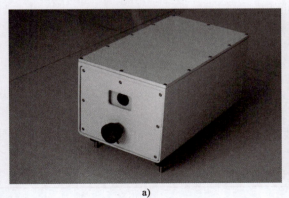
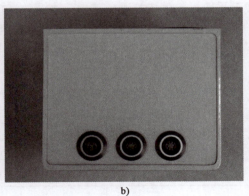

图5-18 激光靶

某系统激光靶技术参数见表5-1。

某系统激光靶技术参数   表 5-1

项　　目	参　　数
数据接口 2 个千兆网络线接口	—
箱体材料	不锈钢
重量	9.5kg
尺寸长,宽,高	324mm,183mm,155mm
电源供应	24V 直流电
接头	2 个 8 针 LEMO 接头,一个三针 LEMO 电源接头
防尘防水	IP67
工作条件激光波长	630～700nm
激光光学窗口需接收到激光,光斑直径无限制	—
精度偏航角	1mm/m
俯仰角	1mm/m
滚动角	1mm/m
工作范围存储温度	-30～70℃
工作温度	-5～+45℃
最大偏航角	+/-120mm/m
最大俯仰角	+/-100mm/m
最大滚动角	+/-250mm/m

激光靶必须安装在一个激光束能连续地照射在光靶前面板上的光学窗口,同时全站仪视准轴瞄准激光靶棱镜的位置。这就意味着,机器上的一些组件如管片拼装机、锚杆钻机等设备不能阻挡激光的路线,激光通过的地方空间(测量窗口)应当尽量地大。

激光靶安装位置越靠近刀盘越好。

为了减少隧道中的工作人员遮挡光线,激光靶通常情况下安装在机器的顶部。

如果盾构带有铰接,则激光靶应当安装在铰接前面的那一部分;否则,想得到铰接前面部分的姿态,则需要特殊的设备如铰接液压缸行程传感器等。如果激光靶附近有强光源照射在激光靶上,则激光靶有可能工作不正常。因此有必要将激光靶安装在盾体上相对较暗的区域,或者采取一定的措施避免其他强光源的直接照射。

如果激光靶的光学窗口和棱镜变的很脏,灰尘、油污、浆液、水珠等,则激光靶的工作也会受到影响,建议定期用湿布进行清洁。

2. 工业计算机

工业计算机必须安装在方便操作且操作人员方便看到的地方,可视角度不是很重要,但从显示屏上反射回来的光有可能使得不能很清楚地看清显示的信息。

必须保护工业计算机安装在避免受水、灰尘、泥及其他机械方面引起的损坏,而且能方便地接触到接头。某工业计算机参数见表 5-2。

某工业计算机参数   表 5-2

项　　目	参　　数
处理器板载	Intel Atomtm N270 1.6GHz
芯片组	Intel 945GSE + ICH7M(82801GBM)

续上表

项　　目	参　　数
系统内存板载	1G DDRII-533 SDRAM
显示芯片	Integrated with Intel 945GSE
串口	标配四个串口
USB 接口	5×USB 2.0
显示屏	15寸真彩色液晶屏
触摸屏类型	电阻式
单点寿命	250g 力度,100万次
背光寿命	50000h
亮度	300cd/m²
操作系统	Win XP
工作温度	-10~60℃
环境湿度	0~90%
整机重量	6.3kg
功耗	小于30W
开孔尺寸	384mm×292mm
机箱尺寸	483mm×304mm×52mm
认证	CE、CCC
电源需求	直流12C输入

3. 中央控制箱

中央控制箱起主要的联系作用,它给电台和激光靶提供电源和信号输出,同时还负责将从激光靶及全站仪传来的数据转化为工业计算机能够处理的数据。同样计算机对激光和全站仪发出的控制数据也在中央控制箱被转化为适当的数据形式(图5-19)。

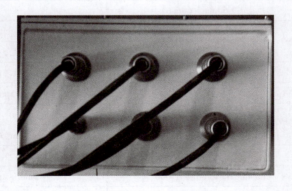

图5-19　中央控制箱

4. 全站仪

激光靶盾构姿态测量系统可以使用徕卡 TPS1200 系列(具备电动机和自动瞄准功能及 GUS74 激光的 TCA 或以上)和 TS15、/TS(TM)30 全站仪(图5-20、图5-21)。

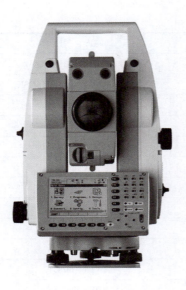

图 5-20 TPS1200 系列　　　　　　　图 5-21 TS15、TS(TM)15/30

全站仪参数见表 5-3。

全 站 仪 参 数 表　　　　　　　　　　　表 5-3

角度测量	精度 HZ,V[1]	1″/2″/3″/5″
	最小显示分辨率 0.1″	0.1″
	测量方法	绝对编码、连续、对径测量
	补偿器	四重轴系补偿
距离测量	距离测量(有棱镜)	
	圆棱镜(GPR1)	3500m
	微型棱镜(GMP101)	2000m
	360°棱镜(GRZ4,GRZ122)	2000m
	反射片(60mm×60mm)	250m
	精度/测量时间	
	标准	1mm+1.5ppm/一般为 2.4s
	快速	3mm+1.5ppm/一般为 0.8s
	连续	3mm+1.5ppm/一般小于 0.15s
	距离测量(无棱镜)	
	PinPoint R30/R400/R1000	30m/400m/1000m
	精度/测量时间	
	PinPoint R30/R400/R1000	2mm+2ppm/一般为 3s
综合数据	显示分辨率	0.1mm
	最短测程	1.5m
	测量原理	基于相位测量原理(同轴,红色可见激光)
	激光点的大小	在 30m:7mm×10mm,在 50m:8mm×20mm
	操作系统	Windows CE 6.0

续上表

综合数据	显示屏	VGA(640×480),大彩色LED触摸屏
	键盘	36键(12功能键,12字母数字键),照明功能
	仪器内存/外置存储	1GB闪存/SD卡,USB
	接口	RS232,蓝牙,微型USB端口
	圆水准器灵敏度	6′/2mm
	激光对中精度	在1.5m高1.5mm
	微动螺旋个数	1水平/1垂直
	电池类型	锂电池
	操作时间	5~8h(GEB221)
	电压/容量	7.4V/4.4Ah
	全站仪重量	4.8~5.5kg
	长/宽/高	345mm/226mm/203mm
	工作/存储环境	−20℃到+50℃/−40℃到+70℃
	防尘防水/湿度	IP55/95%,防冷凝
导向光(EGL)	工作范围	5~150m
	定位精度	5cm在100m远处
马达驱动	转速	45/s

	棱镜类型	ATR模式	锁定模式
自动目标识别与照准(ATR)	圆棱镜(GPR1)	1000m	800m
	360°棱镜(GRZ4、GRZ122)	800m	600m
	反射片(60mm×60mm)	55m	—
	微型棱镜(GMP101)	500m	400m
	360°棱镜最短测距	1.5m	5m
	ATR测角精度 HZ、V	1″	
	基本定位精度	±1mm	
	测量时间(GPR1)	3~4s	
	切向跟踪速度(标准模式)	在20m处5m/s,在100m处25m/s	
	径向跟踪速度(跟踪模式)	4m/s	
	视场中搜索时间	一般1.5s	
	视场	1°30′	
	自定义搜索窗口	可以	

5. 全站仪托架及后视棱镜

托架由用户根据隧道实际情况进行制作,宜设置为强制对中结构,用于安置全站仪、电池和电台,托架可固定于已拼装稳定的管片上或隧道边墙上,如图 5-22 所示。托架加工与连接安装时应保证足够的强度,确保不因出现托架振动、变形或位移而使全站仪发生停止工作、气泡偏移、方向和坐标高程变化等情况,从而造成导向系统测量结果出现测量中断、较大的测量误差或错误。

将后视棱镜安装于已经固定的托架上,一般都是利用已经前移后的全站仪托架,整平棱镜,并将棱镜对准全站仪,如图 5-22 所示。

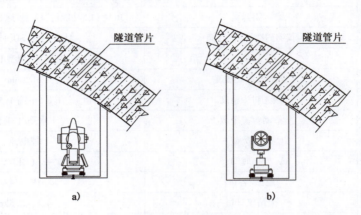

图 5-22　全站仪托架及后视棱镜

6. 数传电台

数传电台安装在主控室旁边的测量窗口附近,由中央控制箱供电(图 5-23)。全站仪端电台通过 Y 型电缆分别与全站仪和电池连接,大容量电池供电。两个电台天线应和它们之间的连线近似垂直。电台通信范围环境中尽可能有较少的障碍物。

以上六个部分的安装示意如图 5-24、图 5-25 所示。

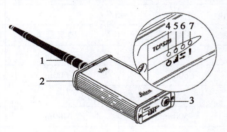

图 5-23　数传电台
1-天线;2-外壳;3-LEMO 口;4-电源指示灯;
5-连接指示灯;6-数据传输指示灯;7-传输
模式指示灯

7. 激光靶盾构姿态测量系统软件

激光靶盾构姿态测量系统软件是数据采集、计算、分析的关键系统。一般包括零位数据计算、设计中线 DTA 数据、导线平差计算、盾构测量、管片测量、洞内测量、辅助工具计算等功能。不同导向系统产品设计思路略有差异,下一章将详细介绍。图 5-26 ~ 图 5-28 是几种软件界面截图。

四　激光靶导向系统自动测量流程

全站仪和后视棱镜坐标高程已知,导向系统软件发出指令,通过主控制室电台发送到全站仪电台,驱使全站仪瞄准后视棱镜,定向,然后瞄准并测量激光靶上棱镜的坐标高程,数据通过电台发回计算机,然后全站仪打开激光,对准激光靶,激光束经凸透镜聚焦后成像于激光靶后面的靶屏上,此时工业相机拍照,将图片与双轴倾斜仪测量的坡度和滚动角数据通过电缆线发往工业计算机,激光的水平角和竖直角同时发往计算机,计算机计算出此时刀盘和盾尾的坐标高程,与存储于计算机内的隧道设计轴线计算比较,得出 TBM 的实时姿态。

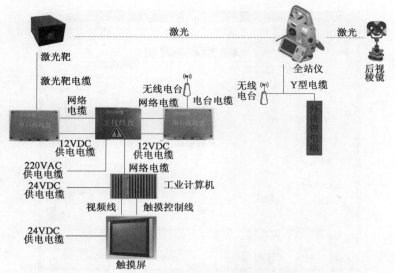

图 5-24　激光靶姿态测量系统安装示意图

图 5-25　激光靶姿态测量系统安装示意图

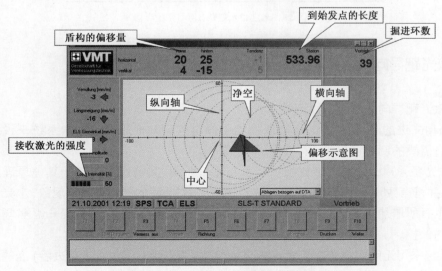

图 5-26　VMT 激光靶姿态测量系统界面

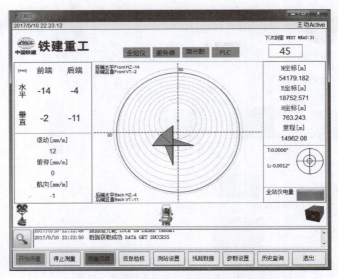

图 5-27 铁建重工激光靶姿态测量系统界面

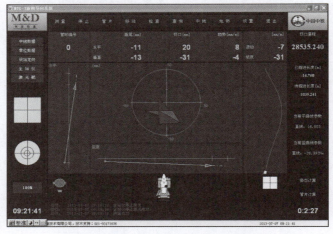

图 5-28 米度激光靶姿态测量系统界面

 五、激光靶导向系统特点

一般激光靶导向系统具备以下特点：

(1) 采用先进的激光靶技术,比起双棱镜+倾斜仪等其他原理的导向系统来说测量精度更高;而且,需要的测量窗口更小。

(2) 激光靶采用凸透镜+工业相机技术测量偏航角,其精度高出基于其他原理的激光靶一倍以上;并可有效消除因TBM振动和激光束因空气折射而产生的跳动现象,激光靶的有效测量距离也有所增加;同时,前屏敏感元件外露面积大幅减小,更有利于处于恶劣环境条件下的激光靶的保护。

(3) 系统采用无线数据传输+大容量电池供电,使安装在管片(隧道边墙)上的全站仪与盾构完全脱离,避免了数据和电缆线带动并损坏全站仪的现象,有效减小了值班工程师看护电缆线和测量组搬站前移的工作量。

（4）计算盾构的位置，并用数字和图像两种形式显示，计算并显示盾构的趋势，通过标准的设计几何元素计算隧道设计轴线；并且可以计算纠偏曲线使盾构切向返回 DTA。

（5）全站仪具有自动定位功能，完全通过计算机对整套系统进行控制；由软件控制全站仪进行激光方位检查（方位角控制）。

（6）在管片拼装以后，计算和显示已拼管环封顶块的位置；显示机器沿计算的纠偏曲线掘进时的液压缸设计行程。

（7）对施工隧道的所有数据进行备份（掘进报告，日志文件等）。

六、本节小结

本节以激光靶系统盾构姿态测量的基本原理为核心，总结了盾构姿态测量的基本坐标系、基本公式，介绍了激光靶系统盾构姿态测量的软硬件，并对激光靶导向系统自动测量流程和特点进行了分析。

:::::::::::::::: 思 考 题 ::::::::::::::::

1. 试分析激光靶系统盾构姿态测量的三个坐标系之间的关系？
2. 激光靶系统盾构姿态测量的基本硬件包括哪些？
3. 激光靶导向系统的特点有哪些？

第四节　陀螺仪盾构姿态测量系统原理

一、陀螺仪的定义及特性

陀螺仪（Gyroscope）是敏感角运动的一种装置。陀螺仪的主要部件是一个能高速旋转的匀质转子。通常，把陀螺仪定义为利用动量矩（自转由转子产生）敏感壳体相对惯性空间绕正交于自转轴的一个或两个轴的角运动的装置，如图 5-29 所示。

为了在同样总质量的条件下转子具有较大的转动惯量，所以转子的质量集中在边缘，转子能绕其质量对称轴高速旋转。转子在旋转过程中，遵守动力学中的动量矩定理，即动量矩对时间的导数等于外力矩。

陀螺仪具备以下特性：

（1）定轴性：如果外力矩为零，则陀螺仪保持其动力矩的方向和大小不变，此时陀螺仪转子的方向也保持不变。这一特性称为陀螺仪的定轴性。

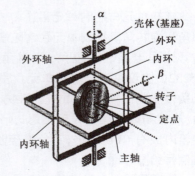

图 5-29　框架式陀螺仪

（2）进动性：如果转子以高速度旋转着，其动量矩与 x 轴重合，这时把上下方向的力施加在旋转轴 x 的两端，在此力矩作用下，动量矩矢量的端点将沿力矩方向运动，即在 xy 平面内向 y 方向转动过去，也就是这时转子将不是绕 y 轴转动而是绕 z 轴逆时针转动。这就是陀螺仪的进动性。

定向用的陀螺仪利用 x 轴上加平衡重 Q 的方法，使 x 转子轴不能绕水平轴 y 旋转，因而形成了两个完全自由度和一个不完全的自由度。它既能绕 x 轴高速旋转，具有定轴性，又能绕 z 轴进动，故称为钟摆式陀螺仪。

二、陀螺仪盾构姿态测量系统组成

结合陀螺仪的基本原理和特性，以日本 TOKIMEC 的 TMG-32B（陀螺仪）为例进行讲解。

TMG-32B 方向检测装置是采用了不受外界影响的陀螺仪来确定盾构的推进方向，采用倾斜传感器来感知其俯仰、旋转状态，采用角度和距离积分来确定位置。该姿态感知系统是用来检测隧道掘进机如盾构机的三个姿态角的，通过获取的盾构姿态参数指引盾构的推进方向。其中，方位角由陀螺仪获取，俯仰角和旋转角由倾斜仪获取。获取的姿态数据可以以数字形式显示，也可以通过特制的串口线传输到计算机中。

陀螺仪盾构姿态测量系统由五个结构部分组成，即：感知单元、控制单元、电源供应单元、显示单元和连接箱，如图 5-30 所示。

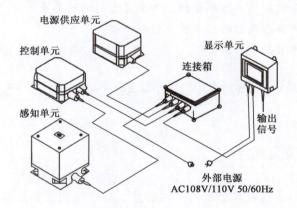

图 5-30　陀螺仪盾构姿态测量系统组成

感知单元与控制单元相连接，它包含一个陀螺仪和两个倾斜仪，分别用于感知方位角、俯仰角和旋转角。控制单元包含陀螺仪供电系统、方位角处理电路、倾斜角处理电路以及传输信号处理电路。方位角、倾斜角信号被传送到显示单元，两者间的传输遵从 RS422 或 RS232C 协议。电源供应单元负责向控制单元不间断供电（UPS），因为一旦断电，陀螺仪要花费很长的时间才能重新找准方位角。显示单元用来显示从连接箱传来的方位角、俯仰角、旋转角以及其他设定信息，所有有关陀螺仪的设定操作都通过它的触摸屏来实现。连接箱内嵌有 CPU 电路，它负责接收从控制箱传来的信号，控制显示单元的显示部分，输送输出信号给显示单元。

陀螺仪技术参数见表 5-4。

陀螺仪技术参数表　　　　　　　　　表 5-4

计测范围	方位角	360° 或 ±180°
	俯仰角/回转角	±10°
精度	方位角静定精度	±0.05°
	方位角静止点误差	±0.2°
	俯仰角/回转角精度	±0.1°
分辨率	方位角	±0.01°
	俯仰角/回转角	±0.01°
允许倾斜角	俯仰角/回转角	±30°
静定时间	方位角	电源打开 5h 后
	俯仰角/回转角	电源打开即可
外部输出信号	RS422 和 RS232C	

三 陀螺仪盾构姿态测量系统的测量过程

陀螺仪盾构姿态测量系统在隧道中的布置示意如图 5-31 所示。

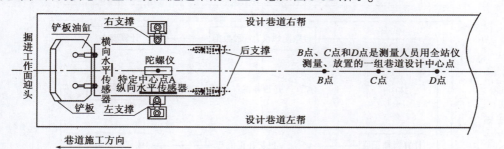

图 5-31　陀螺仪在隧道中安置示意图

首先,利用实测距离或者管片环数来计算盾构掘进距离,利用安装在盾构上的陀螺仪和两个倾斜仪直接测量出盾构的实时姿势角,包括实时方位角,俯仰角和旋转角,然后利用距离和盾构姿态角计算盾构实际坐标。

陀螺仪测站测量示意如图 5-32 所示,A_i 为测站点,θ_i 表示盾构的挖掘方向与隧道设计轴线之间的夹角,它包含了平面上的方位角和纵断面上的俯仰角。从已知点 A_1 从出发,沿 θ_1 方向掘进距离 L_1,由此算出点 A_2 的坐标。以此类推,可算出盾构中心的坐标。根据盾构中心坐标计算盾构的平面位置和纵断面位置,然后再与设计轴线相比较,得出盾构切口中心和盾尾中心的偏差。

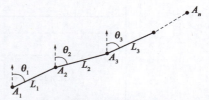

图 5-32　陀螺仪测站测量示意图

四 陀螺仪盾构姿态测量系统的优化

陀螺仪盾构姿态测量系统借助陀螺仪和倾斜仪能够自动确定盾构掘进的三个角度信息,

无须人工干预,操作简单,数据获取及时。

但是由于陀螺仪感知方位角的静定精度较低,对盾构推进只能起到有限的辅助参考作用。由于受到陀螺仪低精度和零位漂移的影响,所得出的演算值与实际的掘进行程和管片组装会有一定误差,而且随着掘进距离的增加这样的误差势必会积累起来,从而导致偏差越来越大。如果不加以控制,必然会导致隧道轴线与设计轴线的偏差过大。

为了检查这个误差,每隔一段距离,需要用全站仪测量一下盾构的位置,将全站仪和陀螺仪结合起来测量盾构姿态。在盾构进洞之前或在挖掘新的一环之前,也可以在施工的某一间歇时间内,利用程序控制全站仪去测量盾构上特征点的坐标,然后程序利用这些特征点的坐标并根据已经录入系统的线形数据和标定参数等自动计算出盾构的位置和姿态,并且把它作为盾构的真实位置和姿态,也就是说,盾构的姿态偏差以全站仪的测量值为准,用以指导盾构推进。具体测量流程如图 5-33 所示。

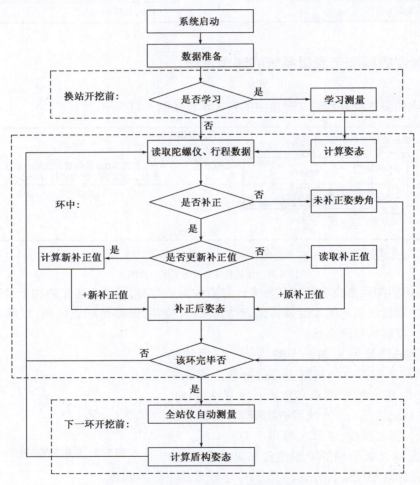

图 5-33　全站仪 + 陀螺仪测量盾构姿态流程图

 五、人工测量前后标尺法

如图 5-34 所示,施工人员首先在盾构内壁固定前标尺、后标尺以及坡度板。坡度板是用

来测量得到盾构的坡度角和滚角。全站仪测量得到前后标尺的坐标,通过计算可以得到盾构的水平方位角。前后标尺在盾构内的安装尺寸确定后,再结合盾构的三个姿态角可计算得到盾构的切口中心和盾尾中心坐标。采用前后标尺的测量方法,需要在施工间隙进行,不能够实现连续测量,且操作复杂,测量人员要兼顾控制测量和施工测量,工作量大,测量时间长,效率低。

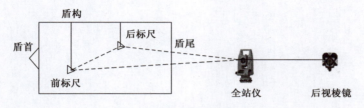

图 5-34 人工测量前后标尺法

思 考 题

1. 陀螺仪有哪些特性?
2. 简述陀螺仪盾构姿态测量系统的组成。
3. 简述陀螺仪盾构姿态测量系统的测量过程。

第六章

盾构导向系统应用及案例

盾构导向系统是安装于盾构上具有实时、自动测量盾构位置、姿态的一套自动化测量设备，为盾构操作人员控制盾构沿设计轴线精确掘进提供实时的位置姿态信息。

在盾构法隧道施工中，测量为盾构掘进施工指明了方向，而盾构导向系统则是安装于盾构上的"眼睛"，用于指导盾构操作人员控制盾构沿着设计轴线精确掘进，并不断进行纠偏调整，修建出满足规范要求线型的成型隧道。应用在国内盾构施工中的导向系统主要有两类，一类是基于激光技术原理，如德国维艾母迪公司的 VMT 系统、德国 TACS 系统、上海力信 RMS – D 系统、上海米度 MTG – T 系统等；一类是基于双棱镜 + 倾斜仪原理，如日本演算工房 ROBOTEC 系统等。本章将结合国内盾构施工中应用的几种盾构导向系统进行相关的应用及案例介绍。

第一节　德国 VMT 导向系统及案例

激光靶导向系统是集工程测量、测量机器人、激光、无线通信、光电传感器、计算机程序等多学科先进技术于一体，能实时、自动测量盾构的空间位置及显示与设计轴线的偏差的自动化测量系统；在盾构的掘进过程中，该系统软件通过图标、数字、文字相结合的方式，为盾构操作手提供实时的盾构位置姿态信息，使得盾构操作手能控制盾构沿着设计轴线进行精确的掘进施工。下面先给大家介绍一下激光靶导向系统的硬件构成，如图 6-1 所示，让大家对激光靶导向系统建立一个初步的认识。

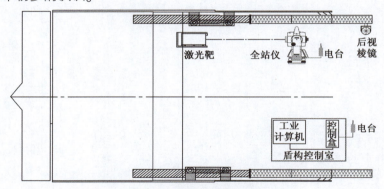

图 6-1　激光靶导向系统示意图

激光靶导向系统大致可分为四部件组成，其一是控制室部分，有工业计算机及软件、控制盒和电台；其二是激光靶部分，有激光靶及反射棱镜；其三是全站仪部分，有自动测量型全站仪和电台；其四是后视棱镜及通信线缆。各部分的主要功能作用见表 6-1。

激光靶导向系统硬件功能表　　　　表 6-1

序号	硬件名称	主要功能
1	激光靶	获取激光入射角和自身的坡度角及滚动角进而推算出盾构的方位角、坡度角和滚角
2	工业计算机	导向系统软件运行平台
3	导向软件	控制系统自动测量，对数据汇总管理及计算等
4	全站仪	实时测量激光靶的角度、距离发射激光源
5	控制盒	数据采集、传输
6	电台	无线通信
7	棱镜	提供盾构掘进的基准方位
8	通信线缆	数据传输

通过以上对激光靶导向系统硬件构成的了解,下面结合几种在国内盾构施工中应用的激光靶导向系统进行常规应用和案例的介绍,让大家掌握其日常使用的要领。

一、德国 VMT 导向系统介绍

德国 VMT 导向系统引进中国盾构施工已有近二十年,在国内盾构施工中有着广泛的应用,维艾母迪公司对导向软件已经数次升级,在此以 TUnIS 版本的应用及案例介绍。

一套完整的 VMT 导向系统由激光靶、工业计算机、导向软件、中央控制箱、徕卡全站仪、本地电台、远程电台、后视棱镜及通信线缆组成,如图 6-2 所示。

a) 激光靶　　　　　　　　　　　b) 工业计算机

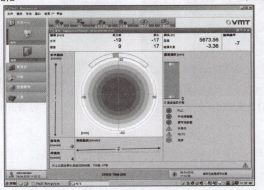

c) 导向软件

d) 中央控制箱　　　　　　　　　　e) 徕卡全站仪

图 6-2

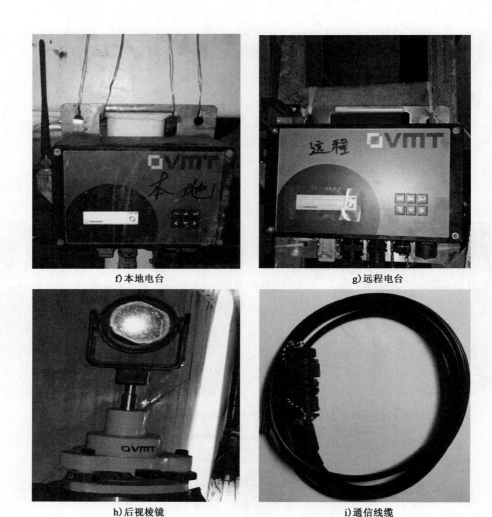

图 6-2 VMT 导向系统组成图

上文中对 VMT 激光靶导向系统的硬件和软件进行了介绍，下面对 VMT 导向系统的使用操作环节进行应用讲解。在盾构始发前，需要完成以下准备工作：采用联系测量成果将三维坐标引测到吊篮上，人工测量当前盾构的位置姿态。将导向系统的所有硬件设备安装到盾构对应的位置，并确认连接正常，再接通电源。将设计线路参数输入导向软件中，并进行复核，确保输入导向软件中的设计线路数据准确，其结果与人工计算的逐桩坐标成果一致。将始发吊篮基准点三维坐标输入导向软件中，进行设站定向，启动导向软件测量盾构姿态与人工测量姿态一致，盾构就能向前开始掘进。在盾构掘进过程中，日常做的工作有换站测量和吊篮复测工作。

1. 换站测量

在盾构不断地向前掘进过程中，结合掘进长度或盾构转弯，需要向前移动测站全站仪吊篮和后视棱镜吊篮，以保持全站仪能实时测量激光靶上安装的反射棱镜及激光靶能接收到全站仪发射的激光束；因此，我们将向前移动全站仪吊篮和后视吊篮的作业统称为换站测量或移站测量。

2. 吊篮复测

在盾构掘进过程中,要及时根据掘进情况,使用洞内控制导线点对导向系统的吊篮三维坐标按导线观测的方式进行复核,确保用于指导盾构掘进的基准数据准确,在此将该过程统称为吊篮复测,该工作随隧道的掘进间隔进行。

二 德国 VMT 导向系统案例

本节案例以某城市地铁 VMT 导向系统的使用做案例介绍,先将设计图样上标注的线路参数汇总,编制平曲线要素表 6-2,竖曲线要数表 6-3。

平曲线要素表　　　　表 6-2

序号	线元类型	起点里程	长度(m)	曲线半径(m)	曲线转向	水平偏移量(mm)	方位角	线路坐标 N(m)	线路坐标 E(m)
1	起点	36276.073					20°07′11.17″	217151.1778	225162.2356
2	直线	36276.073	55.063				20°07′11.17″	217151.1778	225162.2356
3	缓和曲线	36331.136	70	450	右转	148	20°07′11.17″	217202.8806	225181.1764
4	圆曲线	36401.136	427.86	450	右转	148	24°34′34.03″	217267.9452	225206.9440
5	缓和曲线	36828.996	70	450	右转	148	79°03′10.58″	217522.6009	225530.7223
6	直线	36898.996	89.088				83°30′33.4″	217532.3115	225600.0265
7	缓和曲线	36988.084	55	800	左转	99	83°30′33.5″	217542.3823	225688.5434
8	圆曲线	37043.084	107.794	800	左转	99	81°21′23.03″	217549.2250	225743.1132
9	缓和曲线	37150.878	55	800	左转	99	73°49′10.3″	217872.2085	225848.3450
10	直线	37205.878	413.572				71°50′59.89″	217588.7405	225900.7986
11	终点	37619.45						217717.5706	226293.7930

竖曲线要素表　　　　表 6-3

序号	线元类型	里程	长度(m)	半径(m)	凹凸方向	坡度(‰)	高程(m)
1	起点	36276.079				4.0078	474.9953
2	直线	36276.073	123.927			4.0078	474.9953
3	直线	36400	1044.855			5.430	475.4920
4	圆直线	37444.855	10.290	3000	凸	5.430	481.1655
5	直线	37455.145	164.305			2.000	481.2037
6	终点	37619.450					481.5323

将设计线路参数分别输入导向软件中,其输入完成效果的平曲线如图 6-3 所示,竖曲线如图 6-4 所示,水平偏差如图 6-5 所示。

在导向软件中输入设计线路参数后,应将软件计算的逐桩坐标导出,与人工计算成果对比,确保输入导向系统中的设计线路数据准确。复核时可采用专业的隧道中线计算软件或者 EXCEL 表格编辑公式进行计算;使用 STO 软件将平曲线、竖曲线、平面偏移参数输入软件中,计算逐桩坐标与导向系统计算的坐标表进行对比,其较差应尽量小,STO 软件复核结果如图 6-6~图 6-9 所示。

图 6-3 平曲线参数界面

水平 | 直线

编号	类型	长度[m]	起始半径[m]	最终半径[m]	东坐标[m]	北坐标[m]	起始角度[gon]	里程[m]
0	起始点				25162.2356	217151.1778		36276.073
1	直线	55.063	0.000	0.000	25162.2356	217151.1778	22.3553	36276.073
2	缓和曲线	70.000	0.000	450.000	25181.1764	217202.8806	22.3553	36331.136
3	圆曲线	427.860	450.000	450.000	25206.9440	217267.9452	27.3068	36401.136
4	缓和曲线	70.000	450.000	0.000	25530.7224	217522.6008	87.8366	36828.996
5	直线	89.088	0.000	0.000	25600.0266	217532.3114	92.7881	36898.996
6	缓和曲线	55.000	0.000	-800.000	25688.5436	217542.3821	92.7881	36988.084
7	圆曲线	107.794	-800.000	-800.000	25743.1133	217549.2248	90.5997	37043.084
8	缓和曲线	55.000	-800.000	0.000	25848.3452	217572.2083	82.0217	37150.878
9	直线	413.572	0.000	0.000	25900.7987	217588.7402	79.8333	37205.878
10	终点				26293.7932	217717.5702		37619.450

图 6-3 平曲线参数界面

垂直 | 直线

编号	类型	长度[m]	起始半径[m]	最终半径[m]	角偏差[mm/m]	高程[m]	起始角度[gon]	里程[m]
0	起始点					474.9953		36276.073
1	直线	123.927	0.000	0.000	0.0000	474.9953	99.7449	36276.073
2	直线	1044.855	0.000	0.000	1.4222	475.4920	99.6543	36400.000
3	圆曲线	10.290	-3000.000	-3000.000	0.0000	481.1655	99.6543	37444.855
4	直线	164.305	0.000	0.000	0.0000	481.2037	99.8727	37455.145
5	终点					481.5323		37619.450

图 6-4 竖曲线参数界面

水平偏差

编号	里程[m]	偏差[m]
1	36331.136	0.000
2	36401.136	0.148
3	36828.996	0.148
4	36898.996	0.000
5	36988.084	0.000
6	37043.084	-0.099
7	37150.878	-0.099
8	37205.878	0.000

图 6-5 水平偏差参数界面

☑平曲线 ☐竖曲线 ☐平面偏移量 ☐垂直偏移量 ☐断链   网图

起始点 / 直线 / 缓和曲线 / 圆曲线 ⊙ 完整曲线 ↑ 上移 ↓ 下移 ✕ 删除

	类型	实际里程[m]	设计里程[m]	起始方位角[度.分秒]	长度[m]	起始半径[m]	最终半径[m]	北坐标[m]	东坐标[m]	曲线方向
▶1	起点	36276.0730	36276.0730	20.071110	0.0000			217151.1778	225162.2356	
2	直线	36276.0730	36276.0730	20.071110	55.0630			217151.1778	225162.2356	
3	缓和曲线	36331.1360	36331.1360	20.071110	70.0000	0	450	217202.8806	225181.1764	右
4	圆曲线	36401.1360	36401.1360	24.343592	427.8600	450		217267.9452	225206.9440	右
5	缓和曲线	36828.9960	36828.9960	79.031050	70.0000	450	0	217522.6009	225530.7223	右
6	直线	36898.9960	36898.9960	83.303332	89.0880			217532.3115	225600.0265	
7	缓和曲线	36988.0840	36988.0840	83.303332	55.0000	0	800	217542.3823	225688.5434	左
8	圆曲线	37043.0840	37043.0840	81.322597	107.7940	800		217549.2250	225743.1132	左
9	缓和曲线	37150.8780	37150.8780	73.491033	55.0000	800	0	217572.2085	225848.3450	左
10	直线	37205.8780	37205.8780	71.505998	413.5720			217588.7405	225900.7986	
11	直线	37619.4500	37619.4500	71.505998	100.0000			217717.5706	226293.7930	

图 6-6 STO 平曲线复核界面

	类型	实际里程[m]	设计里程[m]	长度[m]	半径[m]	凹凸方向	坡度[‰]	高程[m]
1	起点	36276.0730	36276.0730				4.0078	474.9953
▶2	直线	36276.0730	36276.0730	123.9270			4.0078	474.9953
3	直线	36400.0000	36400.0000	1044.8550			5.4300	475.4920
4	圆曲线	37444.8550	37444.8550	10.2900	3000	凸	5.4300	481.1655
5	直线	37455.1450	37455.1450	164.3050			2.0000	481.2037
6	直线	37619.4500	37619.4500	100.0000			2.0000	481.5323

图 6-7 STO 竖曲线复核界面

	实际里程[m]	设计里程[m]	偏差量[m]	备注
▶1	36331.136	36331.136	0	
2	36401.136	36401.136	0.148	
3	36828.996	36828.996	0.148	
4	36898.996	36898.996	0	
5	36988.084	36988.084	0	
6	37043.084	37043.084	-0.099	
7	37150.878	37150.878	-0.099	
8	37205.878	37205.878	0	

图 6-8 STO 平面偏移复核界面

序号	里程[m]	复核坐标[m]			里程[m]	设计坐标[m]			坐标较差[mm]			水平偏差[mm]	垂直偏差[mm]
		北坐标N	东坐标E	圆心高程H		北坐标N	东坐标E	圆心高程H	ΔX	ΔY	Δh		
1	36300	217173.6449	225170.4665	475.0912	36300.0004	217173.6450	225170.4662	475.0912	0.1	-0.3	0.0	0.3	0.0
2	36331.136	217202.8808	225181.1768	475.2159	36331.1365	217202.8811	225181.1765	475.2160	0.3	-0.3	0.1	0.4	0.1
3	36332.8191	217203.8191	225181.5227	475.22	36332.1363	217203.8192	225181.5225	475.2200	0.1	-0.2	0.0	0.2	0.0
4	36333.136	217204.7573	225181.8688	475.224	36333.1364	217204.7574	225181.8685	475.2240	0.1	-0.3	0.0	0.3	0.0
5	36334.136	217205.6955	225182.2148	475.228	36334.1363	217205.6956	225182.2145	475.2280	0.1	-0.3	0.0	0.3	0.0
6	36335.136	217206.6337	225182.561	475.232	36335.1364	217206.6338	225182.5607	475.2320	0.1	-0.3	0.0	0.3	0.0
7	36336.136	217207.5718	225182.9072	475.236	36336.1363	217207.5719	225182.9069	475.2360	0.1	-0.3	0.0	0.3	0.0
8	36337.136	217208.5099	225183.2537	475.24	36337.1363	217208.5100	225183.2534	475.2400	0.1	-0.3	0.0	0.3	0.0
9	36338.136	217209.4479	225183.6003	475.244	36338.1363	217209.4480	225183.6000	475.2440	0.1	-0.3	0.0	0.3	0.0
▶10	36339.136	217210.3859	225183.9471	475.248	36339.1364	217210.3860	225183.9468	475.2481	0.1	-0.3	0.1	0.3	0.1
11	36340.136	217211.3237	225184.2941	475.252	36340.1363	217211.3238	225184.2938	475.2521	0.1	-0.3	0.1	0.3	0.1
12	36341.136	217212.2614	225184.6414	475.256	36341.1363	217212.2615	225184.6411	475.2561	0.1	-0.3	0.1	0.3	0.1
13	36342.136	217213.1991	225184.989	475.26	36342.1363	217213.1992	225184.9887	475.2601	0.1	-0.3	0.1	0.3	0.1
14	36343.136	217214.1366	225185.337	475.264	36343.1363	217214.1367	225185.3367	475.2641	0.1	-0.3	0.1	0.3	0.1
15	36344.136	217215.074	225185.6853	475.268	36344.1364	217215.0741	225185.6850	475.2681	0.1	-0.3	0.1	0.3	0.1
16	36345.136	217216.0112	225186.0339	475.272	36345.1363	217216.0113	225186.0336	475.2721	0.1	-0.3	0.1	0.3	0.1
17	36346.136	217216.9483	225186.383	475.2761	36346.1363	217216.9484	225186.3827	475.2761	0.1	-0.3	0.0	0.3	0.0
18	36347.136	217217.8852	225186.7326	475.2801	36347.1363	217217.8853	225186.7323	475.2801	0.1	-0.3	0.0	0.3	0.0
19	36348.136	217218.8219	225187.0826	475.2841	36348.1363	217218.8220	225187.0823	475.2841	0.1	-0.3	0.0	0.3	0.0
20	36349.136	217219.7584	225187.4331	475.2881	36349.1362	217219.7584	225187.4328	475.2881	0.0	-0.3	0.0	0.3	0.0
21	36350.136	217220.6948	225187.7842	475.2921	36350.1363	217220.6949	225187.7838	475.2921	0.1	-0.4	0.0	0.4	0.0
22	36351.136	217221.6309	225188.1358	475.2961	36351.1362	217221.6309	225188.1354	475.2962	0.0	-0.4	0.1	0.4	0.1
23	36352.136	217222.5668	225188.488	475.3001	36352.1362	217222.5668	225188.4876	475.3002	0.0	-0.4	0.1	0.4	0.1
24	36353.136	217223.5024	225188.8408	475.3041	36353.1361	217223.5023	225188.8404	475.3042	-0.1	-0.4	0.1	0.4	0.1

图 6-9 STO 逐桩坐标复核界面

完成设计中线录入及复核后,在导向软件中分别输入测站、后视棱镜两个吊篮的三维坐标并进行数据核对,如图 6-10 所示;同时将全站仪照准后视棱镜,在导向主界面中打开"定位"功能,如图 6-11 所示,等待软件和仪器建立通信连接完成,按提示信息按键完成定向测量,如图 6-12 所示,测量的盾构姿态如图 6-13 所示。

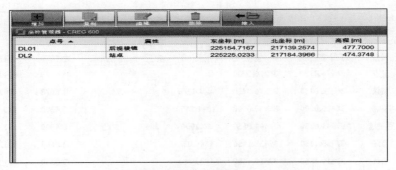

图 6-10 坐标管理器界面

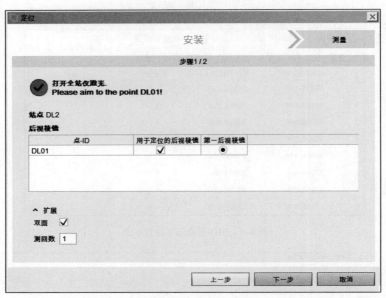

图 6-11 定位界面

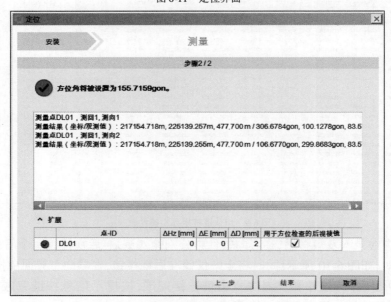

图 6-12 定位完成界面

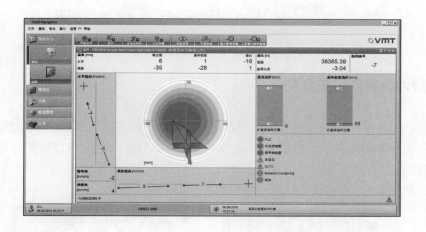

图 6-13 盾构姿态界面

随着盾构向前掘进,全站仪和后视棱镜需向前移动,如出现全站仪激光被遮挡无法跟踪标靶的情况,以保持全站仪与激光靶之间的通视和正常的信号通信。在导向软件界面打开"全站仪移站"功能,按操作提示进行移站操作完成新吊篮点三维坐标的测量;或通过导线观测方式测量新吊篮的三维坐标,在"坐标管理器"中手动增加吊篮三维坐标数据,重新定位即可完成所有的移站测量工作。依此循环,过程中更新检查吊篮三维坐标,完成隧道的导向测量工作,贯通场景如图 6-14 所示。

图 6-14 盾构贯通

第二节 上海力信导向系统及案例

一、上海力信导向系统介绍

上海力信从 2006 年开始做盾构导向产品,经过十几年的发展,在国内盾构设备上有很广泛的应用,公司对导向软件已经数次升级,在此以 RMSD7.0 版本做应用及案例介绍。

一套完整的上海力信导向系统由激光靶、工业计算机、导向软件、中央控制箱、徕卡全站仪、一对无线通信电台、后视棱镜及通信线缆组成,如图 6-15 所示。

a) 抗震激光靶

b) 工业计算机

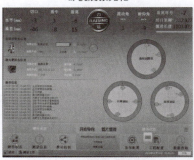

c) 导向软件

d) 中央控制箱

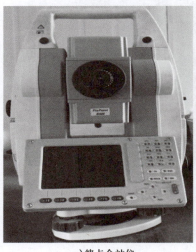

e) 徕卡全站仪

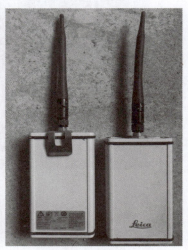

f) 无线通信电台

图 6-15

g) 后视棱镜

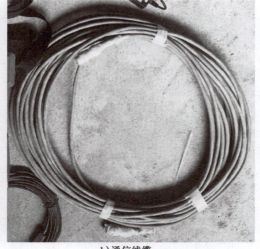
h) 通信线缆

图 6-15　VMT 导向系统组成

上文中对力信激光靶导向系统的硬件和软件进行了介绍,力信导向系统在始发前的准备工作同前文中 VMT 导向系统的内容。

在盾构掘进过程中,日常做的换站测量和吊篮复测同前文中 VMT 导向系统的内容。

二　上海力信导向系统案例

本节案例以某城市地铁做实例介绍。先将设计图样上标注的线路参数汇总,编制平曲线要素见表 6-4,竖曲线要素见表 6-5。

平 曲 线 要 素 表　　　　表 6-4

序号	线元类型	起点里程	长度(m)	曲线半径(m)	曲线转向	水平偏移量(mm)	方 位 角	线路坐标 N(m)	线路坐标 E(m)
1	起点	52.934					241°14′25.6″	17320.0880	12982.7869
2	缓和曲线	52.934	70	450	左转	136	241°14′25.6″	17320.0880	12982.7869
3	圆曲线	122.934	117.452	450	左转	136	236°47′02.8″	17284.8387	12922.3315
4	隧道起点	230					223°09′07.4″	17146.3421	12783.7884
5	缓和曲线	240.386	70	450	左转	136	221°49′46.8	17208.4763	12833.5303
6	直线	310.386	240.320				217°22′24.0″	17153.9823	12789.6242
7	缓和曲线	550.706	55	800	右转	93	217°22′24.0″	16963.0006	12643.7485
8	圆曲线	605.706	57.337	800	右转	93	219°20′34.3″	16919.6800	12609.8663
9	缓和曲线	663.043	55	800	右转	93	223°26′57.6″	16876.6775	12571.9597
10	直线	718.043	313.183				225°25′07.9″	16837.6277	12533.2325
11	缓和曲线	1031.226	70	450	右转	149	225°25′07.9″	16617.7988	12310.1656
12	隧道起点	1065					226°27′22.6″	16594.2381	12285.9676
13	圆曲线	1101.226	52.946	450	右转	149	229°52′30.8″	16569.9862	12259.0645
14	终点	1101.226						16569.9862	12259.0645

竖曲线要素表　　　　　　　　　表6-5

序号	线元类型	里程	长度(m)	半径(m)	凹凸方向	坡度(‰)	高程(m)
1	起点	52.934				-17.000	1035.2661
2	直线	52.934	265.066			-17.000	1035.2661
3	隧道起点	230				-17.000	1032.2564
4	圆曲线	318	44	2000	凹	5.000	1030.7606
5	直线	362	119			5.000	1030.4967
6	圆曲线	481	18	2000	凹	5.000	1031.0917
7	直线	499	151.7362			14.000	1031.2627
8	圆曲线	650.7362	18.5276	2000	凸	14.000	1033.3868
9	直线	669.2638	306.4724			4.740	1033.5604
10	圆曲线	975.7362	58.5276	2000	凹	4.740	1035.0130
11	直线	1034.2638	200			34.000	1036.1466
12	隧道终点	1065				34.000	1037.1310
13	终点	1134.2638					1039.5446

将计算的逐桩坐标表,按导向系统软件的文件格式(按里程、X坐标、Y坐标、Z高程保存为 *.CSV 格式)导入软件中,如图 6-16 所示。

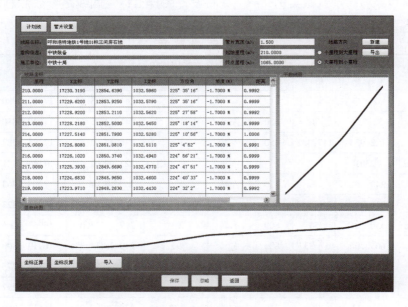

图 6-16　中线录入界面

完成设计中线录入并与人工计算成果对比复核后,在导向软件中分别输入测站、后视棱镜两个吊篮的三维坐标并进行数据核对;同时将全站仪照准后视棱镜,在导向主界面中打开"定向测量"功能,如图 6-17 所示;等待软件和仪器建立通信连接完成,按提示信息按键完成定向测量,如图 6-18 所示;然后输入激光靶的安装位置尺寸参数,如图 6-19 所示;启动导向测量的盾构姿态如图 6-20 所示。

随着盾构向前掘进,按操作提示完成隧道的导向测量工作。

图 6-17 定向测量界面

图 6-18 定向测量完成界面

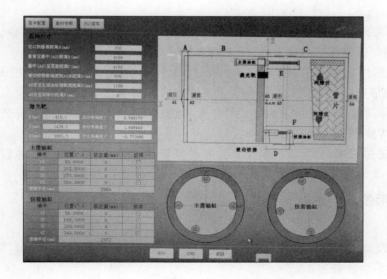

图 6-19 零位数据界面

图 6-20 力信盾构姿态界面

第三节 上海米度导向系统及案例

一、上海米度导向系统介绍

上海米度从 2010 年开始做盾构导向产品,经过几年的发展,在国内盾构设备上有一定的应用,公司对导向软件已经数次升级,在此以 V4.0 版本做应用及案例介绍。

一套完整的上海米度导向系统由激光靶、工业计算机、导向软件、中央控制箱、徕卡全站仪、一对无线通信电台、供电电池、后视棱镜及通信线缆组成,如图 6-21 所示。

上文中对米度激光靶导向系统的硬件和软件进行了介绍,米度导向系统在始发前的准备工作同前文中 VMT 导向系统的内容。

在盾构掘进过程中,日常做的换站测量和吊篮复测同前文中 VMT 导向系统的内容。

二、上海米度导向系统案例

本节案例以某城市地铁做实例介绍。先将设计图样上标注的线路参数汇总,编制平曲线要素表 6-6、竖曲线要素表 6-7。

将设计线路参数分别输入导向软件中,其输入完成的效果平曲线如图 6-22、竖曲线如图 6-23、水平偏差如图 6-24 所示。

a) 激光靶

b) 工业计算机

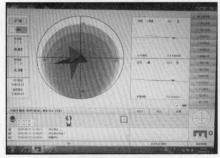
c) 导向软件

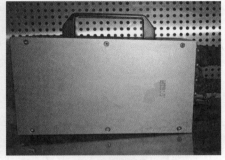
d) 中央控制箱

e) 无线通信电台

f) 徕卡全站仪

g) 供电电池

h) 后视棱镜

图 6-21

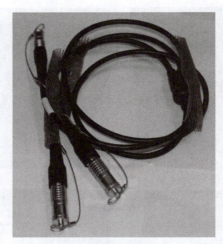

i) 通信线缆

图 6-21 米度导向系统组成

平曲线要素表　　　　　　　　　　　　　　表 6-6

序号	类型	起点里程	线元长度（m）	起点坐标 X(m)	起点坐标 Y(m)	起始半径（m）	终点半径（m）	方 位 角	曲线转向
1	起点	19600.000		2717435.2420	470029.9612			51°01′40.09″	
2	直线	19600.000	195.608	2717435.240	470029.9612			51°01′40.09″	
3	缓和曲线	19795.608	55.000	2717558.2677	470182.0374	0.000	8000.000	51°01′40.09″	右
4	圆曲线	19850.608	156.522	2717592.3654	470225.1886	800.00	800.000	52°59′51.3″	右
5	缓和曲线	20007.130	55.000	2717673.7788	470358.5788	800.000	0.000	64°12′27.5″	右
6	直线	20062.130	135.233	2717696.5677	470408.6323			66°10′37.9″	
7	缓和曲线	20197.363	65.000	2717751.1896	470532.3433	0.000	700.000	66°10′37.9″	左
8	圆曲线	20262.363	348.650	271778.3582	470591.3861	700.000	700.000	63°31′01.3″	左
9	缓和曲线	20611.013	65.00	2718003.6054	470852.7829	7000.000	0.000	34°58′46.7″	左
10	直线	20676.013	100.000	2718057.9860	470888.3770			32°19′10.1″	
11	终点	20776.013		2718142.4940	470941.8409			32°19′10.1″	

竖曲线要素表　　　　　　　　　　　　　　表 6-7

序 号	类型	起点里程	起点高程 H(m)	起点坡度（‰）	长度（m）	曲线半径（m）	曲线方向
1	起点	19600.000	-11.9560	2.00			
2	直线	19600.000	-11.9560	2.00	80.000		
3	圆直线	19680.000	-11.7960	2.000	120.000	500	下凹
4	直线	19800.000	-10.1157	26.000	402.740		

续上表

序 号	类 型	起点里程	起点高程 H(m)	起点坡度 (‰)	长度 (m)	曲线半径 (m)	曲线方向
5	圆曲线	20202.740	0.3555	26.000	114.520	5000	上凸
6	直线	20317.260	2.0208	3.096	426.989		
7	直线	20744.246	3.3428	2.000	100.000		
8	终点	20844.249	3.5428	2.000			

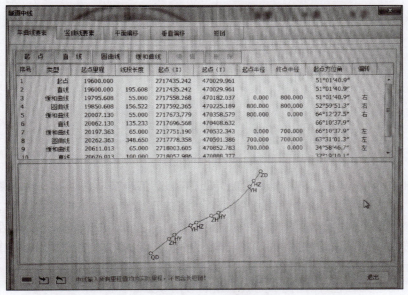

图 6-22 平曲线界面

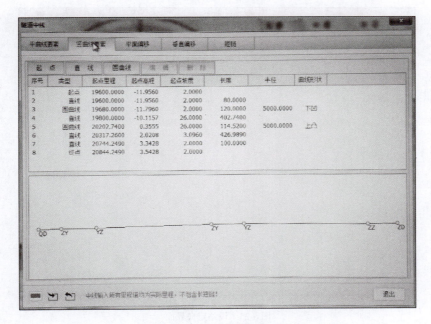

图 6-23 竖曲线界面

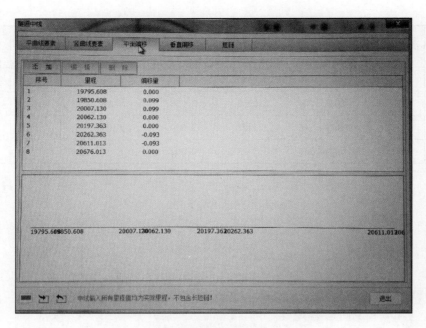

图 6-24　平面偏移界面

完成设计中线录入并与人工计算成果(参见第七章第一节中线复核计算内容)对比复核后,在导向软件中分别输入测站、后视棱镜两个吊篮的三维坐标并进行数据核对,同时将全站仪照准后视棱镜,在导向主界面中打开"设站定向"功能,如图 6-25 所示,等待软件和仪器建立通信连接完成,按提示信息按键完成定向测量;再输入测量的盾构零位数据,如图 6-26 所示;启动导向开始测量的盾构姿态如图 6-27 所示。

随着盾构向前掘进,按操作提示完成隧道的导向测量工作。

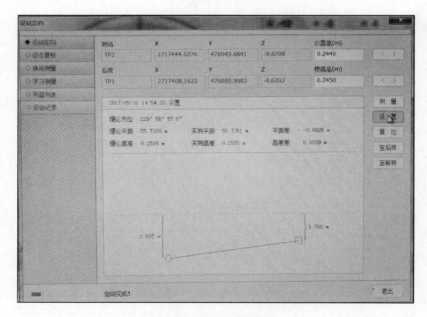

图 6-25　设站定向界面

图 6-26 零位数据界面

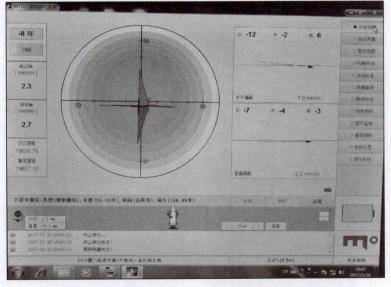

图 6-27 米度导向盾构姿态界面

第四节 TACS 导向系统及案例

 一、TACS 导向系统介绍

TACS 在国内盾构设备上有部分应用,在此以 V2.64 版本做应用及案例介绍。

一套完整的 TACS 导向系统由激光靶、工业计算机、导向软件、中央控制箱、徕卡全站仪、通信电台、后视棱镜及通信线缆组成,如图 6-28 所示。

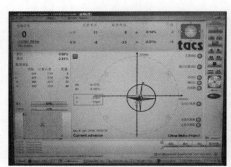
a) 导向软件

b) 工业计算机

c) 激光靶

d) 中央控制箱

e) 徕卡全站仪

f) 无线通信电台

g) 后视棱镜

h) 通信线缆

图 6-28　TACS 导向系统组成图

上文中对 TACS 激光靶导向系统的硬件和软件进行了介绍,TACS 导向系统在始发前的准备工作同前文中 VMT 导向系统的内容。

在盾构掘进过程中,日常做的换站测量和吊篮复测同前文中 VMT 导向系统的内容。

二 TACS 导向系统案例

本节案例以某城市地铁做实例介绍。先将设计图样上标注的线路参数汇总,编制平曲线要素表 6-8,竖曲线要素表 6-9。

平 曲 线 要 素 表　　　　　　表 6-8

序号	线元类型	起点里程	长度(m)	曲线半径(m)	曲线转向	水平偏移量(mm)	方 位 角	线路坐标 N(m)	线路坐标 E(m)
1	起点	9450.000					177°24′07.9″	91565.7731	17186.4923
2	直线	9450.000	62.061				177°24′07.9″	91565.7731	17186.4923
3	缓和曲线	9512.061	30	1500	左转	30	177°24′07.9″	91503.7759	17189.3052
4	圆曲线	9542.061	25.349	1500	左转	30	176°49′45.3″	91473.8115	17190.7648
5	缓和曲线	9567.410	30	1500	左转	30	175°51′39.5″	91448.5144	17192.3807
6	直线	9597.410	187.305				175°17′16.9″	91418.6078	17194.7454
7	缓和直线	9784.715	45	1000	右转	78	175°17′16.9″	91231.9359	17210.1319
8	圆曲线	9829.715	37.215	1000	右转	78	176°34′37.8″	91187.0626	17213.4920
9	缓和曲线	9866.930	45	1000	右转	78	178°42′34.0″	91149.8812	17215.0222
10	直线	9911.930	125.962				179°59′55.0″	91104.8835	17215.3607
11	缓和曲线	10037.892	40	1200	左转	56	179°59′55.0″	90978.9215	17215.3638
12	圆曲线	10077.892	33.856	1200	左转	56	179°02′37.0″	90938.9226	17215.5870
13	缓和曲线	1011.748	40	1200	左转	56	177°25′37.8″	90905.0838	17216.6295
14	直线	10151.748	350				176°28′20.1″	90865.1470	17218.8689
15	终点	10501.748						90515.8102	17240.4052

竖 曲 线 要 素 表　　　　　　表 6-9

序号	线元类型	里程	长度(m)	半径(m)	凹凸方向	坡度(‰)	高程(m)
1	起点	9450				0	18.350
2	直线	9450	36			0	18.350
3	圆曲线	9486	78	3000	凸	0	18.350
4	直线	9564	118.929			-26	17.3361
5	圆曲线	9682.929	148.143	5000	凸	-26	14.245

续上表

序 号	线元类型	里 程	长度(m)	半径(m)	凹凸方向	坡度(‰)	高程(m)
6	直线	9831.072	105			3.629	12.589
7	圆曲线	9936.072	111.857	5000	凹	3.629	12.970
8	直线	10047.929	361.075			26	14.627
9	终点	10409.004					24.0118

TACS 导向系统的中线编辑需联系 TACS 厂家技术服务人员,将设计图样传至厂家帮助编辑设计线路参数,再将该文件拷贝至导向软件目录下,按此方式完成设计线路数据的录入工作。

完成设计中线录入并与人工计算成果(参见第七章第一节中线复核计算内容)对比复核后,在导向软件中分别输入测站、后视棱镜两个吊篮的三维坐标并进行数据核对,同时将全站仪照准后视棱镜,在导向主界面中打开"定向"功能,按提示信息按键完成定向测量,测量的盾构姿态如图 6-29 所示。

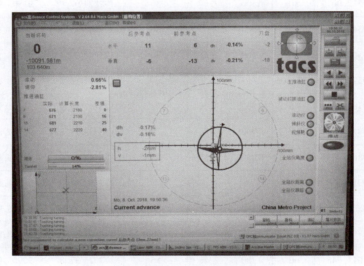

图 6-29 TACS 盾构姿态界面

随着盾构向前掘进,按操作提示完成隧道的导向测量工作。

第五节 日本演算工房导向系统及案例

棱镜导向系统一般采用双棱镜+倾斜仪的测量模式,通过控制自动型全站仪实时测量两个棱镜的位置坐标,同时获取倾斜仪的角度,再进行盾构姿态解算而获得当前的盾构空间位置姿态信息。下面先了解棱镜导向系统的硬件构成,如图 6-30 所示。

棱镜导向系统大致可分为四部件组成,其一是控制室部分,有工业计算机及软件、控制盒和电台;其二是前视靶部分,为两个开关棱镜及倾斜仪,其三是全站仪部分,有自动测量型全站仪和电台;其四是后视棱镜及通信线缆;各部分的主要功能作用见表 6-10。

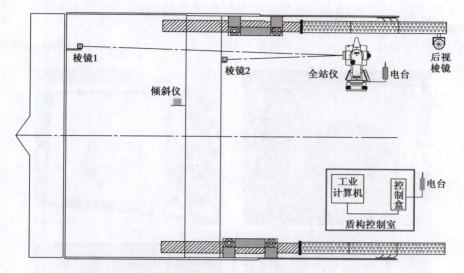

图 6-30 棱镜导向系统示意图

激光靶导向系统硬件功能表   表 6-10

序 号	硬 件 名 称	主 要 功 能
1	工业计算机	导向系统软件运行平台
2	导向软件	控制系统自动测量,对数据汇总管理及计算等
3	前视棱镜	获取盾构方位角
4	倾斜仪	获取盾构的姿态角
5	全站仪	实时测量激光靶的角度、距离
6	控制盒	数据采集、传输
7	电台	无线通信
8	棱镜	提供盾构掘进的基准方位
9	通信线缆	数据传输

通过以上对棱镜导向系统硬件构成的了解,下面结合在国内盾构施工中应用的棱镜导向系统进行常规应用和案例的介绍,让大家掌握其日常使用的要领。

一 日本演算工房导向系统及案例

1. 日本演算工房导向系统介绍

日本演算工房是较早进入中国市场的导向系统之一,经过十几年的发展,在国内盾构设备上有着很广泛的应用,其公司对导向软件已经数次升级,在此以 V4.0 版本做应用及案例介绍。

一套完整的日本演算工房导向系统由前视棱镜靶、倾斜仪、前视棱镜盒、工业计算机、导向软件、中央控制箱、徕卡全站仪、一对通信电台、后视棱镜及通信线缆组成,如图 6-31 所示。

上文中对演算工房导向系统的硬件和软件进行了介绍,演算工房导向系统在始发前的准备工作同前文中 VMT 导向系统的内容。

在盾构掘进过程中,日常做的换站测量和吊篮复测同前文中 VMT 导向系统的内容。

a) 前视棱镜靶

b) 倾斜仪

c) 前视棱镜盒

d) 工业计算机

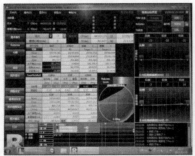
e) 导向软件

f) 中央控制箱

g) 徕卡全站仪

h) 无线通信电台

图 6-31

i) 后视棱镜　　　　　　　　　j) 通信线缆

图 6-31　演算工房导向系统组成

2. 注意事项

演算工房系统安装有三个开关棱镜，其中一个为必测棱镜，另两个棱镜在软件中设置选测某一个，另一个为备用棱镜；当被遮挡时，系统自动更换测量备用棱镜，以便能顺利测量出当前的盾构姿态。

二、日本演算工房导向系统案例

本节案例以某城市地铁做实例介绍，先将设计图样上标注的线路参数汇总，编制平曲线要素见表 6-11，竖曲线要素见表 6-12。

平 曲 线 要 素 表　　　　　　　　　表 6-11

序号	线元类型	起点里程	长度(m)	曲线半径(m)	曲线转向	水平偏移量(mm)	方 位 角	线路坐标 N(m)	线路坐标 E(m)
1	起点	44540.729					60°24′44″	19880.0736	25300.2781
2	直线	44540.729	135.146				60°24′44″	19880.0736	25300.2781
3	隧道起点	44629.729					60°24′44″	19924.0179	25377.6725
4	缓和曲线	44675.875	55	800	左转	99	60°24′44″	19946.8028	25417.8011
5	圆曲线	44730.875	67.641	800	左转	99	58°26′33.6″	19974.5042	25465.3123
6	缓和曲线	44798.516	55	800	左转	99	53°35′53.7″	20012.2972	25521.3861
7	直线	44853.516	61.749				51°37′43.3″	20045.9407	25564.8924
8	缓和曲线	44915.265	55	800	右转	99	51°37′43.3″	20084.2717	25613.3039
9	圆曲线	44970.265	67.641	800	右转	99	53°35′53.7″	20117.9151	25656.8102
10	缓和曲线	45037.906	55	800	右转	99	58°26′33.6″	20155.7082	25712.8839
11	直线	45092.906	185.897				60°24′44″	20183.4096	25760.3952
12	缓和曲线	45278.803	70	450	左转	130	60°24′44″	20275.1947	25922.0512
13	圆曲线	45348.803	96.671	450	左转	130	55°57′21.1″	20311.3170	25981.9908

续上表

序号	线元类型	起点里程	长度(m)	曲线半径(m)	曲线转向	水平偏移量(mm)	方位角	线路坐标 N(m)	线路坐标 E(m)
14	缓和曲线	45445.474	70	450	左转	130	43°38′50.4″	20373.5920	26055.6875
15	隧道终点	45493.841					39°36′59.8″	20409.9590	26087.5578
16	终点	45515.474					39°11′27.6″	20426.6659	26101.3003

竖曲线要素表 表6-12

序号	线元类型	里程	长度(m)	半径(m)	凹凸方向	坡度(‰)	高程(m)
1	起点	44540.729				-2	487.5255
2	直线	44540.729	91.96			-2	487.5255
3	隧道起点	44629.729					487.3475
4	圆曲线	44632.689	74.622	3000	凸	-2	487.3416
5	直线	44707.311	361.626			-26.874	486.2644
6	圆曲线	45068.937	269.37	5000	凹	-26.874	476.5474
7	直线	45338.307	67.815			27	476.5645
8	圆曲线	45406.122	75	3000	凸	27	478.3948
9	直线	45481.122	100				479.4817
10	隧道终点	45493.840				2	479.5071
11	终点	45581.122					479.6817

将计算的逐桩坐标表,按导向系统软件的文件格式(按点号、里程、X坐标、Y坐标、Z高程保存为*.CSV格式)"导入"软件中,再"执行线形计算",结果如图6-32所示。

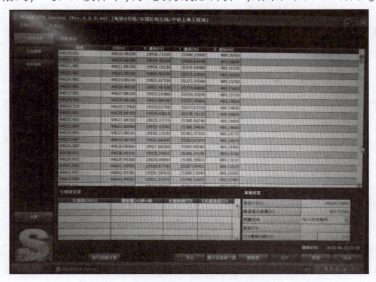

图6-32 设计中线界面

完成设计中线录入并与人工计算成果对比复核后,在导向软件中分别输入测站、后视棱镜两个吊篮的三维坐标并进行数据核对;同时将全站仪照准后视棱镜,在导向主界面中打开"基本操作"功能,按提示信息按键完成定向测量,如图 6-33 所示;然后输入在盾构上安装的棱镜标靶位置关系参数如图 6-34 所示;完成以上参数设置后,启动导向开始测量的盾构姿态如图 6-35所示。

随着盾构向前掘进,按操作提示完成隧道的导向测量工作。

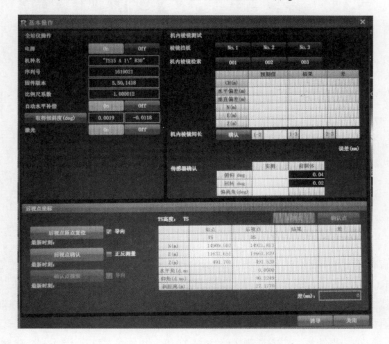

图 6-33 基本操作界面

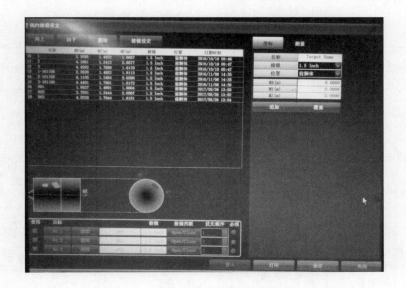

图 6-34 机内棱镜设定界面

图 6-35　演算工房盾构姿态界面

第六节　主要导向系统汇总对比

目前国内盾构施工中应用的盾构导向系统品牌众多,有德国 VMT 系统、德国 TACS 系统、日本演算工房 ROBOTEC、上海力信 RMS-D 系统、上海米度 MTG-T 系统、中铁装备系统、铁建重工系统等;因此,了解不同导向系统产品的适用性,以及不同产品在功能和性能上的优点,有助于在施工中更好的应用系统,发挥其作用。

以下从系统原理、硬件构成、安装难度、主要功能、供电方式、通信方式、仪器型号、中线格式、目标靶安装位置、操作难度等几方面进行对比,让大家了解其区别和各自的优点,详见表 6-13。

导向系统主要功能对比表　　　表 6-13

类别	德国 VMT	德国 TACS	日本演算工房 ROBOTEC	上海力信 RMS-D	上海米度 MTG-T
系统原理	激光	激光	双棱镜+倾角仪	激光	激光
硬件构成	激光靶、控制盒、无线电台、全站仪、徕卡棱镜、通信线缆	激光靶、控制盒、无线电台、全站仪、徕卡棱镜、通信线缆	开光棱镜、倾斜仪、控制盒、无线电台、全站仪、专用棱镜、通信线缆	激光靶、控制盒、无线电台、全站仪、徕卡棱镜、通信线缆	激光靶、控制盒、无线电台、全站仪、徕卡棱镜、通信线缆
安装难度	简单	较复杂	复杂	简单	简单
主要功能	中线数据、激光靶位置、硬件状态、自动测量、移站测量、数据查询等	中线数据、激光靶位置、硬件状态、自动测量、移站测量	中线数据、棱镜关系、硬件状态、自动测量、移站测量、数据查询等	中线数据、零位数据、硬件状态、自动测量、移站测量、数据查询等	中线数据、零位数据、硬件状态、自动测量、移站测量、数据查询等

续上表

通信方式	无线通信	无线通信	可选无线或有线通信	无线通信	无线通信
仪器供电方式	有源220V/电池供电	有源220V供电	有源220V供电	有源220V/电池供电	有源220V/电池供电
目前版本/仪器型号	TUnIS V2.0/徕卡TS15 G	V2.64/徕卡TS15	Ver/4.65徕卡TS16	RMSD7.0/徕卡TS12	V4.0/徕卡TS16
中线格式	线元法/坐标表	线元法	坐标表	线元法/坐标表	线元法/坐标表
目标靶安装位置	位置固定	位置固定	硬件多位置灵活	位置固定	位置固定
操作难度	简单	较复杂	较复杂	简单	简单

通过前文中的导向系统介绍和表6-13中相关指标的对比，几种导向系统具有不同的适用性，实际施工中各公司结合需求而确定；本章介绍的几种导向系统其主要构成和软件常用操作上有一定的共性，在学习这些导向系统的使用时做到触类旁通，也可在课后查阅相关资料拓展知识面。

思 考 题

1. 激光靶导向系统和棱镜导向系统的区别有哪几方面？
2. 元素中线计算法和逐桩坐标表中线法在导向系统中的区别是什么？
3. 根据本章内的案例数据，结合平曲线、竖曲线、平面偏移量参数计算各实例的逐桩坐标数据成果。

第七章

盾构始发与接收测量

盾构始发,是指在盾构始发工作竖井内利用反力架和临时组装的负环管片等设备或设施,将处于始发基座上的盾构推入端头加固土体,然后进入地层原状土区段,并沿着设计线路掘进的一系列作业过程。

盾构接收,包括洞门破除、接受托架安装、洞门密封安装、到达段掘进等内容。

第一节 盾构始发测量

盾构始发测量包括盾构洞门钢环复测、盾构托架定位、盾构反力架定位、盾构零位姿态校核、盾构姿态复测等内容。

一 盾构洞门钢环复测

在地铁盾构施工中,车站与区间分界点处即盾构始发出洞处需埋设钢环。钢环半径一般比盾体半径大 5~15cm。为确保盾构进洞时能顺利通过钢环,且使轴线偏差控制在设计准许范围内,需要对始发洞门位置进行测量,根据测量成果适当调整盾构位置。

测量洞门圈一周间隔点三维坐标,使用 CAD 或专业软件计算洞门中心三维坐标,与设计线比较,计算出洞门中心真实姿态。

复测始发井洞门钢环位置,其与设计位置横向偏差、高程偏差小于 20mm 时,始发平台按照设计位置定位,否则以相反方向按照偏差值一半进行调整;复测接收井洞门钢环位置,其与设计位置横向偏差、高程偏差小于 5mm 时,盾构姿态控制按照设计位置控制,否则按照洞门钢环实际位置进行调整。复测始发井、接收井洞门钢环时,不仅要复测钢环中心位置,而且还要复测钢环椭圆度及周圈圆顺情况,以确保盾构正常始发、接收(图 7-1)。

图 7-1 复测始发井洞门钢环

二 盾构托架定位

盾构托架定位的作用和主要功能是确定盾构进洞姿态。托架安装及注意事项如下。

盾构前进到盾体全部进洞之前,盾构是无法调整姿态的,只能按照始发托架预设方位前进。所以始发托架的定位直接影响盾构进洞姿态。

盾构始发托架安装时,平面方向分为两种进洞方式:一种直线进洞;一种曲线进洞。直线进洞宜按直线始发,曲线进洞宜按割线始发。根据盾构尺寸图、始发架尺寸图、反力架尺寸图、设计轴线中心坐标与高程(模拟盾构前进 10m 的姿态),计算出始发架底的垫层高,放样出始发架与反力架的中心位置。盾构始发架导轨测量工作主要包括始发架方位及始发架高程测量。首先根据始发基座、盾构的尺寸和设计图样,确定始发井的回填高程,确保始发时盾构的轴线和隧道的设计高程轴线一致。一般情况下,为防止盾构进洞时"叩头",盾首的高程一般比设计轴线高 2cm 左右(图 7-2)。

图 7-2　始发托架安装

始发井中,线路中线、导轨测量时,坐标和高程放样中误差应小于 5mm;导轨与反力架应采用直接坐标法放样,放样和复测误差应小于 10mm;在设计坡度的基础上适当调整始发平台的坡度(一般情况下抬高 2‰,即托架的前部提高 20mm),预防盾构始发低头现象;导轨纵向轴线应与反力架面垂直。

三　盾构反力架定位

盾构反力架定位的主要作用和功能是为盾构前进提供反力支撑。

盾构反力架定位及注意事项如下。

根据盾构负环排环计算,反推算出盾构反力架距洞门距离,再根据隧道轴线的平面位置,确定反力架安装的位置。盾构反力架安装时,应架设全站仪控制盾构反力架安装垂直度,安装时,反力架左右偏差控制在 ±10mm 之内,高程偏差控制在 ±5mm 之内,上下偏差控制在 ±10mm 之内。始发台水平轴线的垂直方向与反力架的夹角不超过 ±2%。

反力架位置需按照 0 环进洞多少和需拼装几环负环决定,例如 0 环进洞 0.6m,拼装负环 8 环,则需要从钢环用钢尺拉出 11.4m 距离定位(反力架中心要等于或高于盾构中心)。

安装完盾构反力架时,对反力架进行点位的布设及初始值的采集,在盾构开始磨地连墙至盾构整体进入,组织监测组实时对反力架进行监测。在高程监测方面,视现场测量条件贴几个水准条形码进行水准单独监测,能更好地掌握钢套筒高程方面的偏差。并进行现场办公,第一时间了解反力架的变形量,进一步合理安排下一步的掘进参数。

在始发托架、基准环以及反力架安装完毕后,对安装结果进行检查。检查结果满足以下条件时,方认为安装合格,否则重新进行调整。

(1)基准环和反力架的倾角应与隧道的中心轴线的法线平行。

(2)基准环和反力架的中心线应与隧道的轴线一致。

(3)始发托架中心线与线路中心一致。

四 盾构零位姿态校核

盾构零位姿态校核的主要作用和功能是测量盾构内导向系统初始化数据。盾构就位始发前，必须利用人工测量方法测定盾构的初始位置和盾构姿态，确保盾构自身导向系统测的成果与人工测量结果一致。

（一）盾构姿态校核

(1) 盾构就位始发前，必须利用人工测量方法测定盾构的初始位置和盾构姿态，盾构自身导向系统测的成果与人工测量结果一致。

(2) 盾构姿态测量要包括平面偏差、高程偏差、俯仰角、方位角、滚转角及切口里程。始发时利用盾构配置的导向系统和人工测量法对盾构姿态进行测量核对，始发后定期采用人工测量对导向系统测定的盾构姿态数据进行检核校正。利用地下平面控制点和高程控制点测定盾构测量标志点，测量误差应在 ±3mm 以内。

(3) 始发设站点、后视点应准确测设，且设站位置应考虑前后视长度、通视、旁折光等因素。宜按照坐标测量和支导线测量两种模式检核成果。

(4) 导向系统全站仪按照要求校准，设站前应对测距模式、棱镜类型、温度、气压、数据传输等设置进行检查。导向系统全站仪设站残差按照偏差小于 4mm，高程偏差小于 5mm（经验值）来控制。设站满足精度要求后，录入设站参数，获得导向系统测量的盾构姿态参数。

(5) 将导向系统纵向、横向传感器固定螺栓松动，人工变动传感器倾斜角度，检查盾构导向系统测量姿态与传感器变动趋势是否一致，或采取其他方法检定导向系统姿态测量的量值是否准确。

(6) 将"导向系统法"与"标志点棱镜法"测量的盾构姿态比对，平面、高程偏差均小于 10mm 时，视为工作状态正常，采用导向系统原"初始参数"，否则应重新测量，也可邀请厂商到现场进行技术服务。

(7) 导向系统首次使用，"零位姿态校核报告"由导向系统厂商现场调试后出具，以后可由项目部出具，如需要修改初始参数时，仍宜请厂商现场调试后出具。该报告应作为盾构始发前条件验收的备查文件。

（二）始发盾构零位姿态测量方法

1. 水平标尺法

(1) 水平标尺法是一种操作简单、计算快速的盾构姿态的测量方法，其原理是测量水平放置在盾尾内壳的铝合金尺上贴片的三维坐标，通过铝合金尺与盾构首、尾的距离关系来计算盾构的盾首和盾尾三维坐标，该方法适合用于盾构的初始定位和掘进过程中的姿态检测工作。测量前先制作一把长约 5 m 的矩形铝合金标尺，并用钢卷尺精确量出铝合金尺的中心，并在中点左右对称标定 L 和 R 两点，如图 7-3 所示。

(2) 外业测量。

具体的测量步骤如下：先将标尺水平置于盾构铰接千斤顶面附近，标尺面与铰接面平行等距，并与盾壳内壁光滑接触，测量标尺中心 F 以及 L、R 的三维坐标；再将标尺水平置于盾构盾尾处,标尺两端到盾尾距离相等,测出此时标尺中点 B 的三维坐标。

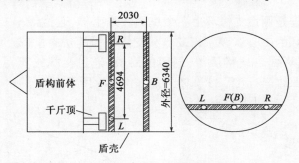

图 7-3　始发盾构零位姿态测量(尺寸单位:mm)

(3) 坐标推算。

根据 F 和 B 点的高程反算出盾构的坡度即俯仰角,再根据前尺中心 F 与盾构盾首、盾尾的距离关系计算出盾构盾首、尾中心的高程。根据 L、R 的坐标反算出前尺的方位角 α,再根据 F、B 点的坐标反算出后尺中心到前尺中心的方位角 β,由于 L 与 R 两点间距和前后尺间距都比较小,则会出现 $\alpha \neq \beta + 90°$ 的情况,在实际施工中,采用两个方位角的平均值作为计算方位角即盾构的轴线方位角。根据前尺中心 F 与盾构盾首、盾尾的距离关系通过坐标正算计算出盾构盾首、盾尾的坐标。

此法在测量过程中应注意标尺水平放置和定位要准确,可根据盾构设计图样在盾壳内壁作标尺永久放置位置的标记,并保证每次检核时标尺放置于同一位置。

2. 侧边法

(1) 平面坐标测量

侧边法的操作原理是在靠近盾首和盾尾处分别悬挂一钢丝,钢丝下面系重物并置于油桶中,通过测量贴在钢丝上的反射片的坐标来计算盾构首、尾的平面坐标,见图 7-4。侧边法的操作需注意:盾首钢丝悬挂在靠近大刀盘和前体的拼缝处,盾尾钢丝悬挂在靠近盾尾且在注浆管外,钢丝到盾首、盾尾的距离直接用钢尺量出,取多次量取距离的平均值作为最终计算依据。

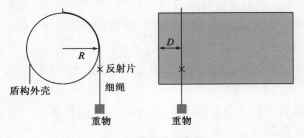

图 7-4　侧边法示意图

这种方法所得到的盾构盾首、盾尾的坐标精度比较高,如果条件可行的话,可在盾构外壳两侧各吊两根钢丝,这两点应尽量选择在靠近盾首和盾尾处,且两侧钢丝位置应对称选择。测量贴在钢丝的反射片的坐标后,在 CAD 中展点计算盾首和盾尾平面坐标,见图 7-5。

(2) 高程测量

根据盾首、盾尾的平面坐标,利用全站仪在盾壳上直接放样出盾构的轴线,然后利用水准仪直接测出盾构首尾处的高程,通过反算得到盾首、尾中心的高程。

3. 测支撑环法

测支撑环法的原理是测量支撑环上多个点的三维坐标,通过最小二乘法拟合空间圆。从拟合结果可得到支撑环的中心点 (X_0, Y_0, Z_0) 和支撑环面的法向量 (m, n, p),然后根据盾构的结构图样计算出支撑环面到盾构盾首、盾尾的距离,通过坐标正算得到盾构盾首三维坐标 $(X_首, Y_首, Z_首)$ 和盾尾三维坐标 $(X_尾, Y_尾, Z_尾)$。如图 7-6 所示。

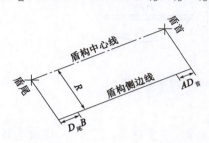

图 7-5　盾首和盾尾平面位置

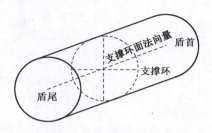

图 7-6　测支撑环法

注意:高程+俯仰角在可视范围内吊钢尺使用水准仪分别测量出盾构顶上盾首、盾中、盾尾的高程,根据盾构尺寸推算出盾构中心盾首、盾中、盾尾高程。

根据前后高程差与盾构机长度计算出盾构俯仰角。在盾构内拼装机旁有两根竖梁,量测竖梁长度,使用水准仪测量出两侧横梁高差计算出滚动角。

五　盾构姿态复测

盾构姿态测量要包括平面偏差、高程偏差、俯仰角、方位角、滚转角及切口里程。始发时利用盾构配置的导向系统和人工测量法对盾构姿态进行测量核对,始发后定期采用人工测量对导向系统测定的盾构姿态数据进行检核校正。盾构配置的导向系统宜具有实时测量功能,人工辅助测量时,测量频率应根据其导向系统精度确定;盾构始发 10 环内、到达接收井前 50 环内应增加人工测量频率。利用地下平面控制点和高程控制点测定盾构测量标志点,测量误差应在 ±3mm 以内。

在一条隧道掘进中,至少进行 3 次(始发前、掘进过程中、接收井前 50 环内)盾构人工复测。出现异常时,及时进行人工复测。

盾构导向系统测量姿态与人工复测姿态比对,平面、高程偏差小于 10mm,认为工作状态正常,否则查明原因,采取措施。

思 考 题

1. 简述盾构始发测量包括的工作内容和工作流程?
2. 简述盾构托架定位测量流程?
3. 始发盾构零位姿态测量有几种方法?

第二节 盾构接收测量

盾构接收测量是在盾构进入接收段落进行的测量工作,包括接收前盾构姿态复测、接收洞门钢环复测、接收基座放样、钢套筒接收。

一 盾构接收测量主要工作

盾构接收人工复测盾构姿态流程如图 7-7 所示。

(1)盾构姿态人工复测:检核洞内已知控制点,利用全站仪在已知控制点上设站测量盾构标志点,通过计算特征点坐标计算盾构姿态,并与导向系统姿态比较,评估导向姿态是否准确(图 7-8)。

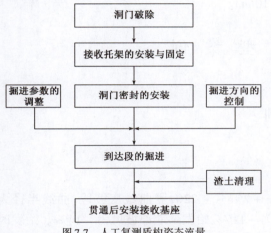

图 7-7　人工复测盾构姿态流量

图 7-8　割线始发示意图

(2)复测接收洞门钢环:通过测量接收洞门钢环内部若干点位,模拟出盾构接收洞门钢环圆心,计算出接收洞门钢环水平和垂直偏差。结合盾构姿态偏差和洞门钢环偏差制订盾构纠偏和出洞方案,做好盾构出洞准备工作(图 7-9)。

(3)接收基座放样:利用检核过的平面和高程控制点对接收基座进行位置放样,确保盾构出洞后准确平移到托架上(图 7-10)。

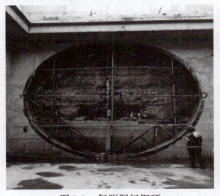

图 7-9　复测洞门钢环

图 7-10　放样接收架

(4)钢套筒接收:利用检核过的控制点放样出钢套筒位置,并在接收期间密切监测钢套筒变化,指导盾构出洞时参数控制,保证出洞安全。

二、盾构接收测量工作要求

(1)盾构接收测量工作要求在距离盾构接收井50环之前进行。

(2)依据洞门钢环偏差、盾构姿态偏差、管片姿态及测量条件制定距接收井50环移站计划和纠偏方案,按照移站计划移站并按照纠偏方案控制盾构掘进。

(3)最后10环盾构姿态横向偏差小于±5mm,高程偏差小于目标值5~10mm,且此阶段要利用盾构导向系统坐标准确核对盾构切口里程(应考虑长短链),对比围护结构里程,确定盾构进入围护结构时间。

(4)接收井地下近井点按照联系测量要求进行,地下近井点无法满足盾构接收测量时可临时测设一次转点,接收架放样精度要求小于±10mm。

第三节 典 型 案 例

一、竖曲线大坡度变坡点割线始发案例

(一)始发端情况

该标段区间呼和浩特东站西侧始发端存在 +2‰ ~ -22‰ 竖曲线变坡段,曲线半径为3000m,曲线长度为72m。其中始发架尾部坡度为 -11‰,始发架前部坡度为 -14‰。始发时控制不当极易造成进洞后管片姿态超限,因此该标段在右线始发时采取割线始发技术,效果显著,管片姿态均未超过规范规定要求。

(二)割线始发原理

盾构割线始发技术,是指盾构始发段存在竖曲线变坡点,由于坡度一直在变化,且盾构在始发架上整体呈一个完整的刚体,如果强行通过铰接、液压缸压力来调整姿态,极可能会出现负环管片破损、盾尾卡到管片上进而将损坏铰接的情况,因此结合图样的情况,采用割线始发技术计算出盾构始发时的姿态及预测进洞10m(此时可以调整姿态)时的姿态,因为盾构沿着曲线内侧割线掘进,以达到盾构掘进轴线与设计轴线不超过50mm的目的(图7-11)。

(三)具体实施

在进行始发架放样前根据设计图样计算出进洞10m后至始发架尾部的对应里程设计标高(一般每1m一个设计高程为宜)。

结合洞门钢环实测位置,按垂直偏差值的一半来调整计划坡度。例如右线洞门钢环实测比设计轴线高28mm,就以洞门处高14mm来作为起算点确定坡度。

根据竖曲线走向来确定始发架放样坡度,具体见表7-1。

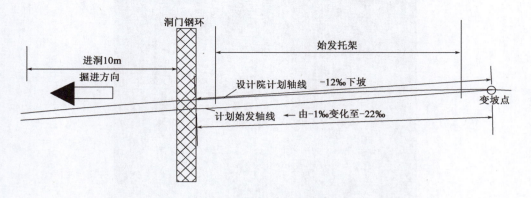

图 7-11 割线始发示意图

区间右线始发姿态预测表 表 7-1

里　　程	设计高程 （m）	设计坡度 （‰）	预测高程 （m）	始发坡度 （‰）	垂直偏差 （mm）	备　　注
K21+878.257	1060.0652		1060.0792		14.00	始发架前端
K21+877.257	1060.0511	-14	1060.0672	-12	16.10	前进1m
K21+876.257	1060.0367	-14	1060.0552	-12	18.50	前进2m
K21+875.257	1060.022	-15	1060.0432	-12	21.20	前进3m
K21+874.257	1060.0069	-15	1060.0312	-12	24.30	前进4m
K21+873.257	1059.9915	-15	1060.0192	-12	27.70	前进5m
K21+872.257	1059.9757	-16	1060.0072	-12	31.50	前进6m
K21+871.257	1059.9596	-16	1059.9952	-12	35.60	前进7m
K21+870.257	1059.9432	-16	1059.9832	-12	40.00	前进8m
K21+869.257	1059.9265	-17	1059.9712	-12	44.70	前进9m
K21+868.257	1059.9094	-17	1059.9592	-12	49.80	前进10m

备注（合并说明）：始发架放样以12‰下坡进行，考虑到洞门钢环比轴线高28mm，始发架前部比轴线抬高14mm，尾部比轴线低10mm

　　从表7-1可以看出，盾构掘进10m后垂直偏差49.8mm，根据以往在石家庄、西安的地铁施工经验，砂层掘进一般都有盾构始发"栽头"现象。所以根据以往经验按照盾构出洞进入土体10m处"栽头"值-50mm的趋势对始发架定位放样。

　　图7-12为该标段区间右线采用割线始发技术掘进5m后盾构姿态。可以看出盾构进洞后"栽头"较明显，比预测值低了26mm，盾构姿态基本与轴线齐平，"栽头"幅度较大，基本与设想中的姿态一致。

　　所以采用割线始发技术进行始发架放样，能将竖曲线对始发姿态的影响降到最低，确保成型管片姿态符合设计要求。

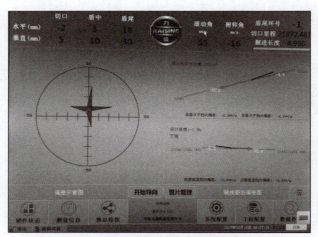

图 7-12　割线始发盾构姿态界面

二、盾构始发姿态人工测量案例

以某地铁车站盾构人工复测(采用上海力信导向系统)为例。

(一) 盾构尺寸信息

刀盘到盾首面距离 930mm、盾首到铰接固定面距离 4194mm、铰接固定中心面到盾尾距离 4158mm、铰接固定中心前后端距离 575mm、铰接固定中心面到推进液压缸撑靴面距离 1100mm、铰接固定中心面到间隙仪中心距离 0。

(二) 始发零位数据

始发零位数据见表 7-2。

始 发 零 位 数 据　　　　　表 7-2

点　号	X(m)	Y(m)	Z(m)
T1	-0.0491	2.0071	1.2699
T2	0.5651	1.6222	1.5718
T3	0.1731	1.7834	1.6889
T4	0.496	1.3766	2.1268
T5	0.1203	1.0344	2.2489
T6	0.3279	0.6316	2.4518
T7	0.5735	0.01	2.5348
T8	—	—	—
T9	0.4893	-1.2204	2.2198
盾首	4.194	0	0
A0	0	0	0
盾尾	-4.1584	0	0.0001
JGB	0.4165	1.463	1.8778
激光靶角度	-0.41029857	1.57399373	-0.92502884

(三) 实测特征点数据

实测特征点数据见表 7-3。

实测特征点数据　　　　　　　　　　表 7-3

点　号	X(m)	Y(m)	Z(m)
T1	18023.560	14339.589	1036.560
T2	18022.930	14339.241	1036.870
T3	18023.260	14339.509	1036.984
T4	18022.749	14339.426	1037.427
T5	18022.631	14339.921	1037.544
T6	18022.179	14339.936	1037.751
T7	18021.515	14340.021	1037.837
T8	—	—	—
T9	18020.476	14340.684	1037.518
T10	—	—	—
JGB	18022.863	14339.451	1037.177

(四) 计算过程

计算过程如图 7-13 所示,特征点反算盾构坐标见表 7-4,人工反推盾构姿态见表 7-5,自动导向系统测量盾构坐标及姿态见表 7-6,盾构姿态见表 7-7。

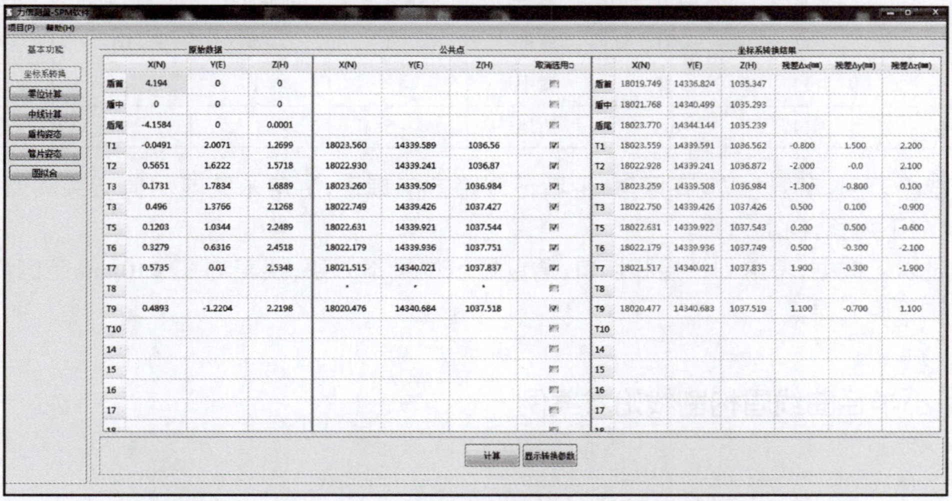

图 7-13　计算过程界面

特征点反算盾构坐标　　　　　　　　表 7-4

点　号	X(m)	Y(m)	Z(m)	里　程
盾首	18019.749	14336.824	1035.347	7+350.872
盾中	18021.768	14340.499	1035.293	7+355.066
盾尾	18023.770	14344.144	1035.239	7+359.244

人工反推盾构姿态　　　　　　　　　　　　　表7-5

点　号	水平(mm)	垂直(mm)
切口	−11	−31
盾中	−12	−15
盾尾	−14	6

自动导向系统测量盾构坐标及姿态　　　　　　表7-6

点　号	X(m)	Y(m)	Z(m)	里　程
切口	18019.2935	14336.0132	1035.3532	ZDK7+349.9421
盾中	18022.0407	14341.0058	1035.2795	ZDK7+355.6413
盾尾	18023.8208	14344.2559	1035.2335	ZDK7+359.3468

盾构姿态　　　　　　　　　　　　　　　　　表7-7

点　号	水平(mm)	垂直(mm)
切口	1	−40
盾中	7	−19
盾尾	5	3

(五) 成果对比

特征点反算与导向系统显示对比见表7-8。

特征点反算与导向系统显示对比　　　　　　　表7-8

项　目	特征点反算		项　目	导向系统显示		差　值	
点号	水平	垂直	点号	水平	垂直	$\Delta_{水平}$	$\Delta_{垂直}$
切口	−11	−31	盾首	−1	−40	10	−9
盾中	−12	−15	盾中	−7	−19	5	−4
盾尾	−14	6	盾尾	−5	3	9	−3

沿线路方向,左偏为负,右偏为正;若逆线路方向掘进,导向系统显示值与实测值符号相反;竖向向下为负,向上为正。

通过以上数据,考虑到铰接和切口、盾首显示位置不一致,误差均在±10mm 范围内,检核导向系统正确无误。

三 小半径曲线盾构割线始发案例

(一) 小半径曲线始发原理

盾构在曲线段掘进,主要是通过不断调整盾构头的姿态来实现的。但盾构在曲线始发阶段,盾构体须放置在盾构始发基座上,盾构须沿着基座导轨前进,由于盾构体结构的关系,曲线始发段盾构始发基座不可能与隧道设计线路同型,基座均为直线型,盾构在基座上难以调整姿态,始发阶段盾构体未脱离基座前理论上只能沿直线前进。依据结构轴线的设计及规范允许偏差值,宜按洞门中心割线进洞。

(二) 某区间曲线始发案例

1. 已知条件

(1) 始发洞门里程：SJFDRK1+065.000m，设计中心三维坐标（X: 16594.2886 Y: 12285.9194 Z: 1037.1300）

(2) 本次始发横向在平曲线 JD3 上，交点里程：SJFDRK1+128.1392，$R=450$m，入缓和曲线长度70m，出缓和曲线长度70m。

(3) 本次始发在平曲线上，始发里程 SJFDRK1+065.000，所对应的切线方位角为46°27′22.9″，过端头加固体的里程 SJFDRK1+055.000，所对应的切线方位角为45°55′58.73″。

(4) 洞门中心实测情况：洞门中心实测三维坐标（X: 16593.7346 Y: 12285.3321 Z: 1037.1135），与设计的横向偏差为1mm，垂直偏差为 −44mm。

(5) 盾构自身情况：盾构刀盘直径6430mm，前盾直径6410mm，中盾及尾盾6400mm。

2. 始发托架姿态分析

结合图样及实际情况进行研讨分析，平面决定在始发处的隧道设计中心线（对应里程 SJFDRK1+065.000）的方向以46°18′05.37″（基本按洞门中心的割线）的方位角进行推进。通过 CAD 图模拟，姿态在可控范围内。表7-9为盾构掘进10m后的平面盾构姿态预测。

盾构掘进10m后的平面盾构姿态预测　　　　表7-9

里程	设计坐标		实际坐标		横向偏差	备注
	X(m)	Y(m)	X(m)	Y(m)	(mm)	
SJFDRK1+065	16594.2886	12285.9194	16594.2883	12285.9191	0.4	
SJFDRK1+064	16594.9763	12286.6453	16594.9791	12286.6420	4.3(北偏)	前进1m
SJFDRK1+063	16595.6648	12287.3705	16595.6700	12287.3650	7.6(北偏)	前进2m
SJFDRK1+062	16596.3540	12288.0950	16596.3608	12288.0880	9.8(北偏)	前进3m
SJFDRK1+061	16597.0439	12288.8188	16597.0517	12288.8110	11.0(北偏)	前进4m
SJFDRK1+060	16597.7345	12289.5420	16597.7426	12289.5340	11.4(北偏)	前进5m
SJFDRK1+059	16598.4257	12290.2646	16598.4334	12290.2570	10.8(北偏)	前进6m
SJFDRK1+058	16599.1176	12290.9865	16599.1243	12290.9799	9.4(北偏)	前进7m
SJFDRK1+057	16599.8101	12291.7078	16599.8152	12291.7029	7.1(北偏)	前进8m
SJFDRK1+056	16600.5032	12292.4286	16600.5060	12292.4259	3.9(北偏)	前进9m
SJFDRK1+055	16601.1969	12293.1489	16601.1969	12293.1489	0	前进10m

注：每拼装3~5环管片，对每环管片的环中心偏差、环椭圆度和环的姿态进行一次测量，并测定待测管片的前断面，收集数据及时对盾构姿态进行调整。

第八章
盾构法隧道洞内控制测量

城市轨道交通工程建设中,盾构法隧道洞内控制测量,是地下隧道掘进测量、设备安装测量和竣工测量等的基础。盾构法隧道洞内控制测量分为洞内平面控制测量和洞内高程控制测量。进行地下控制测量时,应利用直接从地面通过联系测量传递到地下的近井点作为测量起算点,在隧道内建立施工测量控制网。

第一节　盾构法隧道洞内平面控制测量

盾构法隧道洞内平面控制测量,简称地下平面控制测量。一般采用全站仪导线形式布设。

一　导线布设形式

通过联系测量传递至地下的起始点的坐标、方位和高程,是地下平面控制测量的基准,在进行地下平面控制测量前,应对这些点进行检核,当确定其稳定性和可靠性后才能以这些点作为起算点进行地下平面控制测量。

由于地下结构主要是隧道,因此平面控制测量的形式一般为双基线进洞导线。盾构每掘进一定长度后,则需加密一个平面测量控制点,以便指导盾构正常掘进。洞内施工控制导线一般采用支导线的形式向里传递,但是支导线没有检核条件,容易出错,所以最好采用双支导线的形式,然后在双支导线的前端连接起来(图8-1)。

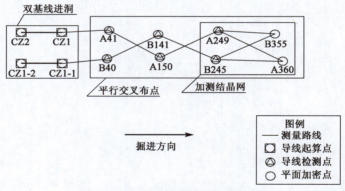

图8-1　洞内导线测量路线示意图

为了增加图形条件及检核条件,剔除粗差,提高测量精度,地下导线控制也可以布设成若干彼此相连的带状导线环。

二　导线点埋设要求

盾构内导线点埋设可分为两种类型:一种为在隧道内管片的合适位置安装强制对中托盘;另一种为在管片底部合适位置埋石定点。

(1)隧道内导线控制点布设时一定要稳定牢固,不易破坏松动。

(2)隧道内控制点间平均边长宜为150m,曲线隧道控制点间距不应小于60m。

(3)隧道掘进距离满足布设控制点时应及时布设地下平面控制点,并应进行地下平面控制测量。

(4)控制点应避开强光源、热源、淋水等地方,控制点间视线距隧道壁或者设施应大于0.5m。为了消除和减弱折光差对测量的影响,导线点埋设在隧道两侧并且交叉向前延伸。

三 测量方法

(一)精度要求

1. 精密导线技术要求(表8-1)

精密导线测量的主要技术要求　　　　　表8-1

等级	测角中误差(″)	测距相对中误差	测回数		方位角闭合差(″)	导线全长相对闭合差
			Ⅰ级仪器	Ⅱ级仪器		
三等	±2.5	1/80000	4	6	$±5\sqrt{n}$	≤1/35000

2. 测角技术要求(表8-2)

水平角观测技术要求　　　　　表8-2

仪器等级	测回数	半测回归零差(″)	一测回内2C较差(″)	同一方向值各测回较差(″)
Ⅰ级全站仪	4	6	9	6

3. 测距技术要求(表8-3)

距离观测主要技术要求　　　　　表8-3

仪器精度等级	返测次数	一测回读数较差(mm)	单程各测回较差(mm)	往返较差
Ⅰ级全站仪	2	≤3	≤4	$≤2(a+bD)$

地下控制导线在隧道贯通前至少测量3次,测量时间与竖井定向同步。若隧道长度超过1500m,应在隧道每掘进1000m处,通过钻孔投测坐标点或加测陀螺仪等方法提高控制网精度。

因盾构隧道中的管片在一定范围、一定时间内总是处于动态的,因此在洞内控制导线延伸时必须复测原有导线点,即检核原有控制点点位是否有变化。重合点重复测量坐标分量的较差应分别小于$30×d/D$(mm),其中d为控制导线长度,D为贯通距离,单位为m。满足要求时应取逐次测量平均值作为控制点最终成果。若不满足要求,应分析原因,确定控制点是否发生变化,必要时重新复测。

控制点点位横向误差宜符合式(8-1)的要求:

$$m_u ≤ m_\Phi × \left(0.8 × \frac{d}{D}\right) \tag{8-1}$$

式中:m_u——导线点横向误差(mm);
　　　m_Φ——贯通中误差(mm);
　　　d——控制导线长度(m);
　　　D——贯通距离(m)。

(二)测量方法

隧道内控制导线测量是随着隧道的不断延伸,在一定距离后一个点一个点逐级布设。在隧道施工过程中,每布设一个新点就需要进行测量。测量时通常从支导线的起始点开始。

外业导线测量要求按照精密导线测量或不低于精密导线作业精度要求进行施测,网中所有边和角都全部观测,采用严密平差方法计算。

地下导线应采用不低于Ⅱ级全站仪施测。左、右角各不低于两测回,左、右角平均值之和与360°较差应小于4″,边长往返观测各两测回,往返观测平均值较差应小于4mm。测角中误差为±2.5″,测距中误差为±3mm。

第二节 盾构法隧道内高程控制测量

盾构法隧道内高程控制测量是以通过竖井至地下的水准点为高程起算依据,采用水准测量方法,沿掘进隧道布设水准点,并确定隧道、设备在竖直方向的位置和关系的工作。

一、测量方法及布设形式

盾构法隧道内高程控制测量一般采用二等水准测量方法施测,起算点应以地下近井水准点。在隧道贯通前,应至少进行三次水准测量,并应与高程传递测量同步进行。重复的高程点间的高程较差小于5mm时,应取其平均值作为控制点的高程成果,指导隧道贯通。若高程较差大于5mm时,应及时分析原因,重新复测,确定点位变化后,可更新原有高程成果。

隧道内水准线路可与施工导线测量线路相同,单独埋设时宜每隔200m埋设一个。地下水准路线均为支线,测量时需加强测站检核,并进行往返观测。

水准点埋设可直接在隧道底部埋设水准点。

二、水准测量方法及注意事项

盾构法隧道内高程控制测量应按照如下方法观测。

使用光学仪器观测时,往测时在奇数站上观测标尺顺序应为:后—前—前—后,在偶数站上观测标尺顺序应为:前—后—后—前。返测是在奇数站上观测标尺应为:前—后—后—前,在偶数站上观测标尺顺序应为:后—前—前—后。

使用电子水准仪观测时,往返测奇数站观测标尺顺序应为:后—前—前—后,往返测偶数站观测顺序应为:前—后—后—前。

水准仪i角小于15′,使用光学水准仪时,水准仪i角检查,在作业第一周内应每天1次,稳定后15天1次;使用电子水准仪时,作业期间每天应在作业前进行i角检测。

使用电子水准仪时,应将有关参数、极限误差预先输入选择自动观测模式,水准线路应避开强电磁场干扰,外业数据应及时备份。

由往测转向返测时,两根水准尺应互换位置,并应重新放置在一起。往返两次测量高差较差超限时应重测。重测后应选取两次异向观测合格成果。

三、水准测量精度要求

盾构法隧道内高程控制测量精度要求应符合《城市轨道交通工程测量规范》(GB/T 50308—2017)。

(1)主要技术指标及精度要求见表8-4～表8-6。

水准网测量的主要技术要求　　　　　　　　　　　　　　　表8-4

水准测量等级	每千米高差中数中误差(mm)		环线或附和水准路线最大长度(km)	水准仪等级	水准尺	观测次数		往返较差、附和或环线闭合差(mm)
	偶然中误差 M_Δ	全中误差 M_W				与已知点联测	附和或环线	
二等	±2	±4	40	DS1	因瓦尺或条码尺	往返测各一次	往返测各一次	$±8\sqrt{L}$

注:表中 L 为往返测段、附和或环线的水准路线长度(单位:km)。

水准测量观测的视线长度、视距差、视线高度的要求　　　　表8-5

等级	视线长度		水准仪类型	前后视距差	前后视距累计差	视线高度(m)
	仪器等级	视距				
二等	DS$_1$	≤60	光学水准仪	≤2.0	≤4.0	下丝读数≥0.3
			电子水准仪	≤2.0	≤6.0	≥0.55 且 ≤2.8

水准测量测站观测限差(单位:mm)　　　　　　　　　　　表8-6

等级	上下丝读数平均值与中丝读数之差	基、辅分划读数之差	基、辅分划所测高差之差	检测间歇点高差之差
二等	3.0	0.5	0.7	2.0

(2)水准测量的内业计算,应符合下列规定。

①计算取位,高差中数取至0.1mm;最后成果,取位至1.0mm。

②水准测量每千米的高差中数的偶然中误差按式(8-2)计算:

$$M_\Delta = \sqrt{\frac{1}{4n}\left[\frac{\Delta\Delta}{L}\right]} \tag{8-2}$$

式中:Δ——水准线路测段往返高差不符值(mm);

　　　L——水准测量测段长度(km);

　　　n——往返测水准路线的测段数。

第三节　管片姿态测量及复测

一、管片姿态测量概念

管片姿态测量是利用全站仪在已知控制点上设站测量已成型管片的三维位置,与设计位置比较,获得实际位置与设计位置偏差,经分析后指导修正盾构运行轨迹。

管片姿态测量方法可分为断面法和水平尺法。

断面法：使用全站仪在管片内同一断面内均匀测取8~10个点，通过多点模拟出管片圆心的中心坐标。

水平尺法：制作一条适当长度的铝合金水平尺，在铝合金水平尺正中位置做好标识，在其正中心位置贴上反射片或者安装反射棱镜。测量时，将水平尺精确调平，使用全站仪测量出水平尺中心坐标即为管片中心坐标。使用全站仪三角高程测量水平尺中心高程，结合管片内直径和水平尺长度，计算出水平尺中心到环底高程，得出环底（或圆心）高程。环底高程也可采用水准仪直接测量（图8-2）。

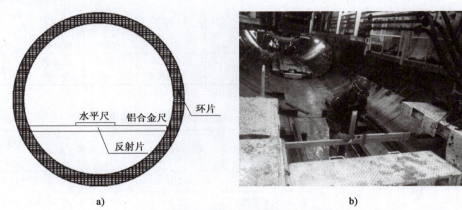

图8-2 水平法测量管片姿态

每次成型管片测量时，应对已测过的管片进行重叠测量，以便进行检核，同时可以监测管片的变化情况。

 二 管片姿态测量要求及注意事项

（1）管片姿态测量应在盾尾内完成管片拼装和管片完成壁后注浆两个阶段进行。在盾尾内管片拼装成环后应测量盾尾间隙。管片完成壁后注浆后，宜在管片拖出台车架后进行测量，内容宜包括管片中心坐标、底部高程、水平直径、垂直直径、前端里程和椭圆度。

（2）在盾构管片拼装过程中，结合盾尾间隙、管片姿态、盾构姿态汇总分析，确定纠偏指标，并对操作人员下发技术交底。

（3）最宜为每隔10环，人工测量一次管片姿态，既要与管片的理论姿态对比（<50mm），也要与之前盾构后点通过该里程时的姿态对比，当水平及竖向较差小于20±15mm时，即可认为导向系统的精度处于可以接受状态；盾构推进时的姿态目标值也要随之修正管片姿态的人工测量结果，否则应及时分析原因或者人工复测盾构姿态，并与导向系统测量姿态比较。

 三 管片姿态测量实例

呼和浩特市地铁1号线艺术学院站—东影路站区间盾构掘进期间对管片姿态进行实时人工复测，部分复测结果如图8-3、图8-4所示。

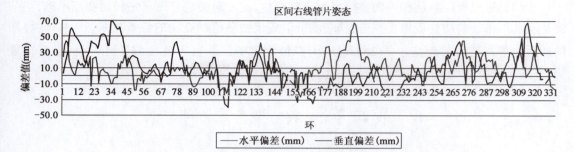

图 8-3 管片姿态实测数据曲线

区间右线管片姿态

管片号	里程(m)	测量坐标 X(m)	Y(m)	Z(m)	设计坐标 X(m)	Y(m)	Z(m)	水平偏差(mm)	垂直偏差(mm)
1	16635.617	21357.8044	22933.5475	1049.4237	21357.8274	22933.5408	1049.4213	23.9	2.4
2	16634.129	21357.3752	22932.1223	1049.4306	21357.4123	22932.1115	1049.4163	38.6	14.3
3	16632.618	21356.9488	22930.6727	1049.4323	21356.9908	22930.6605	1049.4104	43.7	21.8
4	16631.122	21356.5287	22929.2373	1049.4340	21356.5737	22929.2242	1049.4039	40.8	30.0
5	16630.104	21356.2718	22928.2511	1049.4482	21356.2896	22928.2459	1049.3990	18.4	49.1
6	16628.141	21355.7315	22926.3642	1049.4378	21355.7421	22926.3611	1049.3887	11.0	49.1
7	16626.645	21355.3183	22924.9261	1049.4285	21355.3248	22924.9242	1049.3799	6.7	48.6
8	16625.166	21354.9105	22923.5049	1049.4152	21354.9124	22923.5043	1049.3705	1.9	44.6
9	16623.647	21354.4888	22922.0450	1049.4093	21354.4886	22922.0451	1049.3601	-0.2	49.2
10	16622.678	21354.2120	22921.1172	1049.4007	21354.2185	22921.1153	1049.3531	6.8	47.6
11	16620.538	21353.6029	22919.0648	1049.3815	21353.6214	22919.0594	1049.3364	19.3	45.1
12	16619.150	21353.2208	22917.7305	1049.3669	21353.2343	22917.7266	1049.3248	14.0	42.1
13	16617.632	21352.7991	22916.2730	1049.3475	21352.8111	22916.2695	1049.3113	12.5	36.1
14	16616.151	21352.3832	22914.8509	1049.3265	21352.3979	22914.8466	1049.2974	15.2	29.0
15	16614.666	21351.9740	22913.4236	1049.3020	21351.9838	22913.4208	1049.2828	10.1	19.1
16	16613.147	21351.5467	22911.9659	1049.2825	21351.5601	22911.9620	1049.2671	13.9	15.4
17	16611.561	21351.1002	22910.4445	1049.2743	21351.1178	22910.4394	1049.2499	18.3	24.4
18	16610.065	21350.6903	22909.0049	1049.2607	21350.7004	22909.0020	1049.2328	10.4	27.8
19	16608.554	21350.2566	22907.5583	1049.2484	21350.2792	22907.5517	1049.2149	23.4	33.5
20	16607.104	21349.8874	22906.1553	1049.2401	21349.8747	22906.1590	1049.1969	-13.2	43.1

图 8-4 管片姿态实测数据界面

 四 吊篮测量及复测

盾构掘进时的测量,移站测量是主要工作之一。移站测量主要是复测测站点和后视点的三维坐标。在盾构掘进过程中站点和后视点是静态的,前视激光靶是动态的。当掘进到全站仪脱出台车后,就要准备移站。在移站时首先要在隧道的底部预先安装好固定全站仪的架子,装上新设点的棱镜并整平;然后测量棱镜的三维坐标;再将全站仪移至新设测点的位置,原后视点棱镜移至全站仪的位置;打开全站仪电源,然后将全站仪原点复位、后视点确认后,就完成了盾构移站工作。

a)

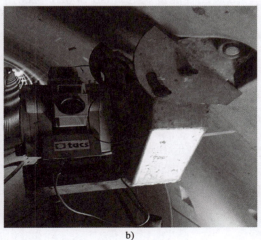
b)

图 8-5 站点吊篮

盾构掘进过程中若盾构导向姿态发生异常变化,应及时停机复测测站和后视点吊篮,移站测量及复测吊篮前盾构应停止掘进,移站测量前应该检核控制点间的位置关系(图8-5);移站前后盾构导向姿态较差应小于 $2\sqrt{2}m$ (m 为点位测量中误差),若超出偏差允许值,应重新复测,并人工测量盾构姿态和管片姿态对比,确保移站后姿态准确。

第四节 典型案例

一、工程概述

呼和浩特市轨道交通1号线一期工程土建01标段主要施工内容包括3站3区间,即金海工业园站、孔家营站和呼钢东路站,三间房车辆段(不含)—金海工业园站—孔家营站—呼钢东路站区间,线路沿新华西街呈东西走向布置,线路全长4062.557m。

呼钢东路站位于呼钢东路与新华西街交叉路口处,车站长203m,采用明挖顺做法施工,标准段宽度为19.7m,基坑深度约18m,盾构端头宽度为24.3m。本车站设有四个出入口、两组风亭。基坑支护采用地下连续墙+内支撑,车站结构为地下二层单柱双跨箱形框架结构。

孔家营站—呼钢东路站区间起于呼和浩特市热电开发经营总公司门口的孔家营站,出孔家营站后,继续沿新华西街路下敷设,止于呼钢东路与新华西街十字路口设呼钢东路车站。沿线道路北侧主要为工业区,南侧以住宅为主,区间沿线建筑物较少,无高层建筑。区间隧道洞顶覆土10.09~16.70m,线间距14.0m,左、右线线路平面均为直线,线路纵剖含五处竖曲线,整体呈"V"形坡,线路最大纵坡23‰。区间采用盾构法施工,联络通道采用矿山法施工。

二、采用的规范及标准

(1)《城市轨道交通工程测量规范》(GB/T 50308—2017);
(2)《城市测量规范》(CJJ/T 8—2011);
(3)《工程测量规范》(GB 50026—2007);
(4)《国家一、二等水准测量规范》(GB/T 12897—2006);
(5)《呼和浩特市轨道交通地铁1号线01标工程施工测量方案》;
(6)《呼和浩特市城市轨道交通工程施工测量管理及考核办法》(暂行)。

三、导线控制网情况

根据呼钢东路站—孔家营站区间左线第四次联系测量的最终成果,本次控制网加密测量采用底板平面加密点3个(HKZP1、HKZP2、HKZP3),底板高程加密点3个(HGSZ3-3、HGSZ3-4、HGSZ3-5),各加密点满足盾构施工要求。

四、人员配置与仪器设备（略）

五、测量方法方法及精度要求（具体见本章第一节、第二节）

本次平面控制网加密采用"双支导线网"形式，导线由已知控制点 HKZP1 和 HKZP3 起始，经 HKZP4、HKZP4-1、HKZP5、HKZP5-1、HKZP6、HKZP7、HKZP7-1。

其外业数据采集方法：洞内控制点水平角观测时采用全测回法观测 4 个测回，即前 2 个测回测左角，后 2 个测回测右角。距离观测时，在仪器内加入当时气象元素（观测前 30min，将仪器置于露天阴影下，使仪器与外界气温趋于一致，然后输入当前的温度、气压、相对湿度等），往返观测各 2 个测回，直接测平距，往测和返测均取平均值作为往返测的导线边长，现场记录人员按要求随即算出观测数据是否超限，若超限立即进行重新观测，记录字迹清晰，严禁涂改。具体观测流程如下：

要测的水平角为 $\angle AOB$，在 O 点安置全站仪，分别照准 A、B 两点的目标并进行读数，两读数之差即为要测的水平角值，其具体操作步骤如下：

（1）盘左位置，瞄准左边的目标 A，使棱镜中心准确的夹在双丝之间，读取水平度盘读数 $a_左$，记入观测手簿。

（2）顺时针方向转到照准部，用同样的方法瞄准右边的目标 B，读取水平度盘读数 $b_左$，测得角值 $\beta_左 = b_左 - a_左$ 即为上半测回测角值。

（3）倒转望远镜，使盘左变盘右，按上述方法先瞄准右边的目标 B，读记水平度盘数 $b_右$。

（4）逆时针方向转动照准部，瞄准左边的目标 A 读取读数 $a_右$，测得角值 $\beta_右 = b_右 - a_右$ 即为下半测回角值，两个半测回测得角值的平均值就是一个测回的观测结果即 $\beta = 1/2(360° - \beta_左 + \beta_右)$。各项限差符合要求后进入下一测回的观测工作。

本次洞内高程控制网加密时以 HGSZ3-3 为起点，经 HKZP4-1、ZGY1、HKZP5-1、ZGY2、ZGY3、HKZP7-1 再闭合至 HGSZ3-3，平差得出 HKZP4-1、ZGY1、HKZP5-1、ZGY2、ZGY3、HKZP7-1 的高程值。

测量时采用天宝 DINI03 型电子水准仪（标称精度为 0.3mm/km），配铟瓦尺，并严格控制前后视距在规范允许范围内进行观测，精度按照《城市轨道交通测量规范》（GB/T 50308—2017）的要求控制，高差闭合差不大于 $\pm 8\sqrt{L}$（mm）。

六、洞内控制测量精度评定及平差计算结果

1. 洞内平面控制点对比及说明

本次洞内控制点加密采用双导线进行控制，以主导线为主，辅导线作为检核。对比分析见表 8-7。

主辅导线坐标对比成果 表 8-7

点号	主导线成果 X(m)	主导线成果 Y(m)	辅导线成果 X(m)	辅导线成果 Y(m)	较差(mm) ΔX	较差(mm) ΔY
HKZP4	18396.0990	15027.7446	18396.0988	15027.7443	0.2	0.3
HKZP5	18311.6081	14863.3885	18311.6090	14863.3893	-0.9	-0.8
HKZP6	18215.5831	14698.8366	18215.5821	14698.8371	1.0	-0.5
HKZP7	18126.0344	14525.2502	18126.0378	14525.2467	-3.4	3.5
HKZP4-1	18412.6211	15050.8577	18412.6209	15050.8574	0.2	0.3
HKZP5-1	18295.8180	14841.5321	18295.8183	14841.5339	-0.3	-1.8
HKZP7-1	18129.0002	14533.7176	18129.0026	14533.7150	-2.4	2.6

由对比成果可以看出,主辅导线坐标互差均小于 ±16mm 的精度要求,故本次成果采用主导线成果。

对于洞内平面重合控制点重复测量坐标值的较差应小于 $30d/D$(mm),其中 d 为控制导线长度,D 为贯通距离,单位均为 m。满足要求时,取逐次平均值作为控制点的最终成果指导隧道掘进,重合点测量比较见表 8-8。

洞内平面控制点重复测量成果对比表 表 8-8

点号	第一次测量成果 X(m)	第一次测量成果 Y(m)	第二次测量成果 X(m)	第二次测量成果 Y(m)	本次测量成果 X(m)	本次测量成果 Y(m)	最大较差(mm) ΔX	最大较差(mm) ΔY	允许误差 30d/D (mm)	是否符合限差要求
HKZP4	18396.1041	15027.7450	18396.1010	15027.7434	18396.0990	15027.7446	5.1	1.6	5.7	是
HKZP4-1	18412.6233	15050.8579	18412.6225	15050.8569	18412.6211	15050.8577	2.2	1.0	4.8	是
HKZP5	—	—	18311.6085	14863.3878	18311.6081	14863.3885	0.4	-0.7	11.1	是
HKZP5-1	—	—	18295.8190	14841.5311	18295.8180	14841.5321	1.0	-1.0	11.9	是

注:本区间贯通距离 D 为 1022.6m,d(HKZP3 到 HKZP4)距离为:192.760m、d(HKZP3 到 HKZP4-1)距离为:164.502m、(HKZP4 到 HKZP5)距离为:184.801m、d(HKZP4 到 HKZP5-1)距离为:211.498m。

由比较表可以看出,重合点重复测量坐标值的较差小于 $30d/D$(mm),故取逐次平均值作为控制点的最终成果。详见表 8-9。

洞内平面重合点成果 表 8-9

序号	点号	坐标 X(m)	坐标 Y(m)
平均值	HKZP4	18396.1014	15027.7443
	HKZP4-1	18412.6223	15050.8575
	HKZP5	18311.6083	14863.3882
	HKZP5-1	18295.8185	14841.5316

2. 洞内高程控制点加密

呼钢东路站—孔家营站区间洞内高程控制点加密测量时,采用闭合水准测量的方法进行往、返测量。以 HGSZ3-3 为起点,经 HKZP4-1、ZGY1、HKZP5-1、ZGY2、ZGY3、HKZP7-1 再闭合至 HGSZ3-3。具体测量结果见表 8-10。

高程往返测量比较表　　　　表 8-10

起　　点	终　　点	往测高差 （m）	返测高差 （m）	距离均值 （km）	往返较差 （mm）	允许误差 $\pm 8\sqrt{L}$（mm）	是否符合 限差要求
HGSZ3-3	HKZP4-1	－3.58188	3.58096	0.189	－0.92	3.5	是
HKZP4-1	ZGY1	－2.35207	2.35233	0.120	0.26	2.8	是
ZGY1	HKZP5-1	－0.75922	0.75926	0.120	0.04	2.8	是
HKZP5-1	ZGY2	－0.38193	0.38193	0.094	0.00	2.5	是
ZGY2	ZGY3	0.31259	－0.3126	0.162	－0.01	3.2	是
ZGY3	HKZP7-1	0.4213	－0.42129	0.095	0.01	2.5	是
HKZP7-1	HGSZ3-3	6.34032	－6.34129	0.779	－0.97	7.1	是

由表 8-10 可以看出，地下近井点闭合水准测量，其往、返测不符值均符合《城市轨道交通工程测量规范》（GB/T 50308—2017）不超过 $\pm 8\sqrt{L}$（mm）的限差要求。

精度评定：根据水准测量结果，本次水准测量每公里高差中数偶然中误差 M_Δ 按式（8-3）计算。

$$M_\Delta = \sqrt{\frac{1}{4n}\left[\frac{\Delta\Delta}{L}\right]} \tag{8-3}$$

式中：Δ——测段往返高差不符值（mm）；
　　　L——测段长（km）；
　　　n——测段数。
由统计可知：$[\Delta\Delta/L] = 6.26$，测段 $n = 7$，
则：$M_\Delta = \pm 0.47\text{mm/km}$。

本次高程复测每千米高差中数的偶然中误差 M_Δ 为 ±0.47mm。满足二等水准测量每千米高差中数的偶然中误差小于 ±2mm 的要求。

3. 洞内高程控制点成果对比表及说明

洞内高程控制点重复测量成果对比见表 8-11。

洞内高程控制点重复测量成果对比表　　　　表 8-11

点　　号	第一次成果（m）	第二次成果（m）	第三次成果（mm）	最大差值 ΔZ（mm）
HKZP4-1	1031.8155	1031.8152	1031.8153	0.3
ZGY1		1029.4629	1029.4631	－0.2
HKZP5-1		1028.7031	1028.7039	－0.8

由高程成果对比表可以看出，洞内高程重复测量点 HKZP4-1、ZGY1、HKZP5-1 高程互差均满足不大于 ±5mm 的精度要求，故采用逐次平均值作为本次测量的最终成果。成果见表 8-12。

洞内高程控制点重复测量最终成果　　　　表 8-12

点　　号	本次地下高程近井点成果 H（m）
HKZP4-1	1031.8153
ZGY1	1029.4630
HKZP5-1	1028.7035

七、洞内控制测量结论

根据外业观测及平差计算结果可知，本次高程平差后，洞内高程加密点往、返测高差较差小于±8mm，每千米高差中数的偶然中误差为±0.47mm，小于限差±2mm/km。故本次联系测量成果各项指标均满足《城市轨道交通工程测量规范》(GB/T 50308—2017)有关高程轨道交通二等的精度要求。

八、数据处理及平差计算

本次加密平面及高程外业观测结束后，首先对观测数据进行分析和计算，当各项指标满足规范要求后，再进行平差计算。本次平面及高程控制网加密平差计算时，采用武汉大学科傻地面控制测量数据处理系统进行严密平差计算。

九、控制点成果表

控制点成果见表8-13。

控制点成果表　　　　表8-13

点　号	成果值(m)			备　注
	X	Y	H	
HKZP1	18565.4109	15351.4995		联系测量成果
HKZP2	18531.1913	15264.7390		联系测量成果
HKZP3	18492.6731	15194.5679		联系测量成果
HKZP4	18396.1014	15027.7443		采用逐次平均值
HKZP4-1	18412.6223	15050.8575	1031.8153	采用逐次平均值
HKZP5	18311.6083	14863.3882		采用逐次平均值
HKZP5-1	18295.8185	14841.5316	1028.7035	采用逐次平均值
HKZP6	18215.5831	14698.8366		本次加密更新
HKZP7	18126.0344	14525.2502		本次加密更新
HKZP7-1	18129.0002	14533.7176	1029.0559	本次加密更新
HGSZ3-3			1035.3967	联系测量成果
HGSZ3-4			1035.1524	联系测量成果
HGSZ3-5			1034.8251	联系测量成果
ZGY1			1029.4630	采用逐次平均值
ZGY2			1028.3220	本次加密更新
ZGY3			1028.6346	本次加密更新

十、附件

(1) 控制网平差报告。
(2) 仪器检定证书复印件。
(3) 控制网示意图。
(4) 外业测量原始记录表。

第九章

竣工测量

地铁工程竣工后，为检查建筑主体结构及竣工线路是否符合设计要求，需进行竣工测量。工程建设竣工、验收时所进行的测量工作，按测量服务对象不同主要包括：控制点结构竣工测量、轨道竣工测量、设备竣工测量以及管线竣工测量等。本章主要介绍盾构法隧道结构竣工测量的内容和方法。

第一节　贯　通　测　量

隧道贯通后要利用贯通面两侧经过检测的平面和高程控制点进行贯通误差测量。贯通误差测量包括隧道横向、纵向和方位角贯通误差以及高程贯通误差。

一　平面贯通测量

平面贯通测量是测定实际的横向和纵向贯通误差，测量方法随洞内控制的形式而异，主要有中线法和坐标法两种测量方法。

1. 中线法

采用中线法施工的隧道贯通后，可以采用中线法进行贯通误差测量。从相向的两个方向各自向贯通面延伸中线，并各钉一临时桩，量取两桩之间的距离，即得隧道的实际横向贯通误差，两临时桩的里程之差即为隧道的实际纵向贯通误差。

如图9-1所示由贯通面两侧最近的中线点(或导线点)向贯通面测设中线 A、B，则 A、B 点间距离即为横向贯通误差，贯通面两侧推算的 A、B 里程差即为纵向贯通误差。

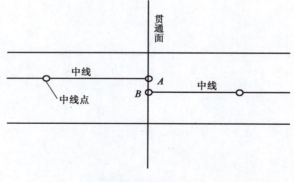

图9-1　中线法示意图

2. 坐标法

采用导线作为洞内控制时，贯通之后在贯通面上钉一临时桩，从相向测量的两个方向各自向临时桩进行支导线测量，分别测取临时桩点的平面坐标，将两组坐标的差值分别投影到线路和线路法线方向上，即为横向和纵向贯通误差，如图9-2所示。

方位角贯通误差利用两侧控制点测定与贯通面相邻的同一导线边的方位角较差确定。

分标段施工的地段，不同标段之间的结构贯通误差测量工作可根据实际情况，采用以上两种方法测定。盾构区间一般采用坐标法进行平面贯通测量，高架段贯通测量一般采用中线法。

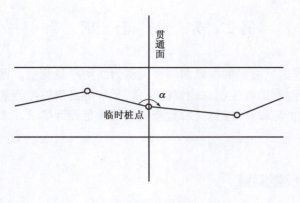

图 9-2 坐标法

二、高程贯通测量

高程贯通测量是测定实际的竖向贯通误差,当两相向开挖的隧道贯通后,应及时进行高程贯通测量。高程贯通测量采用二等水准方法由隧道两端的洞门附近水准点向洞内各自进行水准测量,分别测出贯通面附近的同一水准点高程,其高程较差即为实际的高程贯通误差。

三、贯通测量的一般要求

(1) 贯通测量前必须先检测地下已知控制点的稳定情况,选用稳定的地下控制点作为贯通测量的起始点。

(2) 贯通误差成果判定:暗、明挖隧道和高架结构横向贯通测量中误差不超过 ±50mm,高程贯通测量中误差不超过 ±25mm,纵向贯通测量中误差不超过 ±L/10000mm(L 为隧道长度)。如图 9-3 所示。

图 9-3 贯通测量

第二节 断面测量

城市轨道交通工程区间隧道的横断面测量又称为结构净空测量。横断面测量是测量横断面上的界限控制点,通过对限界控制点位置的测量,了解隧道建筑限界的实际位置和结构净空尺寸,并将这些测量数据与设计进行比较,检查其是否满足设计要求。本节主要介绍盾构法隧道横断面测量内容。

一 地下控制点恢复测量

在隧道贯通测量误差满足限差要求后,应进行地下控制点的恢复测量,恢复的地下控制点是断面测量的基准点。

地下控制点恢复测量时起算点选用车站或者区间竖井投测的施工控制点,并将以后的平面控制点或中线点联测成附和导线,将高程控制点联测成附和水准路线。

二 盾构法隧道横断面形式

盾构法隧道横断面主要有圆形、马蹄形、矩形和直拱形等形式(图9-4~图9-6)。

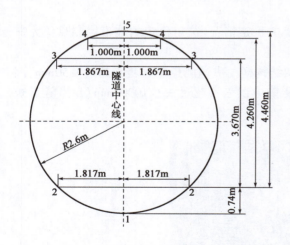

图9-4 圆形隧道横断面形式

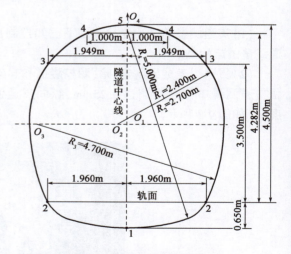

图9-5 马蹄形隧道横断面形式

三 横断面的位置及断面点位置

(1)断面里程位置:按照里程增大方向,盾构法隧道直线每隔6m,曲线段每隔5m(一般情况直线段每隔4环,曲线段每隔3环,每环长度为1.5m),测量一个断面,测点为管片接缝处的突出点。曲线起点、终点、缓圆点、联络通道、隔断门、防淹门门框两端、车站屏蔽门安装起点和终点等断面突变处须加测断面。

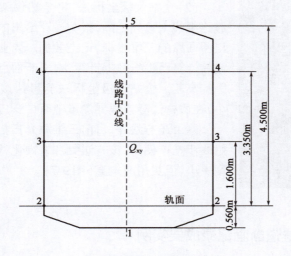

图 9-6 矩形隧道横断面形式

（2）断面测点位置：区间横断面上测量点的位置应为依据断面形式确定的建筑限界控制点或有设计支点位置的断面点。一般环底、环顶和轨面高程位置为必测断面点。

四　断面测量的一般要求

（1）横断面测量可采用不低于Ⅲ级全站仪或者断面仪等测量设备进行限界控制点测量。横断面里程中误差不应超过±50mm，断面限界控制点与线路中线法距的测量中误差不应超过±10mm，除横断面底板上的线路中线点外，其他限界控制点高程的测量中误差不应超过±20mm。

（2）底板纵断面线路中线点高程测量应使用不低于 DS_3 级水准仪测量，里程中误差不应超过±50mm，高程测量中误差不应超过±10mm。

（3）断面测量完成后，应对结构断面测量成果进行检核，限界紧张的断面应进行复测。

（4）结构横断面和底板纵断面测量完成后，应按照设计要求的数据格式编制和提供断面测量成果表，并绘断面图。

五　断面测量方法

盾构法隧道横断面测量可采用支距法、全站仪极坐标法、断面仪法、三维激光扫描法及摄影测量等。下面对常用的断面测量方法进行简单介绍。

（1）支距法：支距法测量横断面是早期经常使用的横断面测量方法，该方法用经纬仪和皮尺、塔尺（或花杆）等辅助测量工具直接进行横断面测量。测量时，首先将经纬仪安置在隧道线路中线上任意一点，以另一线路中线点定向，测定出线路中线方向。然后根据设计给出的限界控制点坐标，在横断面上标定其实际位置。接着使用直尺或皮尺分别直接测量横断面上限界控制点与线路中线的水平距离和高差。此种方法劳动强度较大，精度较低，适合于洞径小、测量精度要求低的断面测量。

（2）全站仪极坐标法：将全站仪架设在洞内控制点或者线路中线上设站定向，根据设计给出的断面测点要求直接测出断面点的三维坐标，记录数据。内业处理利用编制的软件或者计算器进行数据计算，得出断面点相对于线路中线的横距和高差。全站仪极坐标法测量速度快，精度高，劳动强度小，在盾构法隧道限界测量中有广泛应用。

除上述方法外，目前三维激光扫描和摄影测量技术也开始逐步推广使用，该方法更加人性化，数据处理方便，劳动强度更小，但实用成本高（图9-7）。

图9-7 三维激光扫描仪

六 盾构法圆形隧道断面记录成果实例

圆形隧道断面高程测量记录表见表9-1，圆形隧道断面横距测量记录表见表9-2。

圆形隧道断面高程测量记录表　　　　表9-1

检测断面里程	线路中心线顶部			线路中心线底部			设计轨面高程（m）	备注
	设计值（m）	实测值（m）	差值（mm）	设计值（m）	实测值（m）	差值（mm）		
YDK17+824.507	1056.682	1056.845	164	1051.482	1051.347	−135	1052.222	
YDK17+830.536	1056.561	1056.738	176	1051.361	1051.249	−112	1052.101	
YDK17+836.529	1056.441	1056.617	176	1051.241	1051.140	−101	1051.981	
YDK17+842.529	1056.321	1056.488	167	1051.121	1051.023	−99	1051.861	
YDK17+848.550	1056.201	1056.392	191	1051.001	1050.896	−105	1051.741	
YDK17+854.544	1056.081	1056.260	179	1050.881	1050.766	−115	1051.621	
YDK17+860.558	1055.961	1056.103	142	1050.761	1050.603	−158	1051.501	
YDK17+866.540	1055.841	1055.971	130	1050.641	1050.480	−161	1051.381	
YDK17+872.551	1055.721	1055.868	147	1050.521	1050.363	−158	1051.261	
YDK17+878.539	1055.601	1055.743	142	1050.401	1050.255	−146	1051.141	
YDK17+884.576	1055.480	1055.633	152	1050.280	1050.141	−139	1051.020	
YDK17+890.573	1055.361	1055.507	147	1050.161	1050.018	−143	1050.901	
YDK17+896.595	1055.240	1055.398	158	1050.040	1049.897	−144	1050.780	
YDK17+902.576	1055.120	1055.266	146	1049.920	1049.766	−154	1050.660	
YDK17+908.575	1055.000	1055.121	121	1049.800	1049.638	−163	1050.540	
YDK17+914.584	1054.880	1055.013	132	1049.680	1049.526	−154	1050.420	
YDK17+920.585	1054.760	1054.889	129	1049.560	1049.406	−154	1050.300	
YDK17+926.619	1054.640	1054.772	132	1049.440	1049.285	−155	1050.180	
YDK17+932.604	1054.520	1054.649	129	1049.320	1049.160	−160	1050.060	
YDK17+938.555	1054.405	1054.508	104	1049.205	1049.032	−172	1049.945	

续上表

检测断面里程	线路中心线顶部			线路中心线底部			设计轨面高程（m）	备注
	设计值（m）	实测值（m）	差值（mm）	设计值（m）	实测值（m）	差值（mm）		
YDK17+944.595	1054.295	1054.406	111	1049.095	1048.933	−162	1049.835	
YDK17+950.615	1054.193	1054.310	118	1048.993	1048.839	−153	1049.733	
YDK17+956.612	1054.098	1054.214	116	1048.898	1048.744	−154	1049.638	
YDK17+962.593	1054.011	1054.128	118	1048.811	1048.660	−150	1049.551	
YDK17+968.612	1053.930	1054.052	122	1048.730	1048.581	−149	1049.470	
YDK17+974.598	1053.857	1053.965	108	1048.657	1048.493	−164	1049.397	
YDK17+980.606	1053.791	1053.924	132	1048.591	1048.447	−144	1049.331	
YDK17+986.614	1053.733	1053.874	142	1048.533	1048.396	−137	1049.273	
YDK17+992.629	1053.681	1053.791	110	1048.481	1048.317	−164	1049.221	

圆形隧道断面横距测量记录表　　　　　　　　表9-2

检测断面里程	轨面线左侧			轨面线右侧			轨面线上3.67m左侧			轨面线上3.67m右侧			轨面线上4.26m左侧			轨面线上4.26m右侧		
	设计值（m）	实测值（m）	差值（mm）	设计值（m）	实测值（m）	差值（mm）	设计值（m）	实测值（m）	差值（mm）	设计值（m）	实测值（m）	差值（mm）	设计值（m）	实测值（m）	差值（mm）	设计值（m）	实测值（m）	差值（mm）
YDK17+824.507	1.817	2.000	183	1.817	2.018	201	1.867	2.092	225	1.867	2.082	215	1.000	1.376	376	1.000	1.374	374
YDK17+830.536	1.817	1.995	178	1.817	1.966	149	1.867	2.117	250	1.867	2.105	238	1.000	1.414	414	1.000	1.420	420
YDK17+836.529	1.817	1.990	173	1.817	1.982	165	1.867	2.128	261	1.867	2.086	219	1.000	1.440	440	1.000	1.401	401
YDK17+842.529	1.817	1.996	179	1.817	1.972	155	1.867	2.125	258	1.867	2.097	230	1.000	1.423	423	1.000	1.402	402
YDK17+848.550	1.817	1.974	157	1.817	1.986	169	1.867	2.109	242	1.867	2.110	243	1.000	1.415	415	1.000	1.408	408
YDK17+854.544	1.817	1.992	175	1.817	2.001	184	1.867	2.104	237	1.867	2.113	246	1.000	1.391	391	1.000	1.400	400
YDK17+860.558	1.817	2.030	213	1.817	2.034	217	1.867	2.078	211	1.867	2.067	200	1.000	1.330	330	1.000	1.332	332

第十章

盾构施工监测

盾构法施工有不影响地面交通、对环境影响干扰小、适用各种复杂的地质条件、施工速度快等诸多优点,在国内地铁施工中被广泛采用。施工前通常根据区域地质条件提前选择合适的盾构型号,同时对盾构的推进速度、刀盘转速、刀盘扭矩、土仓压力、出土量、同步注浆压力及注浆量等进行设计。实际施工中存在地质勘察不充分、盾构参数设计不合理、施工控制不当等诸多不确定因素,势必会对盾构周围土体产生扰动引起地层不规律变化,同时也使盾构上方市政管线、建(构)筑物、道路等市政设施发生沉降或变形。

在盾构施工期间对工程结构及施工沿线重要管线、地面、道路、建(构)筑物的变形实施监测,能为各方提供及时、可靠的信息用以评定盾构在施工期间的安全性。通过及时的监测信息反馈指导施工,不仅可保证结构自身的安全稳定,还可对周边环境影响进行有效控制,减少施工对周边路面及管线等周围环境的影响,从而有效地将施工控制在安全范围之内。并对可能发生的危及环境安全的隐患或事故及时、准确的预报,以便及时采取有效措施,避免事故发生,还可以确认盾构施工设计参数及施工方法是否合理,优化和修正设计参数,积累工程经验,提高工程的设计和施工的整体水平。

第一节 监测等级、范围及项目

一 监测等级

现行规范对盾构工程施工监测等级进行了明确划分,主要从工程自身特点、周边环境条件、工程地质条件三大影响因素,全面的考虑各种因素的风险等级,结合三大因素的最高风险等级综合确定工程等级。

1. 工程自身风险等级

隧道工程自身风险等级可根据支护结构发生变形或破坏、岩土体失稳等的可能性和后果的严重程度,采用工程风险评估的方法确定。也可根据隧道埋深、隧道断面尺寸确定,见表10-1。

隧道工程自身风险等级　　　　　　表10-1

工程自身风险等级	等级划分标准
一级	超浅埋隧道;超大断面隧道
二级	浅埋隧道;近距离并行或交叠的隧道;盾构始发与接收区段;大断面隧道
三级	深埋隧道;一般断面隧道

注:1. 超大断面隧道是指断面尺寸大于100m^2的隧道;大断面隧道是指断面面积在50~100m^2的隧道;一般断面隧道是指断面面积在10~50m^2的隧道。

2. 近距离隧道是指两隧道间距在一倍开挖宽度(或直径)范围以内。

3. 隧道深埋、浅埋和超浅埋的划分根据施工工法、围岩等级、隧道覆土厚度与开挖宽度(或直径),结合当地工程经验综合确定。

2. 周边环境风险等级

周边环境风险等级宜根据周边环境发生变形或破坏的可能性和后果的严重程度,采用工程风险评估的方法确定,也可根据周边环境的类型、重要性、与工程的空间位置关系和对工程的危害性划分。见表10-2。

周边环境风险等级　　　　　　　　　　　　　表 10-2

周边环境风险等级	等级划分标准
一级	主要影响区内存在既有轨道交通设施、重要建(构)筑物、重要桥梁与隧道、漂流或湖泊
二级	主要影响区内存在一般建(构)筑物、一般桥梁与隧道、高速公路或重要地下管线； 次要影响区内存在既有轨道交通设施、重要建(构)筑物、重要桥梁与隧道、河流或湖泊； 隧道工程上穿既有轨道交通设施
三级	主要影响区内存在城市重要道路、一般地下管线或一般市政设施； 次要影响区内存在一般建(构)筑物、一般桥梁与隧道、高速公路或重要地下管线
四级	次要影响区内存在城市重要道路、一般地下管线或一般市政设施

也可参考如下分类：

（1）重要建(构)筑物一般是指文物古迹、近代优秀建筑物，10 层以上高层、超高层民用建筑物，重要的烟囱、水塔等；

（2）重要桥梁是指城市高架桥、立交桥等；

（3）重要隧道是指城市过江隧道、公路隧道、铁路隧道等；

（4）重要地下管线是指雨污水干管、中压以上煤气管、直径较大的自来水管、中水管等对工程有较大危害的地下管线等；

（5）城市重要道路是指城市快速路、主干路等；

（6）市政设施是指由市政府出资建造的公共设施，一般指市政规划区内的各种建(构)筑物、设备等，主要包括城市道路(含桥梁)、供水、排水、燃气、热力、道路照明、垃圾处理等设施及附属设施。

3. 工程监测等级

工程监测等按表 10-3 划分，并应根据当地经验结合地质条件复杂程度进行调整。

工程监测等级划分表　　　　　　　　　　　　表 10-3

工程监测等级 风险等级工程 自身风险等级	周边环境			
	一级	二级	三级	四级
一级	一级	一级	一级	一级
二级	一级	二级	二级	二级
三级	一级	二级	三级	三级

工程监测等级主要根据工程自身风险和周边环境风险等级确定。在此分级的基础上，还需要根据工程地质条件的复杂程度对监测等级进行调整，工程地质条件复杂程度为中等或简单时监测等级可不进行调整，工程地质条件为复杂时监测等级上调一级，上调后提高一级。

二 监测范围

监测范围应根据隧道埋深和断面尺寸、施工方法、地质条件、周边环境条件等综合确定，并包括主要影响区和次要影响区。

土质隧道工程影响分区按表 10-4 进行划分。

土质隧道工程影响分区　　　　　　　　　　表 10-4

隧道工程影响分区	范　围
主要影响区（Ⅰ）	隧道正上方及沉降曲线反弯点范围内
次要影响区（Ⅱ）	隧道沉降曲线反弯点至沉降曲线边缘 2.5i 处
可能影响区（Ⅲ）	隧道沉降曲线边缘 2.5i 外

注：i 为隧道地表沉降曲线 Peck 计算公式中的沉降槽宽度系数（m）。

$$i = \frac{z_0}{\sqrt{2\pi} \cdot \tan\left(45° - \frac{\varphi}{2}\right)} \qquad (10-1)$$

式中：z_0——隧道埋深（m）；

φ——岩土体内摩擦角（°）。

各城市确定沉降曲线参数时，要考虑本地区的工程经验。具体划分可参考图 10-1。

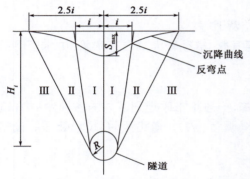

图 10-1　浅埋隧道工程影响分区

H_i-隧道中心埋深；S_{max}-隧道中线上方的地表沉降量

三　监测项目

盾构法施工监测对象主要有工程支护结构、周边岩土体和周围环境三类。城市轨道交通工程建设施工地点多数位于城市繁华区域，周边环境、地质条件复杂，工程支护结构、周边岩土体和周围环境对象相互影响、相互制约，是一个密切相关的复杂整体。工程中不同监测对象之间、不同监测对象的监测项目之间以及同一监测对象的不同监测项目之间相互关联，监测对象和监测项目的确定应体现彼此之间的关联性，在组成有效监测体系的同时，选取反映工程安全的重要监测对象、关键监测项目开展监测工作，建立完整的监测体系，体现重点部位重点监测。

监测项目应根据工程监测等级、影响分区、监测对象的特点、重要程度，既反映监测对象的变化规律与特征，又体现监测对象相互间的变形关系，形成有效、整体的监测体系，综合选取监测项目。

1. 盾构法自身风险监测项目

对盾构施工过程中的自身风险进行监控，是掌握自身结构变形情况、控制安全风险、指导施工、预测风险的有效控制措施，盾构法支护结构及周边岩土体监测项目选取见表 10-5。

盾构法隧道管片结构和周围岩土体监测项目　　　　　　　　表 10-5

序　号	监测项目	工程监测等级		
		一级	二级	三级
1	管片结构竖向位移	√	√	√
2	管片结构水平位移	√	○	○
3	管片结构净空收敛	√	√	√
4	管片结构应力	○		
5	管片连接螺栓应力	○		
6	地表沉降	√	√	√

续上表

序 号	监测项目	工程监测等级		
		一级	二级	三级
7	土体深层水平位移	○	○	○
8	土体分层竖向位移	○	○	○
9	管片围岩压力	○	○	○
10	孔隙水压力	○	○	○

注：√-应测项目；○-选测项目。

2. 盾构法周边环境风险监测项目

为充分掌握盾构施工对周边环境的影响与稳定性，在对自身结构监测的同时完全有必要对周边环境对象进行全面监测。通过监测可以有效地为设计及施工对周边环境提供必要的保护和控制措施，以达到施工对周边环境影响最小的目的。周边环境监测项目选取见表10-6。

周边环境监测项目　　　　　　　　表10-6

监测对象	监测项目	工程影响分区	
		主要影响区	次要影响区
建（构）筑物	竖向位移	√	√
	水平位移	○	○
	倾斜	○	○
	裂缝	√	√
地下管线	竖向位移	√	√
	水平位移	○	○
	差异沉降	√	√
高速公路与城市道路	路面路基竖向位移	√	○
	挡墙竖向位移	√	○
	挡墙倾斜	√	○
桥梁	墩台竖向位移	√	√
	墩台差异沉降	√	√
	墩柱倾斜	√	√
	梁板应力	○	○
	裂缝	√	○
既有城市轨道交通	隧道结构竖向位移	√	√
	隧道结构水平位移	√	○
	隧道结构净空收敛	○	○
	隧道结构变形缝差异沉降	√	√
	轨道结构（道床）竖向位移	√	√

续上表

监测对象	监测项目	工程影响分区	
		主要影响区	次要影响区
既有城市轨道交通	轨道静态几何形位（轨距、轨向、高低、水平）	√	√
	隧道、轨道结构裂缝	√	○
既有铁路（包括城市轨道交通地面线）	路基竖向位移	√	√
	轨道静态几何形位（轨距、轨向、高低、水平）	√	√

注：√-应测项目；○-选测项目。

四 第三方监测主要对象和内容

第三方监测，就是在地铁项目业主和项目承建方之间控制质量的第三方独立机构，主要为业主提供及时、可靠的信息用以评定地铁结构工程在施工期间的安全性及施工对周边环境的影响，并对可能发生的危及环境安全的隐患或事故提供及时、准确的预报，并发出报警信息，以便及时采取有效措施，避免事故的发生，是客观了解工程各主体部分的关键性安全状态和质量程度和处理工程合同纠纷的重要依据。

地铁施工第三方监测的主要对象主要包括以下5个部分：明挖基坑（明挖车站、附属结构、明挖区间、盾构井等）和浅埋暗挖隧道工程；与车站、区间近接的需重点保护的建（构）筑物和文物；明挖基坑四周地表和区间隧道地表；高架部分（站柱、桥墩）；设计单位和业主有特殊要求的建筑物。

监测的主要内容包括：土体侧向变形、支护结构侧向变形、支护结构桩（墙）顶水平位移、道路沉降、建（构）筑物沉降、支撑立柱沉降、倾斜和裂缝观测、地下管线的沉降倾斜、锚索（杆）拉力、支撑轴力、爆破振动以及地下水位观测等。具体监测对象见表10-7。

第三方监测的主要项目、测点布置原则和监测精度　　表10-7

序号	监测项目	监测对象或位置	测点布置	仪器及等级	监测要求最小精度	施工方法
1	围护结构桩顶水平位移和沉降	围护结构桩顶	边长大于30m的按间距30m布点，小于30m的按1点布置	全站仪、1″级	1.0mm	明挖基坑
2	围护结构变形	围护结构内	边长大于30m的按间距30m布点，小于30m的按1点布置。同一孔测点间距0.5m	测斜管、测斜仪	1.0mm	
3	支撑轴力	钢管支撑端部	车站基坑每层5个测点。通道、风道、出入口、施工竖井、区间风井、盾构井每层支撑道数超过5根的按2个测点计，5根以下，按1个测点计	轴力计	≤1/100F·s	

续上表

序号	监测项目	监测对象或位置	测点布置	仪器及等级	监测要求最小精度	施工方法
4	支撑立柱沉降监测	支撑立柱顶上	立柱总数超过25根的按20%计;总数≥10且≤25根的按5根计,小于10根的,按1根计	水准仪、每公里高程中误差0.5mm	1.0mm	明挖基坑
5	拱部下沉	隧道拱顶	每10～30m设1个断面,断面设置在进出洞口、地层变化等代表性地点	水准仪、每公里高程中误差0.5mm	1.0mm	浅埋暗挖隧道
6	内空收敛	隧道拱腰		收敛计	1.0mm	
7	建(构)筑物沉降、倾斜	近接工程施工	每个建(构)筑物不少于3个测点	全站仪、水准仪	1.0mm	
8	地表沉降(或隆陷)	基坑周边和区间隧道地表	沿基坑周边和区间隧道地表间距10～15m,并且每个车站和区间分别设3～5个主断面,每个主断面不少于13个测点	水准仪、每公里高程中误差0.5mm	1.0mm	所有工程
9	地下水位	基坑周边或区间隧道边线外	每上车站和区间3～5孔	水位管、水位计	1.0mm	明挖基坑、浅埋暗挖隧道
10	管线沉降	受施工影响区域	视管线具体情况定,一般每10～15m设1点	水准仪、每公里高程中误差0.5mm	1.0mm	全线
11	高架部分站柱、桥墩沉降,应力、变形、基础监控	车站,高架部分	沉降均按设计文件布设,最外侧站柱、桥墩每个均需观测,其他选择有代表性的结构部分	水准仪、全站仪、轴力计等	1.0mm	车站、高架区间

第二节 变形监测网

盾构施工的监测工作主要有竖向位移、水平位移等,水平位移是监测点在平面上的变动,它可以分解到某一特定方向,竖向位移是监测点在铅直面或大地水准面法线方向上的变动。

为了测定监测点的变形,则必须设置一定数量稳定的基准点作为整个变形监测网的起算点。为了保证监测基准网的稳定,通常有两种方法:一是远离工程影响范围,二是深埋。实际工作中应综合考虑基准的布设,距离太远测量工作开展不便,距离太近受工程施工变形的影响,地铁施工埋深较大,近距离的基准点埋设深度一般达不到要求。因此在靠近监测点附近设置一些相对稳定的工作点(工作基点),由于工作基点多处于变形影响范围以内,因此需要工作基点与基准点时常联测,以确保监测成果的准确。

平时从工作基点出发测量监测点相对于工作基点的变形值 Δ_1,每隔一段时间后再测量工作基点相对于基准点的变形值 Δ_2,经内插修正后求得监测点相对于基准点的变形值 Δ。变形监测网示意图如图 10-2 所示。

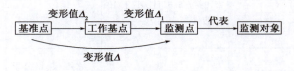

图 10-2　变形监测网点关系图

从图 10-2 可以看出,变形监测主要由三种点、两种等级网组成,基准点一般埋设在工程影响变形范围以外,并尽可能地保证长期保存和稳定。工作基点是基准点和监测点之间的联系点,一般埋设在影响较小区域,与基准点共同构成绝对网(基准网),基准网一般复测时间间隔较长,用来测量基准点相对于工作基点之间的变形量。这一变形量一般较小,实际工作过程中可以在一个复测周期内不定期进行基准点与工作基点之间的单独联测,检核工作基点的稳定性,如果发现工作基点变形较大及时开展整网复测。工作基点与监测点之间具有方便的联测条件,工作基点与监测点共同组成次级网。次级网监测周期较短,用来测量监测点相对工作基点的变形量,通过不同周期的变量比较,来直接反映监测对象的变形情况。

一　竖向位移基准网

1. 基准点布置

为保证监测水准网有足够的起算数据检核条件,纳入基准网或观测网中的基准点与工作基点数量应各不少于 3 个,布设的基准点设置于地铁工程影响区外的稳定地段,其分布区域能够有效控制监测范围,并且便于外业观测。

水准基准点埋设深埋金属标,并设置保护井保护,具体埋设的要求如下:

(1)保护井壁宜采用砖砌,井壁厚度宜为 240mm,井底垫圈宽度宜为 370mm,井深宜为 1000mm;井盖宜采用钢质材料,井盖直径宜为 800mm;井口标高宜与地面标高相同;

(2)基准点应分为内管和外管,且外管直径宜为 75mm,内管直径宜为 30mm,基准点顶部距离井盖顶宜为 300mm,井底垫圈面距基准点顶部高度宜为 700mm;

(3)基准点宜采用钻机钻孔的方式埋设,基准点底部埋设深度应至相对稳定的土层,钻孔底封堵厚度宜为 360mm,基点底靴厚度宜为 1000mm。

深埋金属标基准点埋设形式如图 10-3 所示。

为便于监测,工作基点可在施工区域相对稳定的地段埋设,也可采用建筑物上埋设基准点的形式。

2. 主要技术要求

采用水准测量方法,以基准点及工作基点为起算点,将监测点纳入其中,组成水准观测网,通过观测求取各期监测点高程值以计算竖向变形量。

水准路线有闭合水准路线、附合水准路线、支水准路线等形式,地铁工程监测高程系统一般采用地铁工程建设的高程系统,也可采用独立的假定高程系统。水准基准网一般布设成闭合或附合水准路线形式,将竖向变形监测点纳入其中进行观测。为保证有足够的起算数据检核,纳入基准网或观测网中的基准点与工作基点数量应各不少于3个。

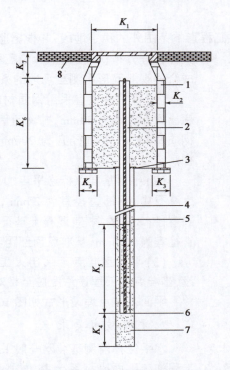

图 10-3 深埋钢管水准基准点标石

1-保护井;2-外管;3-外管悬空卡子;4-内管;5-钻孔(内填);6-基点底靴;7-钻孔底;8-地面;K_1-井盖直径;K_2-井壁厚度;K_3-井底垫圈宽度;K_4-钻孔底封堵厚度;K_5-基点底靴厚度;K_6-井底垫圈面距基准点顶部高度;K_7-基准点顶部距井盖顶高度

考虑监测对象竖向变形监测控制指标及监测作业的经济性,监测精度一般要求达到控制指标的 1/10~1/20,因此,竖向变形监测点相对基准点的精度达到 ±3mm 时一般可满足大多数监测要求。对基准网及观测网的组网,可综合考虑使用的仪器精度与基准点、监测点的分布来进行网形设计,以满足监测精度要求。

采用水准测量方法时,垂直位移监测控制主要技术要求应符合表 10-8 的规定。

垂直位移监测控制网主要技术要求　　　　　表 10-8

等　级	相邻基准点 高差中误差 (mm)	测站高差中误差 (mm)	往返较差、附合 或环线闭合差 (mm)	检测已测 高差之较差 (mm)
Ⅰ	±0.3	±0.07	±0.15$\sqrt{n}$	0.2$\sqrt{n}$
Ⅱ	±0.5	±0.15	±0.30$\sqrt{n}$	0.4$\sqrt{n}$
Ⅲ	±1.0	±0.30	±0.60$\sqrt{n}$	0.8$\sqrt{n}$

注:n-测站数。

当采用其他方法布设监测控制网时,在满足相邻基准点精度要求下,其主要技术要求应符合上述及国家现行相关规范及标准的要求。

二、水平位移基准网

1. 基准点布置

平面基准点选设于地铁工程影响范围外的稳定地段,并根据监测对象位置、场地布置围挡条件合理分布,一般每个单位工程不少于4个,能够满足组成合理观测网形引测至场地的条件。

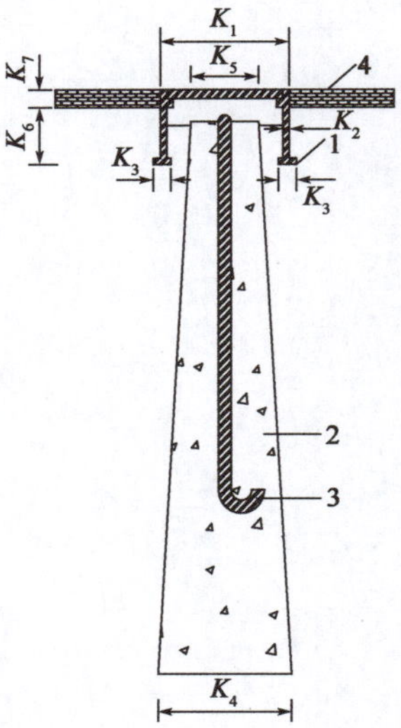

（1）保护井壁宜采用钢质材料,井壁厚度宜为10mm,井底垫圈宽度宜为50mm,井深宜为200～300mm;井盖宜采用钢质材料,井盖直径宜为200mm,井口高程宜与地面高程相同。

（2）平面基准点标志采用加工成"L"型的钢筋置入混凝土基石中,钢筋直径宜为25mm,顶部可刻画成"十"字或镶嵌直径1mm的铜芯;混凝土基石上部直径宜为100mm,下部直径宜为300mm,基准点顶部距离井盖顶宜为50mm。

（3）平面基准点可采用人工开挖或钻机钻孔的方式埋设,基准点底部埋设深度应至相对稳定的土层。

平面基准点埋设形式如图10-4所示。

图10-4 平面基准点标石
1-保护井;2-混凝土底座;3-钢标志点;4-地面;K_1-井盖直径;K_2-井壁厚度;K_3-井底垫圈宽度;K_4-混凝土基石底直径;K_5-混凝土基石顶直径;K_6-井底垫圈面距基准点顶部高度;K_7-基准点顶部距井盖顶高度

2. 主要技术要求

水平位移监测基准网一般采用导线网,平面基准以地铁工程施工平面坐标系为基准建立,采用附合或闭合导线形式,将场地附近用于观测监测点的设站点纳入其中,测点监测一般采用极坐标法(表10-9)。

导线网形设计时要进行精度估计,对待监测点的中误差进行计算,合理分配基准点、设站点与监测点的位置与距离关系,并根据监测精度要求、监测仪器性能等确定观测测回数。

水平位移监测控制网主要技术要求　　　表10-9

等级	相邻基准点的点位中误差（mm）	平均边长（m）	测角中误差（"）	最弱边相对中误差	全站仪标称精度	水平角观测测回数	距离观测测回数 往测	距离观测测回数 返测
I	±1.5	150	±1.0	≤1/120000	±1″,±(1mm+1×10⁻⁶×D)	9	4	4
II	±3.0	150	±1.8	≤1/70000	±2″,±(2mm+2×10⁻⁶×D)	9	3	3
III	±6.0	150	±2.5	≤1/40000	±2″,±(2mm+2×10⁻⁶×D)	6	2	2

当采用其他方法布设监测控制网时,在满足相邻基准点精度要求下,其主要技术要求应符合上述及国家现行相关规范及标准的要求。

第三节　监测方法和手段

一　盾构区间洞内及洞外巡查

1. 巡查目的

现场巡查工作是与现场监测同样重要的一项工作,现场巡查的目的主要有:

(1) 直接观察盾构法施工有无异常变化,便于综合工程施工进度情况、盾构施工参数、施工开挖范围地质情况、施工结构质量及稳定情况、周边环境异常变化等信息,进行工程安全风险分析。

(2) 作为现场监测工作的一项重要补充,可对监测点覆盖的区域进行查看,保证监测的覆盖全面,并根据巡查情况调整监测工作。

2. 巡查方法

盾构法施工巡查方法与其他工法施工巡查方法基本一致,需要进行现场踏勘、工程资料研究、交底、盾构设备状态观察记录、周边环境观察描述记录及时对巡查的总结反馈等。

3. 巡查内容

(1) 盾构工程施工进度。
(2) 盾构铰接密封情况。
(3) 管片破损情况。
(4) 管片错台情况。
(5) 管片间渗漏水/砂/泥等情况。
(6) 盾尾漏浆情况。
(7) 橡胶止水条的位移情况等。
(8) 现场施工监测基准点、监测点、监测元器件的完好状况、保护情况等。

二　地表沉降(隆起)监测

1. 监测目的

地表沉降是盾构法施工监测的一项重要监测项目,其主要目的是通过动态监测数据指导施工调整盾构开挖的推力、土压、掘进速度、注浆量、出土量等参数,了解盾构施工开挖对地层扰动的控制程度,判断周围岩土体是否有空洞产生,以便采取措施保证工程安全及周边环境对象的安全。同时取得采用盾构设备在特定地层下施工对地层干扰引起的变形规律,为设计提供参考依据。

2. 测点布置要求

盾构隧道工程地表沉降监测点的布设位置由设计单位在施工设计图中确定,并在实际实施时根据现场情况变化进行修正。因盾构施工土压力控制的不确定性以及对围岩地质体及环境对象的了解程度有限,需要布置一定密度的监测点进行实测验证。盾构法地表沉降监测布点原则如下。

(1) 监测点应沿盾构隧道轴线上方地表布设,且监测等级为一级时,监测点间距宜为 5~10m;监测等级为二级、三级时,监测点间距宜为 10~30mm;始发与接收地段应适当增加监测点;

(2) 应根据周边环境和地质条件布设垂直于隧道轴线的横向监测断面,且监测等级为一级时,监测断面间距宜为 50~100m;监测等级为二级、三级时,间距宜为 100~150m;

(3) 在始发和接收段、联络通道等部位及地质条件不良易产生开挖面坍塌和地表过大变形的部位,应有横向监测断面控制;

(4) 横向监测断面的监测点数量宜为 7~11 个,且主要影响区的监测间距宜为 3~5m,次要影响区的监测点间距宜为 5~10m。

3. 测点埋设要求

(1) 地表监测点宜采用钻孔方式埋设,钻孔深度应到原状土层,钻孔直径不宜小于 80mm,螺纹钢标志点直径宜为 18~22mm,底部将螺纹钢标志点用混凝土与周边原状土体固定,底端混凝土固定长度宜为 50mm,孔内用细砂回填;

(2) 地表监测点的保护井壁宜用钢质材料,井壁厚度宜为 10mm,井底垫圈宽度宜为 50mm,井深宜为 200~300mm;井盖宜采用钢质材料,井盖直径宜为 150mm,井口标高宜与地表标高相同;

(3) 井底垫圈面距监测点顶部高度不宜小于井深长度的 1/2,且不宜小于预计的最大沉降量。

地表监测点埋设形式如图 10-5 所示。

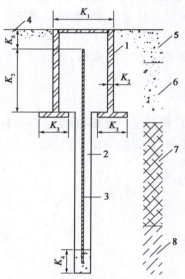

图 10-5 地表监测点
1-保护井;2-钻孔回填细砂;3-螺纹钢标志;4-地面;5-面层;6-基层;7-垫层;8-原状土;K_1-保护井盖直径;K_2-保护井壁厚度;K_3-井底垫圈宽度;K_4-底端混凝土固结长度;K_5-井底垫圈面距监测点顶部高度;K_6-监测点顶部距井盖顶高度

4. 主要技术要求

沉降观测一般主要采用水准测量,沉降观测水准测量与一般水准测量相比,其相应的等级精度高,各项限差值较小,技术要求严格。在不同的监测周期,要求采用同仪器、同标尺、同时间段、同水准路线,以削弱系统误差对监测成果的影响。所谓的同水准路线,指的是设置固定的置镜点与立尺点,使往返测在同一水准线路上进行。

沉降监测工作水准观测主要技术要求见表 10-10。

水准观测主要技术要求   表 10-10

等级	仪器型号	水准尺	视线长度(m)	前后视距差(m)	前后视距累计差(m)	视线离地面最低高度(m)	基、辅分划读数较差(mm)	基、辅分划读数所测高差较差(mm)
Ⅰ	DS05	因瓦尺	≤15	≤0.3	≤1.0	0.5	≤0.3	≤0.4
Ⅱ	DS05	因瓦尺	≤30	≤0.5	≤1.5	0.3	≤0.3	≤0.4
Ⅲ	DS1	因瓦尺	≤50	≤1.0	≤3.0	0.3	≤0.5	≤0.7

注:电子水准仪同一标尺两次读数差不设限差,两次读数所测高差的差执行基、辅分划所测高差的限差。

监测数据处理过程中往返测高差均应加入标尺长度改正,然后再计算往返测高差较差,高差较差合格后,根据改正后的往返测高差即可计算高差中数,再由高差中数计算线路闭合差。

由于用于沉降监测的水准测量一般视线较短,每千米测站数很多,故对闭合差一般采用按测段的测站数进行分配的方法。观测结束后每测高差中误差可以用式(10-2)来计算:

$$\mu_{站} = \pm \sqrt{\frac{[P_i d_i]}{4n}} \tag{10-2}$$

而:

$$P_i = \frac{1}{N_i} \tag{10-3}$$

式中:n——附合路线的测段数;

N_i——附合路线的测段数;

d_i——各测段往返高差较差,以 mm 计。它们的权各为 $P_i/2$。

三 管片变形监测

盾构隧道施工过程中,盾构开挖对地层的扰动和对地层的注浆都会对周边岩土体产生影响,地层土体损失及再次固结必然导致隧道结构周边岩土体及周边建(构)筑物产生一定的变形,同时隧道自身受力条件改变也会产生沉降和水平位移。盾构隧道结构是由管片拼装而成,自身形状在受力过程中也会产生不同的位移,严重时会引起结构病害影响使用功能或出现结构安全问题。所以在盾构施工过程中,必须对隧道本身的沉降、水平位移、断面收敛等变形进行监测。

1. 监测目的

管片变形监测主要目的:

(1)动态掌握盾构隧道结构变形,验证施工引起的隧道沉降和水平位移是否控制在允许范围内,以便采取必要的控制措施;

(2)形成预警机制,避免发生结构安全风险事故。

2. 测点布置

盾构管片结构竖向、水平位移和净空收敛监测断面及监测点布设应满足下列要求:

(1)在盾构始发与接收段、联络通道附近、左右线交叠或邻近段、小半径曲线段等区段应布设监测断面;

(2)存在地层偏压、围岩软硬不均、地下水位较高等地质条件复杂区段应布设监测断面;

(3)下穿或邻近重要建(构)筑物、地下管线、河流湖泊等周边环境条件复杂区段应布设监测断面;

(4)每个监测断面宜在拱顶、拱底、两侧拱腰处布设管片结构净空收敛监测点,拱顶、拱底的净空收敛监测点可兼作竖向位移监测点,两侧拱腰处的净空收敛监测点可兼作水平位移监测点(图10-6)。

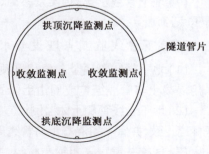

图10-6 管片变形监测点布置示意图

3. 作业方法

管片变形监测中拱顶沉降监测的常用方法是在拱顶测点上吊钢尺或倒挂铟钢尺用精密水准仪采用几何水准测量;洞内收敛监测常用方法是使用收敛计直接测量。

四、地下管线监测

(一) 监测目的

地铁多建于繁华城市,地下管线密布,盾构施工对周围岩土体的干扰势必会对上方管线产生影响。过大的管线变形甚至会造成管线破坏,不仅影响管线使用功能及使用寿命,给城市居民日常生活带来较大麻烦,也可能对地铁工程自身结构及施工产生较大影响(如雨污水管开裂后,可能引起地面塌方,天然气管爆炸造成人身伤亡及财产损失等)。

为确保地下管线的使用安全及施工的顺利进行,盾构施工过程中必须对周边影响区域的地下管线进行变形监测,特别要对供水管、天然气管、煤气管、雨污水管、热力管等带水、带压管线进行监测,以便有效保证管线的安全,并有效的指导施工,防止安全事故的发生。

(二) 测点布置

1. 布设原则

(1) 地下管线监测点埋设形式和布设位置应根据地下管线的重要性、修建年代、类型、材质、管径、接口形式、埋设方式、使用状况,以及与工程的空间位置关系等综合确定。

(2) 地下管线位于主要影响区时,竖向位移监测点的间距宜为 5~15m;位于次要影响区时,竖向位移监测点的间距宜为 15~30m。

(3) 竖向位移监测点宜布设在地下管线的节点、转角点、位移变化敏感或预测变形较大的部位。

(4) 地下管线位于主要影响区时,宜采用位移杆法在管体上布设直接竖向位移监测点;地下管线位于次要影响区且无法布设直接竖向位移监测点,可在地表或土层中布设间接竖向位移监测点。

(5) 隧道下穿污水、供水、燃气、热力等地下管线且风险很高时,应布设管线结构直接竖向位移监测点及管侧土体竖向位移监测点。

(6) 地下管线水平位移监测点的布设位置和数量应根据地下管线特点和工程需要确定。

(7) 地下管线密集、种类繁多时,应对重要的、抗变形能力差的、容易渗漏或破坏的管线进行重点监测。

2. 地下管线监测点埋设要求

(1) 地下管线管顶竖向位移监测点宜采用测杆形式埋设于管线顶部结构上,测杆底端宜采用混凝土与管线结构或周边土体固定,测杆外应加保护管,保护管外侧应回填密实。

(2) 地下管线管侧土体监测点宜采用测杆形式埋设于管线外侧土体中,测杆底端宜与管线底标高一致,并宜采用混凝土与管线周边土体固定,测杆外应加保护管,保护管外侧应回填密实。

(3) 保护井井壁宜采用钢质材料,井壁厚度宜为 10mm,井底垫圈宽度宜为 50mm,井深宜为 200~300mm;井盖宜采用钢质材料,井盖直径宜为 150mm,井口标高宜与地面标高相同。

(4) 有检查井的管线应打开井盖直接将监测点布设到管线上或管线承载体上。

(5) 无检查井但有开挖条件的管线应开挖暴露管线,将监测点直接布到管线上。

(6) 既无检查井也无开挖条件的管线可在对应的地表埋设间接观测点,对于具有特殊风险,或特别重要的管线,需要布设于管侧。

(7) 在管线上布设监测点时,对于封闭的管线可采用抱箍式埋点,对于开放式的管线可在管线或管线支墩上做监测点支架。

地下管线管顶监测点宜采用测杆形式放置于管线顶部结构上,测杆外加保护管。地下管线管侧监测点宜采用测杆形式放置于管线底的侧面土体中,底部将测杆用混凝土与周边土体固定,测杆外加保护管。

地下管线位移杆式直接监测点、地下管线管侧土体监测点布设示意如图10-7所示。

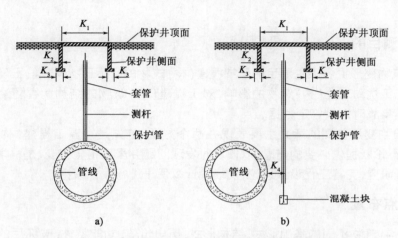

图10-7 地下管线监测点布置示意图(位移杆式、管侧土体式)
K_1-保护井盖直径;K_2-保护井井壁厚度;K_3-井底垫圈宽度;K_4-保护管与管线距离

(三) 地下管线巡查

1. 首次巡查

在施工前对所有巡查的地下管线做首次巡查。首次巡查的重点是调查地下管线现状,巡查该管线周围有无地面裂缝、渗水及塌陷情况、检查井等附属设施的开裂以及井内有无积水或积水的深度等情况。有裂缝的地方做好标识,记录裂缝的位置、形态,用游标卡尺或裂缝读数显微镜测量并记录裂缝的宽度;井内有积水的要记录积水的深度以及积水来源。对在施工影响前已经出现的地面裂缝、井内积水等异常情况,采用拍照的方式进行影像资料存档。

2. 日常巡查

巡查的内容包括:
①管线沿线地面开裂、渗水及塌陷等情况。
②检查井等附属设施的开裂以及井内有无积水或积水深度等情况。对在首次巡查中发现的既有裂缝测量其宽度并与初始宽度进行现场比较;发现地下管线持续漏水(气)、检查井内出现开裂或进水等异常情况要及时通报。巡查过程中,拍照存档,并填写现场安全巡查表。

在施工期间,应对周边管线进行每天至少一次的巡查,当盾构施工和地下管线自身及其他周边环境出现监测预警、变形突变或巡查异常,以及遇有暴风雨、暴雪等恶劣天气状况,须加强对管线的巡查。

(四) 作业方法

地下管线监测中,通常进行竖向位移及差异沉降监测,个别情况下考虑进行水平位移监测。地下管线沉降及差异沉降监测中,所采用的监测方法主要为几何水准的方式,其基本原理、监测方法及要求等内容与地表沉降监测相同。

五 建(构)筑物监测

(一) 监测目的

建(构)筑物变形提名人主要目的是掌握建(构)筑物的实际形状,科学、正确、及时地分析和反映盾构施工扰动对建(构)筑物的影响,对工程建(构)筑物的结构病害防治提供依据,在发生结构破坏事故时提供鉴定数据。

建(构)筑物变形监测的意义主要表现在两个方面:首先是掌握工程建(构)筑物的稳定性,为安全运行诊断提供必要的信息,以便及时发现问题并采取措施;其次是科学上的意义,对变形机理分析研究,完善工程设计理论,反馈设计以便于进行设计模拟。

(二) 测点布置

根据建(构)筑物不同的基础形式、结构形式、历史价值、功能特性、破坏后的社会影响,需要根据对建(构)筑物的现场调查及评估结果及专项设计要求,针对性的确定对建(构)筑物监测的布点,基本布点原则如下。

(1) 建(构)筑物竖向位移监测点应布设在外墙或承重柱上,位于主要影响区时,监测点沿外墙间距宜为 10～15m,或每隔 2 根承重柱布设 1 个监测点;位于次要影响区时,监测点沿外墙间距宜为 15～30m,或每隔 2～3 根承重柱布设 1 个监测点;在外墙转角处或结构形式变化处要布设竖向位移监测点;

(2) 在高低悬殊或新旧建(构)筑物连接、建(构)筑物变形缝、不同结构分界、不同基础形式和不同基础埋深等部位的两侧应布设竖向位移监测点;

(3) 对烟囱、水塔、高压电塔等高耸构筑物,应在其基础轴线上对称布设竖向位移监测点,且每栋构筑物竖向位移监测点不应少于 3 个;

(4) 风险较高的建(构)筑物应适当增加竖向位移监测点数量;

(5) 建(构)筑物水平位移监测点应布设在邻近盾构施工一侧的建(构)筑物外墙、承重柱、变形缝两侧及其他有代表性的部位,并可与建(构)筑物竖向位移监测点布设在同一位置;

(6) 倾斜监测点应沿主体结构顶部、底部上下对应按组布设,且中部可增监测点;

(7) 每栋建(构)筑物倾斜监测数量不宜少于 2 组,每组的监测点不应少于 2 个;

(8) 采用基础的差异沉降推算建(构)筑物倾斜时,倾斜监测点的布设应满足竖向位移监测点的布设要求;

(9) 裂缝宽度监测应根据裂缝的分布位置、走向、长度、宽度、错台等参数,分析裂缝的性质、产生的原因及发展趋势,选取应力或应力变化较大部位的裂缝或宽度较大的裂缝进行监测;

(10) 裂缝宽度监测应在裂缝的最宽处及裂缝首、末端按组布设,每组应布设 2 个监测点,并应分别布设在裂缝两侧,且其连线应垂直于裂缝走向。

(三) 建(构)筑物巡查

1. 首次巡查

在盾构施工前对所影响的建(构)筑物做首次巡查。首次巡查的重点是调查建(构)筑物现状,巡查该建(构)筑物有无裂缝、剥落情况,有地下室的建筑物须进入地下室察看有无漏水的情况。有裂缝的地方要做好标识,记录裂缝的位置、形态,用游标卡尺或裂缝读数显微镜测量并记录裂缝的宽度。地下室出现渗、漏水的地方要做好标识,记录渗、漏水的位置及水量大小。对在施工影响前已经出现的裂缝、地下室渗漏水等异常情况,采用拍照的方式进行影像资料存档。

2. 日常巡查

巡查的内容包括:①建(构)筑物裂缝、剥落;②地下室渗水等。对在首次巡查中发现的既有裂缝应测量其宽度并与初始宽度进行现场比较。发现建(构)筑物墙体、柱或梁新增裂缝或裂缝发展速率超过预警标准、地下室出现渗水、漏水等异常情况要及时通报。巡查过程中,拍照存档,并填写现场安全巡查表。

在施工期间,应对周边建(构)筑物进行每天至少一次的巡查,盾构施工和建(构)筑物自身及其他周边环境出现监测预警、变形突变或巡查异常,暴风雨雪等恶劣天气条件下,需加强对建(构)筑物的巡查工作。

(四) 作业方法

1. 沉降监测

建(构)筑物监测中,通常进行竖向位移及差异沉降监测,所采用的监测方法主要为几何水准的方式,其基本原理、监测方法及要求等内容与地表沉降监测相同。

2. 倾斜监测

建(构)筑物倾斜程度一般用倾斜率 i 来表示,见图10-8。

图10-8 倾斜率示意图

$$i = \frac{a}{H} = \tan\alpha \qquad (10\text{-}4)$$

式中:α——倾斜角;
a——建(构)筑物上部相对于底部的水平位移量;
H——建(构)筑物高度。

3. 裂缝监测

裂缝宽度变化监测常采用裂缝观测仪直接测读或在裂缝两侧贴、埋标志,用千分尺或游标卡尺等工具直接量测。进行监测时,需要保证裂缝观测仪、千分卡尺或游标卡尺每次测量同一位置,每次应监测不少于3次且互差在允许范围的合格数据,取其平均值作为最终监测结果。见图10-9。

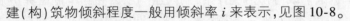

图10-9 裂缝宽度变化测点埋设及现场监测示意图

第四节 监测频率与周期

盾构法隧道工程施工的监测频率应符合盾构施工法施工引起周围岩土体变形规律的要求,周围岩土体的变形规律主要包括先期隆起或沉降、盾构到达时沉降、盾构通过时沉降、盾尾空隙沉降和长期延续沉降,对周围岩土体的监测应能反映整个变形过程。

盾构法隧道开挖面前方的监测对象主要是周围岩土体和周边环境,具体监测频率根据开挖面与监测点或监测断面的水平距离来确定;盾构法隧道开挖面后方的监测对象除了周围岩土体和周边环境外,管片结构也应进行监测。对于管片结构位移、净空收敛在衬砌环脱出盾尾且能通视时才能进行监测,具体监测频率也是根据开挖面离开监测点或监测断面的水平距离来确定。

盾构法隧道工程监测频率可按表 10-11 的要求执行。

盾构法隧道工程监测频率　　　　　表 10-11

监测部位	监测对象	开挖面至监测点或监测断面的距离	监测频率
开挖面前方	周围岩土体和周边环境	5D<L≤8D	1 次/(3~5d)
		3D<L≤5D	1 次/2d
		L≤3D	1 次/1d
开挖面后方	管片结构、周围岩土体和周边环境	L≤3D	(1~2 次)/1d
		3D<L≤8D	1 次/(1~2d)
		L>8D	1 次/(3~7d)

注:1. D-盾构法隧道开挖直径(m);L-开挖面至监测点或监测断面的水平距离(m)。
　　2. 管片结构位移,净空收敛宜在衬砌环脱出盾尾且能通视时进行监测。
　　3. 监测数据趋于稳定后,监测频率宜为 1 次/(15~30d)。

盾构法工程监测从盾构设备掘进前取得初始值开始,洞内监测项目在结构施工完成后停止,环境对象监测项目在稳定后停止监测,对业主有特殊要求或管理部门有规定的应按相关要求周期监测。

第五节 监测预警标准

一、盾构法施工监测控制值

(一)盾构自身结构监测项目控制值

盾构法隧道管片结构竖向位移、净空收敛和地表沉降控制值应根据工程地质条件、隧道设计参数、工程监测等级及当地工程经验确定,当无地方经验时,按表 10-12、表 10-13 执行。

盾构法隧道管片结构竖向位移、净空收敛监测项目控制值　　　　表 10-12

监测项目及岩土类型		累计值(mm)	变化速率(mm/d)
管片结构沉降	坚硬~中硬土	10~20	2
	中软~软弱土	20~30	3
管片结构差异沉降		0.04%L_S	—
管片结构净空收敛		0.2%D	3

注：L_S-沿隧道轴向两监测点间距；D-隧道开挖直径。

盾构法隧道地表沉降监测项目控制值　　　　表 10-13

监测项目及岩土类型		工程监测等级					
		一级		二级		三级	
		累计值(mm)	变化速率(mm/d)	累计值(mm)	变化速率(mm/d)	累计值(mm)	变化速率(mm/d)
地表沉降	坚硬~中硬土	10~20	3	20~30	4	30~40	4
	中软~软弱土	15~25	3	25~35	4	35~45	5
地表隆起		10	3	10	3	10	3

注：本表主要适用于标准断面的盾构法隧道工程。

(二) 周边环境监测项目控制值

1. 建(构)筑物监测项目控制值的确定

(1) 建(构)筑物监测项目控制值应在调查分析建(构)筑物使用功能、建筑规模、修建年代、结构形式、基础类型、地质条件等的基础上，结合其与工程的空间位置关系、已有沉降、差异沉降和倾斜以及当地工程经验进行确定，并符合现行国家相关规范的规定。

(2) 对风险等级为一级、二级的建(构)筑物，宜通过结构检测、计算分析和安全性评估等确定建(构)筑物的沉降、差异沉降和倾斜控制值。

(3) 当无地方工程经验时，对于风险等级较低且无特殊要求的建(构)筑物，沉降控制值宜为 10~30mm，变化速率控制值宜为 1~3mm/d，差异沉降控制值宜为 0.001~0.002L(L 为相邻基础的中心距离)。

2. 地下管线监测项目控制值的确定

(1) 地下管线监测项目控制值应在调查分析管线功能、材质、工作压力、管径、接口形式、埋设深度、铺设方法、铺设年代等的基础上，结合其与工程的空间位置关系和当地工程经验进行确定。

(2) 对风险等级较高的地下管线，宜通过专项调查、计算分析和安全性评估确定其沉降和差异沉降控制值。

(3) 当无地方工程经验时，对风险等级较低且无特殊要求的地下管线沉降及差异沉降控制值可按表 10-14 执行。

(三) 预警标准

盾构法隧道工程监测预警等级的划分与工程建设城市的工程特点、施工工经验等相适应，具体的预警等级可根据工程实际需要确定，一般取监测控制值的 70%、85%、100% 划分为三级 (表 10-15)。

地下管线沉降及差异沉降控制值　　　　表 10-14

管线类型	沉降		差异沉降（mm）
	累计值（mm）	变化速率（mm/d）	
燃气管道	10~30	2	$0.3\%L_g$
雨污水管	10~20	2	$0.25\%L_g$
供水管	10~30	2	$0.25\%L_g$

注：1. 燃气管道的变形控制值适用于 100~400mm 的管径；
　　2. L_g-管节长度。

监测预警分级标准　　　　表 10-15

预警级别	预警状态描述
黄色预警	变形监测的绝对值和速率值双控指标均达到控制值的 70%；或双控指标之一达到控制值的 85%
橙色预警	变形监测的绝对值和速率值双控指标均达到控制值的 85%；或双控指标之一达到控制值
红色预警	变形监测的绝对值和速率值双控指标均达到控制值

现场巡查是监测的重要组成部分，当现场巡查过程中发现下列情况之一时，同样需要发布预警。

(1) 盾构隧道支护结构出现明显变形、较大裂缝、较严重渗漏水、隧道底鼓等。

(2) 盾构隧道周围岩土体出现涌砂、涌土、管涌、较严重渗漏水、突水等。

(3) 周边地表出现突然明显沉降或较严重的突发裂缝、坍塌。

(4) 建(构)筑物、桥梁等周边环境出现危害正常使用功能或结构安全的过大沉降、倾斜、裂缝等。

(5) 周边地下管线变形突然明显增大或出现裂缝、泄漏等。

(6) 根据当地工程经验判断应进行预警的其他情况。

二 地面建筑文物监测

(一) 案例简介与保护措施

钟楼始建于明代洪武十七年(公元 1384 年)，因楼上悬挂一口铁钟而得名。它是我国古代遗留下来许多钟楼中形制最大、保存最完整的一座。钟楼无论从建筑规模、历史价值、艺术价值各方面衡量，都居全国同类建筑之冠，属国家重点保护文物。

西安地铁 2 号线地下隧道设计为左右线分别从钟楼东西两侧绕行，在设计施工时即考虑了钟楼的保护方案，比如，在施工方法工艺措施上，采用对钟楼地基土影响相对较小的盾构法施工，并对掘进速度采取限制措施；地基加固措施：结合隧道埋深、钟楼文物地基基础特点，为使地铁隧道开挖及运营过程中对地基影响降低至最低程度，对钟楼地基采取灌注桩加固，即在距钟楼基座外 8m，四周布设桩径 1000mm，桩长 29.5m，桩间距 1.4m，共 139 根钻孔灌注桩，并对桩底采取了二次注浆措施。这些措施的目的是在隧道施工整个过程中，要求累计沉降量控制值≤5.0mm。

钟楼场地地貌单元属于黄土梁间洼地，地基土由分层夯实的素填土、新黄土、黄土、古土壤组成。基础为分层夯实素土，基座高 8.6m，均由分层夯实的素填土组成，四周外砌青砖。基座下为分层夯实,土厚 6.2~7.4m,基座外分层夯实,土厚 5.8~6.3m。

因钟楼基础为夯实素土,且具有湿陷性,局部夯实土夯实不均匀,发现有地基下沉、基座墙体开裂和中心偏移现象。1982 年对钟楼进行立面摄影测量中,发现钟楼宝顶相对底层拱门中心有 1.10m 偏移。1983 年 5 月煤炭航测大队对钟楼倾斜测量中,发现钟楼宝顶中心相对底层的总偏移量(西南方向)为 48mm,宝顶倾斜角 5′。随后对钟楼进行了勘察,钟楼主体进行长期变形监测,并对钟楼地基采取了渗水防护措施等,使钟楼变形在安全控制范围。

(二) 钟楼沉降监测

本次钟楼沉降观测利用了施工监测期间的基准点 3 个,沉降观测点 36 个,编号为 1~30、A1~A6。根据相关要求,钟楼的沉降观测精度按二级变形要求施测,其精度要求每测站高差中误差≤0.5mm,附合或环线闭合差≤1.0$\sqrt{n}$ mm。其沉降观测的基准网按国家一等水准测量要求施测,其测量精度要求相邻基准点高差中误差≤0.3mm,每测站高差中误差≤0.07mm,往返较差、附合或环线闭合差≤0.15$\sqrt{n}$ mm。具体布设点位如图 10-10 所示。

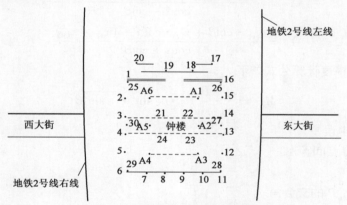

图 10-10 西安钟楼沉降观测点布置示意图

经过观测,监测点位累积沉降量均介于 1.33mm(A5 号点)~-2.61mm(21 号点)之间,平均累积沉降为:-0.92mm,未超过设计允许值(下沉量≤5mm),且在整个监测期间沉降量变化值较小,说明地铁 2 号线在运营初期对钟楼其主体产生的沉降影响较小,在预先设定的控制值范围内。监测时间—沉降量曲线如图 10-11 所示。

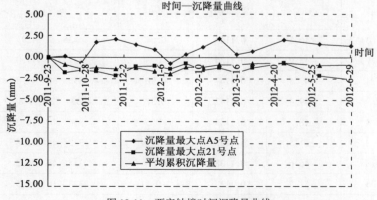

图 10-11 西安钟楼时间沉降量曲线

(三) 钟楼倾斜监测

钟楼水平位移采用二级变形测量,观测点坐标中误差应小于 3mm。按照倾斜观测进行,具体方法采用前方交会法,即:在钟楼较远处的稳定区域设立两个可以通视的基准点 K_1、K_2,钟楼西侧一层天台两转角点方向作为坐标系南北方向轴线,该线垂直方向为坐标系东西方向。

首次观测,全站仪对向精密测量 K_1、K_2 点之间距离,并以该值作为各期观测的基准计算数据。后各期观测时,对水平角 α、β 观测 2 个测回。钟楼倾斜共观测 15 次。观测示意图如图 10-12 所示。

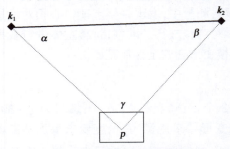

图 10-12 西安钟楼倾斜观测示意图

利用前方交会,计算钟楼宝顶固定点 P 坐标,公式如下:

$$X_F = \frac{x_{k1} \cdot \cot\beta + x_{k2} \cdot \cot\alpha - (y_{k2} - y_{k1})}{\cot\alpha + \cot\beta}$$

$$Y_F = \frac{y_{k1} \cdot \cot\beta + y_{k2} \cdot \cot\alpha + (x_{k2} - x_{k1})}{\cot\alpha + \cot\beta}$$

观测中,观测精度计算公式如下:

$$M_p = \frac{m}{\rho} \cdot \frac{D_{K1K2}}{\sin^2\gamma} \cdot \sqrt{\sin^2\alpha + \sin^2\beta}$$

式中:m——测角中误差;

D_{K1K2}——K_1、K_2 点间距离;

$\rho = 206265''$;

α、β、γ——K_1、K_2、P 的交会角。

每期观测结束后,按上式计算钟楼顶 P 点坐标,并与首次观测坐标(施工监测首次值)比对,计算出 P 点的倾斜量、变化量、倾斜方向等。结果显示交会点每次测量的点位中误差最大为 2.8mm、最小为 1.3mm。具体观测结果见表 10-16。

西安钟楼倾斜观测结果　　　　表 10-16

监测时间顺序	ΔX (mm)	ΔY (mm)	倾斜偏移量 (m)	变化量 (mm)	倾斜方向 (° ′ ″)	备注
1	104.6	-46.5	0.1144	0.64	336　2　4.9	
2	104.7	-43.9	0.1135	-0.30	337　14　17.0	
3	104.4	-47.5	0.1147	0.90	335　30　47.8	
4	102.9	-49.4	0.1142	0.37	334　23　5.8	
5	102.4	-48.5	0.1133	-0.54	334　40　16.7	北偏西
6	100.0	-51.5	0.1125	-1.34	332　45　18.8	
7	103.8	-46.6	0.1138	0.00	335　48　26.2	
8	101.5	-51.2	0.1137	-0.11	333　14　47.5	
9	103.0	-46.8	0.1132	-0.64	335　34　38.4	
10	103.1	-48.3	0.1139	0.09	334　54　22.0	

续上表

监测时间顺序	ΔX (mm)	ΔY (mm)	倾斜偏移量 (m)	变化量 (mm)	倾斜方向 (° ′ ″)	备 注
11	101.4	-49.7	0.1129	-0.88	333 54 29.4	北偏西
12	105.1	-43.3	0.1137	-0.09	337 36 45.7	
13	107.6	-41.8	0.1155	1.66	338 46 48.3	
14	108.3	-40.1	0.1155	1.69	339 40 10.1	
15	107.4	-38.8	0.1142	0.41	340 09 24.8	

注：X-北方向；Y-东方向。

由观测结果可知，建筑文物钟楼在西安地铁2号线运营初期，虽有一定的沉降量、水平位移量，但绝对值较小，在可控范围之内，对构筑物的影响甚微，钟楼处于稳定安全状态。

第十一章

盾构法测量管理

任何组织都需要管理。没有管理,任何一个组织都不能有效运行。管理是多方面的,当管理与组织的产品质量有关时,那么这种管理就尤为重要。测量管理主要有成果质量管理、生产质量管理、质量监督管理及测量标准化。质量管理是在质量方面指挥和控制组织的协调活动。

第一节 盾构施工测量责任矩阵

盾构法隧道测量是一项对从业人员要求极高的技术工作,但为了规避测量技术事故,我们不仅要从技术上严格把关,而且要从管理上认真把控,只有技术与管理相结合,才能真正有效控制盾构法隧道测量工作。为了加强测量技术管理,我们将盾构法测量的全过程分解成6个二级过程,20个三级过程,为管理岗位,落实责任,结合企业管理体系的岗位设置情况,将盾构测量分成项目经理部、三级公司、总包方三个管理层级共十个相关岗位,对测量技术控制任务进行了管理责任分解,形成了盾构法隧道责任矩阵(RAM)。

鉴于盾构法隧道测量技术的专业性和复杂性,为了进一步突出测量技术控制的专业管理责任,在责任矩阵的岗位中,专门强调设置了项目专业工程师和测量咨询,并做如下补充说明:本责任矩阵中分设测量组和项目专业工程师两级岗位。测量组的主要职责是:操作、执行、计算、落实;项目专业工程师的主要职责是:方案、复核、检查、分析、问题整改闭合等。这样设置主要为了将测量的技术执行与测量管理监督工作实行岗位分离,使得各方责任更加清晰明确,从管理架构上来进一步规避了盾构法隧道测量的问题。

本责任矩阵中,在总包方管理方面设置了测量咨询岗位。测量咨询的主要职责是协助总包方进行检查和控制盾构法隧道测量的各个环节是否满足测量规范及管理要求。

责任矩阵中,各相关岗位分工明确,责任明晰,各级单位只要对照责任矩阵,即可规范各岗位的责任区域,这样测量技术事故可以从管理环节上得到有效控制。同时,责任矩阵便于过程检查落实测量责任落实情况,也便于测量事故的责任追究。

责任矩阵表见表11-1~表11-7。

盾构法隧道测量责任矩阵 01 表11-1

责任 岗位		过程及编号	前期准备	
			DGCL-1-1-1	DGCL-1-1-2
			方案确定	资源配置
岗位责任矩阵	项目经理部	测量组	(1)收集规范、设计线路资料、设计单位测量成果、第三方测量成果、上级公司测量成果; (2)依据各项管理制度,将收集的测量资料汇总交项目专业工程师; (3)现场踏勘,并绘制控制点位置示意图	(1)负责测量仪器的日常检校及维修保养; (2)参加测量培训及学习
		项目专业工程师	(1)编制测量方案,明确各项测量成果达到的标准及指标; (2)按照流程上报测量方案,追踪审批; (3)将获批的方案组织全员学习	(1)依据项目实际情况,提报人员、仪器、软件需求; (2)验收测量仪器设备,建立测量仪器台账,明确保管责任人; (3)负责对测量人员进行培训; (4)负责测量仪器按规定检定,每月组织仪器自检一次

续上表

责任\过程及编号\岗位			前期准备	
			DGCL-1-1-1	DGCL-1-1-2
			方案确定	资源配置
岗位责任矩阵	项目经理部	项目总工程师	(1)组织并指导方案编制； (2)审核方案的合规性、适宜性、可控性、经济性； (3)组织对测量方案进行交底； (4)制订过程控制和检查制度，落实制度执行	(1)建立健全各项测量管理制度； (2)配置精度和数量满足要求的DS1级以上电子水准仪和Ⅱ级以上全站仪，配置正版平差软件； (3)协调三级公司配备合理数量的、能力满足岗位要求的人员，且应配备至少1名中级职称人员担任项目专业工程师； (4)组织测量人员培训考核
	三级公司	精测队	(1)指导项目部编制测量方案； (2)解释项目部不清楚的规范条文	(1)对项目的人员配置提出建议； (2)参与项目部人员培训工作
		公司专业工程师	审批项目测量方案	(1)评价项目部测量综合能力，采取相应措施； (2)督促项目部检定测量仪器； (3)负责公司盾构测量人员的培训工作
		公司总工程师	(1)建立健全公司盾构测量制度，明确各级岗位职责； (2)组织检查落实各项目部对制度、岗位职责、测量技术规范的落实情况； (3)组织召开专题会议，部署安排本公司盾构测量中存在的问题； (4)组织本公司盾构测量人员的培训工作，确保各项目部的盾构测量技术人员的业务能力满足履职要求	
	总包方	驻地代表	检查方案审批流程是否完整	(1)检查人员设备配置能否满足需要； (2)检查仪器设备是否检定
		专业工程师	(1)复查方案审批流程是否完整； (2)留备三级公司审批节点记录	(1)建立各项目部测量人员及仪器台账； (2)复查仪器设备是否检定； (3)检查是否配置专用计算机、U盘及是否采用正版平差软件计算
		测量咨询	(1)协助总包方明确各级岗位职责，建立测量管理制度； (2)协助总包方对各项目部测量人员进行技术培训、考核，协助评估各项目部测量人员履职能力； (3)指导各项目部编制测量方案，对测量过程中的各项指标偏差值提出控制建议	
		总工程师	(1)建立健全指挥部盾构测量制度，明确各级岗位职责； (2)组织检查落实各项目部对制度、岗位职责、测量技术规范的落实情况； (3)组织总包方盾构测量人员的培训工作，确认各项目部的盾构测量技术人员的业务能力能够满足履职要求	

盾构法隧道测量责任矩阵 02　　　　　表 11-2

责任\岗位		过程及编号	联系测量-1
			地面控制测量复测
			DGCL-1-2-1
岗位责任矩阵	项目部	测量组	(1)参与交接桩工作,标识并保护交接桩; (2)根据需要,埋设稳固的加密点并进行编号; (3)按照要求频率进行复测,测量精度要满足相关规范要求; (4)及时进行数据处理,经最终确认后及时更新; (5)比对多次测量重合点,发现异常情况及时上报处理
		项目专业工程师	(1)负责项目交接桩工作,现场核实桩点; (2)提报项目复测计划,并配合公司精测队复测工作; (3)督促测量组定期复测,复核数据处理过程,分析整理,确定成果; (4)按程序上报复测成果以待审批,将最终确认的成果及时更新; (5)将确认的复测成果向测量组和工区交底,注意工区共用点位的现场交底和数据确认
		项目总工程师	(1)组织交接桩及复测工作; (2)组织每半年对平面网、每季度对高程网复核一次,出现异常情况,及时组织补测; (3)检查测量组和专业工程师核实测量数据及记录的规范性和准确性(检查组网、测回数、测角精度、测距精度、闭合差、成果精度是否满足要求); (4)审批复测成果; (5)组织将最终审批结果进行交底
	三级公司	精测队	(1)根据项目计划及时进行复测,复测时必须将复测点位延伸至相邻区间的共同点(共同边); (2)复测完成后进行精度分析和成果比对,发现异常情况查明差别原因; (3)将复测成果报公司专业工程师复核; (4)向项目部进行最新成果的书面交底
		专业工程师	(1)协调公司各项目部与公司精测队测量工作; (2)对公司精测队成果复核; (3)将复核结论反馈给公司精测队,同时向三级公司总工程师报告
		总工程师	(1)组织检查各项目部对制度、岗位职责、测量技术规范的落实情况; (2)接受项目部、精测队、公司专业工程师的业务汇报,掌握公司盾构测量的动态,处置技术管理问题; (3)组织召开专题会议,解决公司盾构测量中存在的问题
	总包方	驻地代表	(1)检查测量工作的流程; (2)检查是否按照规范规定频次复测; (3)协调相邻标段联测工作
		专业工程师	(1)检查施测、数据处理及精度分析、复核、审核等工作流程; (2)复查是否按照规范规定频次复测; (3)检查多期重合点成果较差比对及分析,查找原因,发现异常情况及时上报处理

续上表

责任\岗位	过程及编号	联系测量-1
		地面控制测量复测
		DGCL-1-2-1
岗位责任矩阵	总包方 / 测量咨询	(1)检查各项目部是否按照审批方案实施,对测量各项指标提出意见; (2)复查各项目部的测量成果; (3)按照与总包方的咨询合同,及时复测重要控制点,如出现差别,分析、提出处理意见或建议; (4)将复测确认的测量成果及时给各项目部交底,并协调做好各标段之间的测量衔接工作; (5)参加总包方组织的测量会议,协助测量专项检查,协助制定整改措施
	总包方 / 总工程师	(1)组织检查落实各项目部对制度、岗位职责、测量技术规范的落实情况; (2)接受项目部、驻地、专业工程师的业务汇报,掌握各项目部盾构测量的动态,处置技术管理问题; (3)组织召开专题会议,解决各项目部盾构测量中存在的问题

盾构法隧道测量责任矩阵03　　　　　　　　　表 11-3

责任\岗位	过程及编号	联系测量-2				
		DGCL-1-3-2	DGCL-1-3-3	DGCL-1-3-4	DGCL-1-3-5	DGCL-1-3-6
		地面平面近井点测量	地面高程近井点测量	一井定向(联系三角形测量)	两井定向	高程传递测量及地下近井点高程测量
岗位责任矩阵	项目经理部 / 测量组	(1)根据拟定的网形和附合条件,埋设稳固的地面近井点、控制点,并进行编号; (2)根据联系测量方案,按规范要求设置钢丝(阻尼法)、钢尺悬挂装置; (3)按照《城市轨道交通工程测量规范》(GB/T 50380—2017)相应要求进行施测,并数据检核; (4)内业数据处理及精度指标(角度闭合差、坐标闭合差、测角中误差、高差往返测不符值、高程闭合差、地下起始定向边方位角等)计算; (5)成果判定及与历次成果比对,形成初步成果后,提交项目专业工程师审核; (6)实施定期复测,并向项目专业工程师提交初步复测报告				
	项目经理部 / 项目专业工程师	(1)确定联系测量方案; (2)检查流程和方法(测回数、测量次数、钢丝间距、外业限差、超限补测等),满足规范要求; (3)独立复核数据计算全过程,检查各项精度指标,评定测量及成果精度; (4)督促测量组定期复测,比对多次测量重合点,合理确定成果; (5)负责测量成果的编制、报验和审批工作; (6)将批准的最新成果向测量组进行书面交底				
	项目经理部 / 项目总工程师	(1)组织协调联系测量工作; (2)检查项目专业工程师独立复核情况及各项精度指标是否满足要求; (3)审核多期测量重合点差值比对及处理结果; (4)审核批准项目部测量成果及公司精测队测量成果; (5)组织定期复测				

续上表

责任 / 岗位		过程及编号	联系测量-2				
			DGCL-1-3-2	DGCL-1-3-3	DGCL-1-3-4	DGCL-1-3-5	DGCL-1-3-6
			地面平面近井点测量	地面高程近井点测量	一井定向(联系三角形测量)	两井定向	高程传递测量及地下近井点高程测量
岗位责任矩阵	三级公司	精测队	(1)指导和协助项目部开展联系测量工作; (2)实施测量(确保必要的测量频次,每区间不少于一次完整的地面近井测量、联系测量); (3)分析测量精度并出具测量成果报告; (4)将复测并经公司专业工程师审核批准的成果向项目部进行书面交底				
		公司专业工程师	(1)协调公司各项目部与公司精测队测量工作; (2)掌握项目部测量工作情况,检查其测量工作合规性; (3)指导公司精测队工作,复核其测量成果; (4)将复核结论反馈给公司精测队,同时向三级公司总工程师报告				
		总工程师	(1)组织检查落实各项目部对制度、岗位职责、测量技术规范的落实情况; (2)接受项目部、精测队、专业工程师的业务汇报,掌握公司盾构测量动态,处置技术管理问题; (3)组织召开专题会议,解决公司盾构测量中存在的问题				
	总包方	驻地代表	(1)检查测量工作流程; (2)检查是否按照规范规定频次复测				
		专业工程师	(1)检查施测、数据处理及精度分析、复核、审核等工作流程; (2)复查是否按照规定频次复测; (3)检查多期重合点成果较差比对及分析,查找原因,发现异常情况及时上报处理				
		测量咨询	(1)检查各项目部是否按照审批方案实施,对测量各项指标是否满足要求提出意见; (2)复查各项目部的测量成果; (3)按照与总包方的咨询合同,及时复测重要控制点,如出现差别,分析、提出处理意见或建议; (4)将复测确认的测量成果及时给各项目部交底; (5)参加总包方组织的测量会议,协助测量专项检查,协助制定整改措施				
		总工程师	(1)组织检查落实各项目部对制度、岗位职责、测量技术规范的落实情况; (2)接受项目部、驻地、专业工程师的业务汇报,掌握各项目部盾构测量的动态,处置技术管理问题; (3)组织召开专题会议,解决各项目部盾构测量中存在的问题				

盾构法隧道测量责任矩阵04　　　　　　　　　　　表 11-4

责任\岗位		过程及编号	盾构掘进测量			
			DGCL-1-4-1	DGCL-1-4-2	DGCL-1-4-4	DGCL-1-4-3
			洞门钢环复测	盾构始发平台测量测量	盾构零位姿态测量	盾构导向系统计划线数据
岗位责任矩阵	项目经理部	测量组	(1)进行理论位置数据计算； (2)根据复核确认的结果，进行现场测量； (3)将测量成果进行分析比对，并报专业工程师复核； (4)将项目总工师签字确认的结果给现场有关人员进行测量交底			(1)从图样中获取线路要素，计算盾构计划线数据，并生成指定格式的电子文档，无效文档及时删除； (2)将最终确认的计划线数据成果及时修改其文档名称（显示其相应的状态消息）； (3)将签字确认的数据文档导入盾构； (4)在项目总工的见证下，将盾构中的计划线数据文档复制导出，交项目部专业工程师核对
		项目专业工程师	(1)复核测量组的计算结果； (2)检查现场施测方法是否满足规范操作的要求； (3)组织对盾构零位姿态进行复测； (4)将测量结果与理论计算进行比对，发现数据超过规范要求时，及时上报处理； (5)比对结果确认在误差范围内后，形成测量报告，报项目总工程师审批； (6)将盾构零位姿态测量报告报备公司专业工程师			(1)采用与测量组完全独立的方式，计算盾构计划线数据； (2)采用不同方法，复核计划线数据，并在项目总工主持下，对比复核与测量组的计划线数据及计算依据； (3)将项目部最终确认的计划线数据文档报送三级公司专业工程师再次复核； (4)核对从盾构中导出的计划线数据，确认后上报
		项目总工程师	(1)协调盾构始发测量的相关工作； (2)复查始发测量的计算和复核过程是否满足规范操作要求； (3)审批项目专业工程师形成的复测报告； (4)发现异常情况，组织补测，确认后及时上报处理			(1)布置安排盾构计划线计算、复核、报批等确认事宜； (2)支持并见证测量组与专业工程师的计算复核过程； (3)主持并见证盾构导入与导出计划线数据文档过程； (4)接受专业工程师最后核对结论报告，确认盾构中的计划线数据的有效状态
	三级公司	精测队				指导项目部盾构导向系统的计划线初始数据计算工作
		公司专业工程师	(1)检查项目部复测的工作方法及流程； (2)收集并复核盾构零位姿态测量报告，发现异常情况及时查明原因，协助分析解决			(1)对项目经理部上报的计划线数据再次复核； (2)将再次复核结论反馈给项目部，同时将再次复核结论向三级公司总工程师报告

续上表

责任 岗位		过程及编号	盾构掘进测量			
			DGCL-1-4-1 洞门钢环复测	DGCL-1-4-2 盾构始发平台测量测量	DGCL-1-4-4 盾构零位姿态测量	DGCL-1-4-3 盾构导向系统计划线数据
岗位责任矩阵	三级公司	总工程师	(1)组织检查落实各项目部对制度、岗位职责、测量技术规范的落实情况； (2)接受项目部、精测队、专业工程师的业务汇报，掌握全公司盾构测量的动态,处置技术管理问题； (3)组织召开专题会议,解决公司盾构测量中存在的问题			
	总包方	驻地代表	(1)检查测量工作流程； (2)协调洞门钢环复测事宜； (3)检查盾构零位姿态测量是否满足要求			(1)检查盾构计划线的计算、项目部复核、公司再复核、数据导出后最后核对确认的全部流程； (2)见证盾构计划线数据的导入、导出过程
		专业工程师	(1)检查施测、数据处理及精度分析、复核、审核等工作流程； (2)检查多期重合点成果较差比对及分析,查找原因,发现异常情况及时上报处理			(1)复查盾构计划线的计算、项目部复核、公司再复核、数据导出后核对确认的全部流程； (2)对上述全部流程中的节点记录备份
		测量咨询	(1)对各项目部测量过程中的各项指标偏差值提出控制建议； (2)对各项目部上报的测量资料进行仔细检查,指出不符合要求的做法； (3)参加总包方组织的测量会议,协助测量专项检查,协助制定整改措施			
		总工程师	(1)组织检查落实各项目部对制度、岗位职责、测量技术规范的落实情况； (2)接受项目部、驻地、专业工程师的业务汇报,掌握各项目部盾构测量动态,处置技术管理问题； (3)组织召开专题会议,解决各项目部盾构测量存在的问题			

盾构法隧道测量责任矩阵05　　　　　　　　　　表11-5

责任 岗位		过程及编号	洞内控制测量		
			DGCL-1-5-1 地下平面控制测量	DGCL-1-5-2 地下导线+陀螺定向平面控制测量	DGCL-1-5-3 地下高程控制测量
岗位责任矩阵	项目经理部	测量组	(1)埋设稳固的地下平面控制点,进行统一编号； (2)按照城市轨道地下控制测量技术要求施测； (3)数据处理及精度指标计算； (4)成果判定及与历次成果比对,形成初步成果后,提交项目专业工程师审核； (5)实施定期复测,向项目专业工程师提交成果报告		
		项目专业工程师	(1)检查现场施测方法是否满足规范操作要求(如测回数、外业限差等)； (2)独立复核数据计算全过程,检查各项精度指标,评定测量及成果精度； (3)督促测量组定期复测,比对多次测量重合点,合理确定成果； (4)负责测量成果的编制、报验和审批工作； (5)将批准的最新成果向测量组进行书面交底		
		项目总工程师	(1)组织协调地下控制测量工作； (2)组织定期复测(每区间隧道贯通前不少于3次独立地下平面控制测量,审核多期测量重合点差值比对)； (3)审核批准测量成果		

续上表

责任\岗位		过程及编号	洞内控制测量		
			DGCL-1-5-1	DGCL-1-5-2	DGCL-1-5-3
			地下平面控制测量	地下导线+陀螺定向平面控制测量	地下高程控制测量
岗位责任矩阵	三级公司	精测队	(1)指导项目部测量工作； (2)实施复测(每区间不少于一次地下平面控制测量)； (3)分析数据，并整理测量成果，上报公司专业工程师审核		
		公司专业工程师	(1)协调公司各项目部与公司精测队测量工作； (2)检查项目部测量工作的合规性； (3)对公司精测队成果复核； (4)将复核结论反馈给公司精测队和项目部，同时向三级公司总工程师报告		
		总工程师	(1)组织检查落实各项目部对制度、岗位职责、测量技术规范的落实情况； (2)接受项目部、精测队、专业工程师的业务汇报，掌握公司盾构测量的动态，处置技术管理问题； (3)组织召开专题会议，解决公司盾构测量中存在的问题		
	总包方	驻地代表	(1)检查测量工作流程； (2)检查是否按照规范规定频次复测		
		专业工程师	(1)检查施测、数据处理及精度分析、复核、审核等工作流程； (2)复查是否按照规定频次复测； (3)检查多期重合点成果较差比对及分析，查找原因，发现异常情况及时上报处理		
		测量咨询	(1)检查项目部测量资料，对测量过程中的各项指标偏差值提出控制建议； (2)对各项目部上报的测量资料进行仔细检查，指出不符合要求的做法； (3)按照与总包方的咨询合同，及时复测重点控制点，如出现差别，分析、提出处理意见或建议； (4)参加总包方组织的测量会议，协助测量专项检查，协助制订整改措施		
		总工程师	(1)组织检查落实各项目部对制度、岗位职责、测量技术规范的落实情况； (2)接受项目部、驻地、专业工程师的业务汇报，掌握各项目部盾构测量动态，处置技术管理问题； (3)组织召开专题会议，解决各项目部盾构测量中存在的问题		

盾构法隧道测量责任矩阵06　　表11-6

责任\岗位		过程及编号	盾构掘进测量		
			DGCL-1-6-1	DGCL-1-6-2	DGCL-1-6-3
			移站测量	盾构姿态人工测量	管片姿态测量
岗位责任矩阵	项目经理部	测量组	(1)复核地下平面、高程控制点，上次设站、后视点； (2)测量新设站点和新后视点； (3)记录移站前盾构姿态，并截屏保留； (4)输入新设站成果数据，并核对；	(1)复核地下平面、高程控制点； (2)设站测量盾构特征点； (3)进行坐标转换，计算实际位置	(1)复核地下平面、高程控制点； (2)设站测量管片姿态； (3)与理论位置进行偏差比对； (4)收集盾尾间隙测量记录

续上表

责任 / 岗位		过程及编号	盾构掘进测量		
			DGCL-1-6-1	DGCL-1-6-2	DGCL-1-6-3
			移站测量	盾构姿态人工测量	管片姿态测量
岗位责任矩阵	项目经理部	测量组	(5)记录移站后盾构姿态并截屏保留,并与移站前姿态比较,小于限差时,方可继续盾构掘进,否则查明原因或重测; (6)检查记录盾构前后点绝对坐标		
		项目专业工程师	(1)组织移站测量工作; (2)检查地下控制点、上次设站点、上次后视点复核的差值,并分析原因; (3)复核新设站点、新后视点成果; (4)复核新设站成果数据输入及盾构绝对坐标; (5)检查移站断差,并分析原因; (6)检查移站测量记录	(1)组织盾构姿态人工复测; (2)检查地下控制点复测的差值,并分析原因; (3)复核计算盾构实测位置和理论位置; (4)检查掘进过程中盾构姿态,结合管片姿态测量结果分析总结规律	(1)组织管片姿态测量; (2)检查地下控制点复核的差值,并分析原因; (3)复核计算管片实测、理论位置; (4)根据测量的盾尾间隙,分析管片姿态偏差,确定姿态目标值
		项目总工程师	(1)确定移站频率; (2)检查流程的执行情况; (3)复核移站测量相关数据并确认; (4)控制移站断差; (5)协调解决移站测量过程中的有关事宜	(1)协调盾构姿态人工复测工作; (2)检查盾构位置计算复核过程;检查盾构姿态的统计与控制; (3)确定人工复测的频率、姿态较差的限差;确定掘进中姿态偏差的限差,并过程控制	(1)检查管片姿态测量方法和流程; (2)检查管片实测、理论位置计算复核工作; (3)分析管片姿态偏差
	三级公司	精测队	指导项目部移站测量	指导检查项目部人工复测工作方法及流程	
		公司专业工程师	(1)检查项目部是否按照"控制点复核-上次设站、上次后视点复核-移站测量-记录移站前姿态-更新设站点、后视点成果-记录移站后姿态-移站断差校核-原因分析-掘进放行"流程进行; (2)汇总全公司情况,向公司总工汇报,对不符合要求项发出改正指令	(1)检查项目部人工复测工作方法及流程; (2)收集各项目部盾构姿态控制的异常情况,并对其进行跟踪处理	(1)检查项目管片姿态测量工作方法及流程; (2)收集各项目部管片姿态控制的异常情况,并对其进行跟踪,直至姿态正常

续上表

责任\岗位		过程及编号	盾构掘进测量		
			DGCL-1-6-1	DGCL-1-6-2	DGCL-1-6-3
			移站测量	盾构姿态人工测量	管片姿态测量
岗位责任矩阵	三级公司	总工程师	(1)组织检查落实各项目部对制度、岗位职责、测量技术规范的落实情况； (2)接受项目部、精测队、专业工程师的业务汇报，掌握公司盾构测量的动态，处置技术管理问题； (3)组织召开专题会议，解决公司盾构测量中存在的问题		
	总包方	驻地代表	(1)见证项目部按流程进行移站测量； (2)抽查移站断差，当不符合要求及时向项目发出改正指令	(1)检查项目部人工复测工作方法及流程； (2)收集项目部管片姿态控制的异常情况，并对其进行汇报和跟踪，直至姿态正常	
		专业工程师	(1)检查项目部按流程进行移站测量； (2)对不符合要求项目发出改正指令，移站段差严重超限时及时汇报； (3)汇总各项目移站断差，总结规律	(1)检查项目部是否按照流程进行盾构姿态人工复测； (2)掌握项目部管片姿态偏差情况，并跟踪项目部纠正； (3)管片姿态超过预警值时，及时通报情况并向总包方总工程师汇报	
		测量咨询	(1)对各项目部测量过程中的各项指标偏差值提出控制建议； (2)对各项目部上报的测量资料进行仔细检查，指出不符合要求的做法； (3)按照与总包方的咨询合同，及时复测重点控制点，如出现差别，分析、提出处理意见或建议； (4)参加总包方组织的测量会议，协助测量专项检查，协助制定整改措施		
		总工程师	(1)组织检查落实各项目部对制度、岗位职责、测量技术规范的落实情况； (2)接受项目部、驻地、专业工程师的业务汇报，掌握各项目部盾构测量动态，处置技术管理问题； (3)组织召开专题会议，解决各项目部盾构测量中存在的问题		

盾构法隧道测量责任矩阵07　　　　　　　　　　　　　　　　表11-7

责任\岗位		过程及编号	盾构接收测量	
			DGCL-1-7-1	DGCL-1-7-2
			盾构接收准备测量	盾构接收测量
岗位责任矩阵	项目经理部	测量组	(1)确定接收段落里程，收集盾构姿态数据、接收井钢环偏差数据，汇总提交项目专业工程师； (2)检查盾构所处实际里程位置及姿态控制情况，并向项目专业工程师汇报； (3)计算接收架段放样数据，并现场测设	(1)测设转点，待刀尖出洞后立即测量刀盘中心坐标； (2)计算实际钢环中心和实测刀盘中心偏值；计算初步贯通误差； (3)判断盾构能否顺利出洞

续上表

责任岗位		过程及编号	盾构接收测量	
			DGCL-1-7-1	DGCL-1-7-2
			盾构接收准备测量	盾构接收测量
岗位责任矩阵	项目经理部	项目专业工程师	(1)制订接收段落的移站测量计划及纠偏方案,提交项目总工审核通过后向测量组及盾构司机交底; (2)复核盾构所处里程位置与围护结构的关系,并向项目总工汇报; (3)复核接收架放样数据,并组织实施	(1)立即复核计算实际钢环中心和实测刀盘中心偏差值,结合导向系统参数情况,做出盾构出洞初步判断,并将情况和初步判定结果立即向项目总工和驻地代表汇报; (2)复核计算初步贯通误差
		项目总工程师	(1)组织、指导盾构接收段落测量工作; (2)审核接收段落的移站测量计划及纠偏方案; (3)检查移站测量计划及纠偏方案落实情况; (4)布置接收架定位测量工作	(1)组织、指导盾构接收测量工作; (2)掌握最终盾构出洞状态,确定盾构姿态纠偏方案; (3)掌握初步贯通误差; (4)随时掌握盾构机出洞情况
	三级公司	精测队	指导项目部盾构接收段落测量工作	指导项目部盾构接收测量工作
		公司专业工程师	(1)检查项目部是否按照规定要求进行了盾构接收段落测量; (2)审核项目部盾构接收段落纠偏方案	掌握初步贯通误差
		公司总工程师	(1)组织检查落实各项目部对制度、岗位职责、测量技术规范的落实情况; (2)组织本公司盾构测量人员的培训工作,确保各项目部的盾构测量技术人员的业务能力满足履职要求; (3)组织召开专题会议,部署安排本公司盾构测量中存在的问题	
	总包方	驻地代表	(1)检查盾构接收段落测量工作流程; (2)掌握最后50环盾构姿态控制的状态	(1)检查盾构接收测量工作流程; (2)随时掌握初步贯通误差和盾构出洞情况
		专业工程师	(1)复查盾构接收段落测量工作流程; (2)掌握最后10环盾构姿态控制的状态	(1)检查盾构接收测量工作流程; (2)掌握初步贯通误差
		测量咨询	(1)检查项目部测量资料,对测量过程中的各项指标偏差值提出控制建议,指出不符合要求的做法; (2)参加总包方组织的测量会议,协助测量专项检查,协助制定整改措施	
		总工程师	(1)组织检查落实各项目部对制度、岗位职责、测量技术规范的落实情况; (2)接受项目部、驻地、专业工程师的业务汇报,掌握各项目部盾构测量动态,处置技术管理问题; (3)组织召开专题会议,解决各项目部盾构测量中存在的问题	

第二节　盾构法隧道测量工作分解结构

为了解剖盾构测量工作，依据"先整体后局部，先控制后细部"的测量原则要求，对盾构法隧道测量进行系统归类和划分，将盾构法隧道测量视为1个一级过程，然后逐级分解为6个二级过程、20个三级过程，同时，采用工作分解结构（WBS）工具将盾构法隧道测量主要涉及的20个三级过程所用到的作业进行了系统梳理和工作结构分解。结合测量规范和测量操作有关规定，将20个三级过程都分别进行过程再解析，分解成目的、输入和输出内容、过程方法、记录、数据处理流程、操作准则、示例及说明等，以此确保测量作业过程的有效性，同时保证每项三级过程输出成果的准确性，从而使整个盾构法隧道测量全面受控。

具体盾构法隧道测量工作三级过程分解结构表见表11-8~表11-27。

方　案　确　定　　　　　　　　　　　　　　　　　表11-8

编号	DGCL-1-1-1		
所属二级过程名称	策划准备	三级过程名称	方案确定
目的	获得符合项目实际情况且满足相关要求的测量方案		
输入		输出	
现行规范、设计线路资料、设计单位测量成果、第三方测量成果、上级公司测量成果，各项 管理制度		指导性、操作性、针对性很强的测量方案	
方法	利用过程方法，结合收集的测量资料、依据各项制度编制测量方案		
记录	1. 线路设计资料及交接桩资料。 2. 测量方案及审批记录。 3. 建设相关方的相关规定		
数据处理	1. 项目专业工程师编制"测量方案"。 2. 项目总工审核。 3. 上级公司审核。 4. 监理单位审批。 5. 总包方（业主）备案。 6. 组织技术交底		
准则			

1.《城市轨道交通工程测量规范》（GB/T 50308—2017）要求
（1）在同一城市内的轨道交通工程控制测量应满足下列要求：
①平面和高程系统应与所在城市平面和高程系统一致；②工程建设前应在城市一、二等平面和高程控制网的基础上，建立专用平面、高程施工控制网，其与现有城市控制网重合点的坐标及高程较差，应分别不大于50mm和20mm；③施工前应对已建成的平面、高程控制网进行复测，建设中应对其进行检测。（1.0.3）
（2）线路工程控制测量应采用附合导线（网）和附合高程路线的形式。特殊情况下采用支导线、支水准路线时，必须制定检核措施。（1.0.5）
（3）暗、明挖隧道和高架结构横向贯通测量中误差应为±50mm，高程贯通测量中误差应为±25mm。（1.0.7）
2. 补充要求
（1）总包方（业主）应负责组织首次全线复测，三级公司承担本单位管段交接桩复测，项目部对管段内高程控制网每季度、平面控制网每半年复核一次。复测期限为地铁开工至隧道贯通。
（2）方案中应明确测量成果达到的精度，确定对应的精度指标。
（3）方案审批通过后，项目总工应组织技术交底

资 源 配 置

表 11-9

编号	DGCL-1-1-2		
所属二级过程名称	策划准备	三级过程名称	资源配置
目的	配置满足盾构法隧道测量需求的相关资源		
输入		输出	
实施性施工组织施工、总包方(业主)相关要求		满足现场测量要求的人员和设备	
方法	以能级对应、优势定位、动态调节、内部为主、结构合理等原则优化资源配置		
记录	1. 人员职称证、毕业证、技能证书及从业履历资料。 2. 仪器检定证书。 3. 培训及考核记录		
数据处理	1. 人员及设备调配。 2. 仪器检校。 3. 人员培训考核		
准则			
1.《城市轨道交通工程测量规范》(GB/T 50308—2017)要求 (1)卫星定位控制网仪器要求见下表。(3.2.8) 	项目	要求
---	---
接收机类型	双频或单频
观测量	载波相位
接收机标称精度	$\leqslant(10mm+2\times10-6\times D)$($D$ 为相邻点间的距离) | (2)精密导线测量全站仪不低于Ⅱ级全站仪。(3.3.1) (3)水准网测量水准仪不低于 DS1 水准仪。(4.1.4) (4)联系三角形测量宜选用直径 0.3mm 钢丝,悬挂 10kg 重锤,重锤应浸没在阻尼液中。(9.3.4) (5)陀螺经纬仪的标称精度应小于 20″。(9.4.2) 2.补充要求 (1)项目部宜设置测量专业工程师,协助项目总工管理本项目测量工作,专业工程师应具备中级职称,相同从业经历不少于 3 年。 (2)项目部应配置专业测量组具体负责盾构测量工作,人员不少于 4 人。测量组长宜具备中级职称,相同从业经历不应少于 3 年。 (3)测量仪器应每年检定一次,每半月组织自检一次。 (4)项目部应为导向系统配置专用笔记本电脑、专用 U 盘,为测量组配置正版平差软件			

地面控制网复测

表 11-10

编号	DGCL-1-2-1		
所属二级过程名称	联系测量	三级过程名称	地面控制网复测
目的	获取准确的控制网成果,指导后续施工测量工作		
输入		输出	
设计单位、第三方测量和上级单位的测量成果		经复测确认的控制网成果	
方法	按照"先整体后局部,先控制后细部"原则,采用 GNSS 接收机、全站仪、电子水准仪等仪器按照规范要求进行复测,经数据处理、精度评定和判别,获取准确的控制网成果		

续上表

记录	1. 外业观测记录及点之记。 2. 平差报告。 3. 技术总结报告(成果报告)
数据处理	1. 数据导入(录入)。 2. 点号、数据核查。 3. 外业数据处理及超限补测。 4. 内业数据处理、指标计算及精度评定。 5. 判定成果是否达到要求的精度。 6. 复测成果与原成果比较,互差超过规定值时,则应查明原因后予以同步内插更新
准则	

1.《城市轨道交通工程测量规范》(GB/T 50308—2017)要求
(1)平面控制网由两个等级组成,一等为卫星定位控制网,二等为精密导线网组成,并分级布设。(3.1.2)
(2)卫星定位控制网和精密导线网应定期进行复测。第一次复测应在开工前进行,之后应每年或两年复测1次,且应根据控制点稳定情况适当调整复测频次。复测精度不应低于初测精度。(3.1.6)
(3)卫星定位控制网的主要技术指标应符合表3.2.2的规定。(3.2.2)
(4)卫星定位控制网测量作业的基本技术要求应符合表3.2.8的规定。(3.2.8)
(5)精密导线网测量的主要技术要求应符合规范中表3.3.1的规定。(3.3.1)
(6)精密导线网应沿线路方向布设,并应布设成附合导线、闭合导线或结点导线网的形式。(3.3.2)
(7)检测成果与原成果的较差应小于:精密导线点应小于10mm,二等水准点应小于5mm。(12.1.5)
(8)水准网应沿线路附近布设成附合线路、闭合线路或结点网。(4.1.3)
(9)水准网测量的主要技术要求应符合规范表4.1.4的规定。(4.1.4)
(10)对已建成的水准网应定期进行复测,复测高程较差不应大于$2\sqrt{2}$倍高程中误差。(4.2)
2. 补充要求
(1)卫星定位控制网复测坐标与原坐标比较互差小于限差(17mm)时采用原坐标,否则应查明原因后,予以同步内插更新。精密导线点、二等水准点复测成果与原成果比较超限时,也按本方法处理。
(2)在盾构始发前三个月内,要对本区间及相邻区间共用的卫星定位控制点、精密导线点、加密控制点、水准点全部进行复测,复测精度满足规范要求后,方可据以布设地面近井点

地面平面近井点测量　　　　　　　　表11-11

编号	DGCL-1-2-2		
所属二级过程名称	联系测量	三级过程名称	地面平面近井点测量
目的	获取准确的地面近井点(定向测量起算点)平面坐标		
输入		输出	
稳定可靠的卫星定位控制网点、精密导线网点、施工加密点坐标		地面近井点的坐标	
方法	按照精密导线技术要求,采用全站仪测量地面近井点平面坐标,经数据处理、精度评定和判别,获得准确的地面近井点的平面坐标成果		

记录	1. 全站仪记录表及点之记。 2. 方向观测记录手簿。 3. 平差报告。 4. 技术总结报告(成果报告)	
数据处理流程	1. 角度观测数据计算： (1)点号核查； (2)2c 检查； (3)每测回角值计算； (4)每测回角值互差检核； (5)圆周角闭合差计算。 2. 距离观测数据计算： (1)测回内及测回间较差检查； (2)往、返测平均值计算。 3. 平差数据录入及检核 4. 角度闭合差、测角中误差计算 5. 平差及精度评定	示例及说明 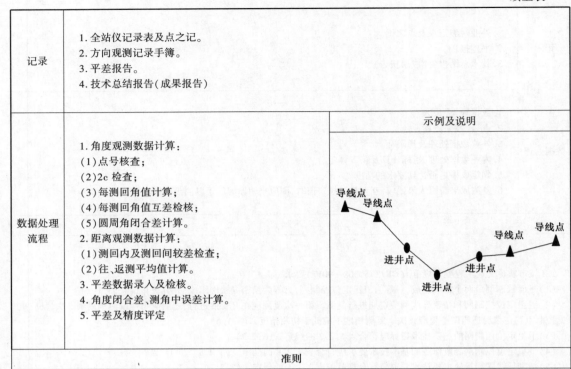
准则		

1.《城市轨道交通工程测量规范》(GB/T 50308—2017)要求
 (1)联系测量应包括：地面近井导线测量和近井水准测量；定向测量和传递高程测量；地下近井导线测量和近井水准测量等。(9.1.1)
 (2)地面近井点可直接利用卫星定位点和精密导线点测设，需进行加密时，应构成附合导线或闭合导线。近井导线总长不宜超过 350m，导线边数不宜超过 5 条。(9.1.4)
 (3)平面近井点应按本规范第 3 章精密导线网测量的技术要求施测，最短边长不应小于 50m，近井点的点位中误差应≤±10mm。(9.2.2)
 (4)隧道贯通前的联系测量工作不应少于 3 次，当地下起始边方位角较差小于 12″时，可取各次测量成果的 平均值作为后续测量的起算数据指导隧道贯通。(9.1.5)
2. 补充要求
 比较多次测量(不少于 3 次)的地面近井点坐标互差，互差小于 7mm 时采用原成果，否则应查明原因后，予以同步内插更新

地面高程近井点测量 表 11-12

编号	DGCL-1-2-3		
所属二级过程名称	联系测量	三级过程名称	地面高程近井点测量
目的	获取准确的地面近井点(高程传递测量的起算点)高程		
输入		输出	
水准网及水准加密网点高程		地面近井点的高程	
方法	依据城市轨道二等水准网的技术要求，采用水准仪按照附和或闭合水准线路进行水准测量，经外业 测量检核、数据处理、精度评定，获取地面近井点的高程		

续上表

记录	1. 水准测量原始记录及点之记。 2. 平差报告。 3. 技术总结报告(成果报告)。	
数据处理流程	1. 数据导出及导入。 2. 点号核查。 3. 外业数据质量核查。 4. 生成平差文件、往返测较差检查。 5. 起算点验证及闭合差检查、严密平差。 6. 精度评定。 7. 成果判定	示例及说明 （图示：水准点—地面近井点—井口—地面近井点—水准点，形成闭合水准路线）

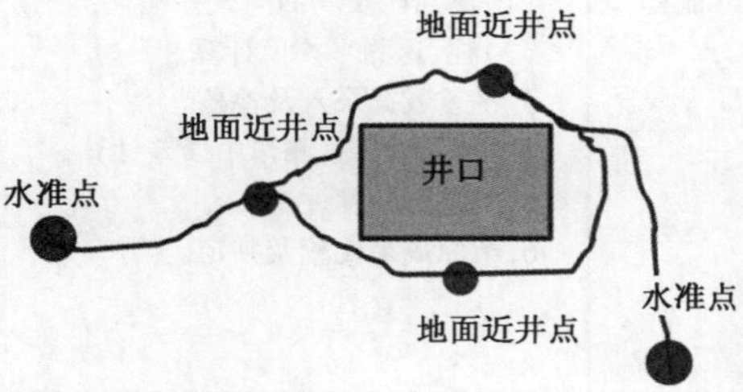

准则

1.《城市轨道交通工程测量规范》(GB/T 50308—2017)要求
(1) 高程近井点应利用二等水准点直接测定，并应构成附合、闭合水准路线。高程近井点应按规范第4章二等水准测量技术要求施测。(9.2.3)
(2) 高程联系测量应包括地面近井水准测量、高程传递测量以及地下近井水准测量。(9.7.1)
(3) 测定近井水准点高程的地面近井水准路线，应附合在地面二等水准点上。近井水准测量，应执行规范第4.2节水准测量有关技术要求。(9.7.2)
(4) 水准网的数据处理应进行严密平差，并应计算每千米高差中数偶然中误差≤2mm、高差全中误差≤4mm、最弱点高程中误差和相邻点的相对高差中误差。(4.2.6)
2. 补充要求(无)

一井定向(联系三角形测量)　　表11-13

编号	DGCL-1-2-4		
所属二级过程名称	联系测量	三级过程名称	一井定向(联系三角形测量)
目的	获取准确的地下近井点平面坐标		
输入		输出	
地面平面近井点坐标		地下近井点的坐标	
方法	以地面近井点为基点，在地面测量施工竖井中悬挂两根钢丝，随后在井下对地下近井点和钢丝进行联测，从而获得地下近井点的坐标		
记录	1. 全站仪记录表。 2. 方向观测记录手簿。 3. 平差报告。 4. 技术总结报告(成果报告)		

数据处理流程	1. 角度观测数据计算： （1）点号核查； （2）2c 检查； （3）每测回角值计算； （4）每测回角值互差检核。 2. 距离观测数据计算： （1）测回内及测回间较差检查； （2）往、返测平均值计算。 3. 平差数据录入及检核。 4. 角度闭合差、测角中误差计算。 5. 平差及精度评定。 6. 与原成果比较及判定	示例及说明：导线点、近井点、近井点、井口、钢丝、钢丝、地下近井点、地下近井点、地下近井点
准则		

1.《城市轨道交通工程测量规范》(GB/T 50308—2017) 要求
(1) 联系三角形测量，每次定向应独立进行三次，取三次平均值作为定向成果。(9.3.1)
(2) 在同一竖井内可悬挂两根钢丝组成联系三角形。有条件时，应悬挂三根钢丝组成双联系三角形。(9.3.2)
(3) 联系三角形边长测量可采用光电测距或经检定的钢尺丈量，每次应独立测量三测回，每测回三次读数，各测回较差应小于 1mm。地上与地下丈量的钢丝间距较差应小于 2mm。钢尺丈量时应施加钢尺鉴定时的拉力，并应进行倾斜、温度、尺长改正。(9.3.5)
(4) 角度观测应采用不低于Ⅱ级全站仪，用方向观测法观测六测回，测角中误差应在 2.5″之内。(9.3.6)
(5) 联系三角形定向推算的地下起始边方位角的较差应小于 12″，方位角平均值中误差应在 8″之内。(9.3.7)
(6) 隧道贯通前的联系测量工作不应少于 3 次，当地下起始边方位角较差小于 12″时，可取各次测量成果的平均值作为后续测量的起算数据指导隧道贯通。(9.1.5)
(7) 定向测量的地下定向边不应少于 2 条，传递高程的地下近井高程点不应少于 2 个，作业前应对地下定向边间和高程点间的几何关系进行检核。(9.1.6)
2. 补充要求
(1) 地面近井测量、定向（联系）测量、地下控制测量均应分段计算、分段平差。
(2) 比较本次联系三角形定向推算的地下起始边方位角，其较差小于限差 12″时，采用平均值作为本次定向结果，否则应查明原因，补测至满足要求

两井定向　　　　　　　　　　　　　　　　　　　　表 11-14

编号	DGCL-1-2-5		
所属二级过程名称	联系测量	三级过程名称	两井定向
目的	获取准确的地下近井点平面坐标		
输入		输出	
地面近井点坐标		地下近井点坐标	
方法	以地面近井点为基点，分别测量悬挂在两施工竖井（或钻孔）中钢丝，随后将地下近井导线与钢丝联测，从而获得地下近井点的坐标		

续上表

记录	1. 全站仪记录表。 2. 方向观测记录手簿。 3. 平差报告。 4. 技术总结报告(成果报告)	
数据处理流程	1. 角度观测数据计算： (1)点号核查； (2)2c 检查； (3)每测回角值计算； (4)每测回角值互差检核。 2. 距离观测数据计算： (1)测回内及测回间较差检查； (2)往、返测平均值计算。 3. 平差数据录入及检核。 4. 角度闭合差、测角中误差计算。 5. 平差及精度评定。 6. 成果判定及与原成果比较	示例及说明 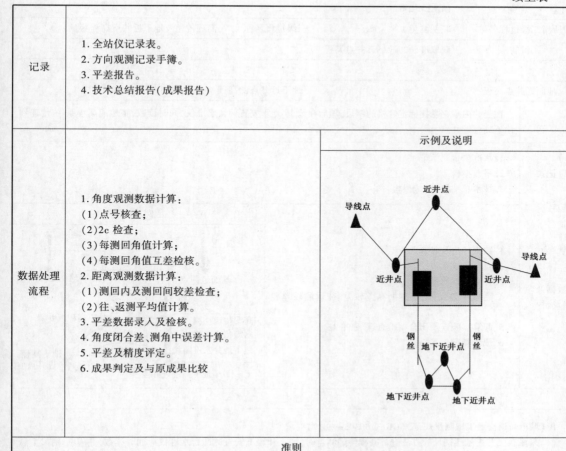
准则		

1.《城市轨道交通工程测量规范》(GB/T 50308—2017)要求
(1)有条件时可采用两井定向等方法，地下起始边的定向精度应满足规范第 9.3.7 条的要求。(9.3.8)
(2)投测的两点(架设的钢丝)间距应大于 60m。(9.6.2)
(3)架设铅垂仪进行投点定向测量时，应独立进行两次，每次应在基座旋转 120°的三个位置，对铅垂仪的平面坐标各测一测回。架设钢丝时，应独立测量三次，并应按本规范第 9.3.5 条、第 9.3.6 条的要求测量钢丝的平面坐标。(9.6.3)
(4)角度观测应采用不低于Ⅱ级全站仪，用方向观测法观测六测回，测角中误差应在 2.5″之内。(9.3.6)
(5)隧道贯通前的联系测量工作不应少于 3 次，当地下起始边方位较差小于 12″时，可取各次测量成果的平均值作为后续测量的起算数据指导隧道贯通。(9.1.5)
(6)定向测量的地下定向边不应少于 2 条，传递高程的地下近井高程点不应少于 2 个，作业前应对地下定向边间和高程点间的几何关系进行检核。(9.1.6)
2. 补充要求
(1)地面近井测量、定向(联系)测量、地下控制测量均应分段计算、分段平差。
(2)比较本次两井定向测量推算的地下起始边方位角，其互差小于 12″时，采用平均值作为本次定向结果，否则应查明原因，补测至满足要求。
(3)地下联测宜按无定向导线的形式测设，且由一根钢丝至另一根钢丝至少应有两条不同测量路线，保证具有多余观测

高程传递测量及地下近井点高程测量 表 11-15

编号	DGCL-1-2-6		
所属二级过程名称	联系测量	三级过程名称	高程传递及地下近井点高程测量
目的	获取准确的地下近井点高程		
输入		输出	
地面近井点高程		地下近井点的高程	
方法	在竖井内垂直悬挂标定合格的钢尺，随后在地上、地下安置两台水准仪，同时读数，将地面高程系 统传递到地下高程近井点		
记录	1. 水准测量原始记录。 2. 平差报告。 3. 技术总结报告(成果报告)		
数据处理流程	1. 数据导出及导入。 2. 点号核查。 3. 外业数据质量核查。 4. 生成平差文件、三测回高差较差、往返测较差检查。 5. 起算点验证及闭合差检查、严密平差。 6. 成果判定	示例及说明	
准则			

1. 《城市轨道交通工程测量规范》(GB/T 50308—2017)要求
(1) 采用在竖井内悬挂钢尺的方法进行高程传递测量时，地上和地下安置的两台水准仪应同时读数，并应在钢尺上悬挂与钢尺鉴定时相同质量的重锤。(9.7.3)
(2) 传递高程时，每次应独立观测三测回，测回间应变动仪器高，三测回测得地上、地下水准点间的高差较差应小于 3mm。(9.7.4)
(3) 高差应进行温度、尺长改正，当井深超过 50m 时应进行钢尺自重张力改正。(9.7.5)
(4) 水准网的数据处理应进行严密平差，并应计算每千米高差中数偶然中误差≤2mm、高差全中误差≤4mm、最弱点高程中误差和相邻点的相对高差中误差。(4.2.6)
(5) 水准测量应在隧道贯通前进行三次，并应与传递高程测量同步进行。重复测量的高程点间的高程较差应小于 5mm，满足要求时，应取逐次平均值作为控制点的最终成果指导隧道掘进。(10.3.4)
2. 补充要求
地面近井高程测量、高程传递及地下近井点高程测量、地下高程控制测量，均应分段计算、分段平差

洞门钢环位置复测 表 11-16

编号	DGCL-1-3-1		
所属二级过程名称	盾构始发测量	三级过程名称	洞门钢环位置复测
目的	确认洞门钢环位置是否正确，为始发平台测量做准备		
输入		输出	
地下近井点成果		洞门钢环位置数据	
方法	采用全站仪测量洞门钢环实际中心位置，与钢环理论中心位置比较横向、垂向偏差		
记录	测量记录		

续上表

		示例及说明
数据处理流程	1. 洞门钢环理论中心坐标计算与复核。 2. 控制点关系检核。 3. 洞门钢环设计位置放样。 4. 量算洞门钢环中心实际位置。 5. 洞门钢环中心与设计位置横向、垂向偏差比较	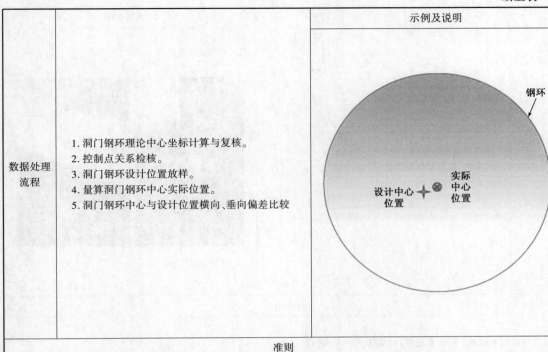
准则		

1.《城市轨道交通工程测量规范》(GB/T 50308—2017)要求
盾构机始发井建成后,应利用联系测量成果加密测量控制点,满足中线测设、盾构机组装、反力架和导轨安装等测量需要。(11.5.1)
2. 补充要求
(1)复测始发井洞门钢环位置,其与设计位置横向偏差、高程偏差小于20mm时,始发平台按照设计位置定位,否则以相反方向按照偏差值一半进行调整。
(2)复测接收井洞门钢环位置,其与设计位置横向偏差、高程偏差小于5mm时,盾构机姿态控制按照设计位置控制,否则按照洞门钢环实际位置进行调整。
(3)复测始发井、接收井洞门钢环时,不仅要复测钢环中心位置,而且还要复测钢环椭圆度及周圈圆顺情况,以确保盾构正常始发、接收

盾构始发台架测设 表11-17

编号	DGCL-1-3-2		
所属二级过程名称	盾构始发测量	三级过程名称	盾构始发台架测设
目的	测设盾构始发平台平面、高程位置,获得定位准确的始发平台		
输入		输出	
地下近井点成果		盾构始发台架准确定位	
方法	1. 始发台架指始发导轨与反力架。 2. 采用全站仪测设始发导轨、反力架位置,确保盾构始发台架符合施工方案及要求		
记录	放样记录		

续上表

数据处理流程	1. 放样数据计算及复核。 2. 控制点关系检核。 3. 导轨、反力架位置测设	示例及说明  
准则		

1.《城市轨道交通工程测量规范》(GB/T 50308—2017)要求

盾构机始发井建成后,应利用联系测量成果加密测量控制点,满足中线测设、盾构机组装、反力架和 导轨安装等测量需要。(11.5.1)

2. 补充要求

(1)始发井中,线路中线、导轨测量时,坐标和高程放样中误差应小于5mm。

(2)导轨与反力架应采用直接坐标法放样,放样和复测误差应小于10mm。

(3)在设计坡度的基础上适当调整始发平台的坡度,预防盾构始发低头现象。

(4)导轨纵向轴线应与反力架面垂直

盾构导向系统计划线数据　　　　　　　　　　　　　　　　　　　　　　表11-18

编号	DGCL-1-3-3		
所属二级过程名称	盾构始发测量	三级过程名称	盾构导向系统计划线数据
目的	将计划线数据文件正确录入		
输入		输出	
平曲线、竖曲线、设计线和隧道中心线相对关系		正确的计划线数据	
方法	对线路的平曲线、竖曲线进行复核;平曲线段要注意隧道中线对线路中线的修正;依据复核无误的平曲线、竖曲线参数,利用软件计算生成固定格式的计划线数据文件,经复核、比对、审核、导入、检查导出文件、确认等程序,保证录入导向系统的计划线数据正确		
记录	1. 平曲线参数计算复核表。 2. 竖曲线参数计算复核表。 3. 计划线逐环三维坐标计算比较表。 4. 水平元素、垂直元素、水平元素偏差、垂直元素偏差及三维逐桩坐标比较表(VMT导向系统)		

续上表

		示例及说明
数据处理流程	1. 平、竖曲线参数导入软件。 2. 平、竖曲线复核。 3. 计划线数据计算。 4. 计划线数据复核,复核坐标差值宜小于2mm。 5. 文件导入及导出检查	***地铁城市轨道交通1号线一期工程 ***区间左线 导向系统隧道设计线坐标计算表 | 序号	左线里程	X	Y	H(轴心高程)
---	---	---	---	---
1	K20+325.1	198562.0424	510165.114	50.0663
2	K20+323.9	198562.0488	510163.914	50.0428
3	K20+322.7	198562.0551	510162.714	50.019
4	K20+321.5	198562.0613	510161.514	49.9949
5	K20+320.3	198562.0674	510160.314	49.9705	 导向系统设计线形数据计算 复核 高程 平面 与计算比较 最终录入问及那 计算 高程 平面

准则

1.《城市轨道交通工程测量规范》(GB/T 50308—2017)要求(无)
2. 补充要求
(1)平、竖曲线数据应由不同人员采用独立的方式获得,无误后方可作为计划线计算的依据。
(2)在计算隧道设计轴线(DTA/CL)数据时应仔细研究设计图纸内容,隧道设计轴线(DTA/CL)应考虑减震段、长短链、特殊线型的变化,还必须考虑计划线与线路中线、内轨顶面、隧道圆心之间的相对关系。
(3)不同的导向系统对计划线数据类型的要求有所区别。如 VMT 计划线数据计算内容为水平元素、垂直元素及逐环三维坐标(后期复核使用),演算工坊、ZED 导向系统计划线计算数据内容为逐环三维坐标。
(4)计划线数据由不同人员采用导向系统自带软件和其他软件独立计算,并对计算全过程进行独立复核,核对无误后保存记录(其中独立计算其差值小于2mm),并报上级单位审批。
(5)无论采用何种导向系统,均进行逐环三维坐标数据的复核。
(6)将经两级复核后的计划线数据文件导入导向系统,再由项目总工(或其委托人)见证下将其导出,进行最终复核确认。
(7)对导向系统内 DTA 的导入、更改应进行权限管理。设置双权限,一级权限由总工控制,防止个人更改数据

盾构机零位姿态校核 表11-19

编号	DGCL-1-3-4		
所属二级过程名称	盾构始发测量	三级过程名称	盾构机零位姿态校核
目的	始发前检查盾构机导向系统激光靶(棱镜)与盾构机的关系(六个自由度),确认导向系统能正确反映盾构机姿态		
输入		输出	
地下近井点成果、始发设站点成果		准确的盾构机导向系统初始姿态	
方法	1. 标志点棱镜法:通过测量盾构机 8~10 个标志点,通过计算获得盾构机姿态。 2. 导向系统法:利用导向系统测量盾构机姿态。 3. 直接法:采用直接的方法测量盾构姿态		

续上表

记录	1. 始发姿态人工测量记录。 2. 零位姿态校核报告	
数据处理流程	1. 地下控制点核对。 2. 采用三种方法测量盾构机姿态： （1）通过测量盾构机 8~10 个标志点，通过计算获得盾构机姿态； （2）利用导向系统测量盾构机姿态； （3）采用直接法测量盾构姿态。 3. 将三种方法获取的盾构机姿态值进行对比，综合评判。 4. 决定是否对导向系统的初始参数进行"重置"。 5. 形成"零位姿态校核报告"	示例及说明 盾构 轴线 前点 设站点 后视点
准则		

1.《城市轨道交通工程测量规范》（GB/T 50308—2017）要求
（1）盾构机就位始发前，必须利用人工测量方法测定盾构机的初始位置和盾构机姿态，盾构机自身导向系统测的成果应与人工测量结果一致。(11.5.4)
（2）盾构机姿态测量要包括平面偏差、高程偏差、俯仰角、方位角、滚转角及切口里程。始发时利用盾构机配置的导向系统和人工测量法对盾构机姿态进行测量核对，始发后定期采用人工测量对导向系统测定的盾构机姿态数据进行检核校正。利用地下平面控制点和高程控制点测定盾构机测量标志点，测量误差应在±3mm以内。(11.5.5)
2. 补充要求
（1）始发设站点应准确测设，且设站位置应考虑前后视长度、通视、旁折光等因素。
（2）导向系统全站仪按照要求校准，设站前应对测距模式、棱镜类型、温度、气压、数据传输等设置进行检查。导向系统全站仪设站残差按照坐标偏差小于4mm，高程偏差小于7mm（经验值）来控制。设站满足精度要求后，录入设站参数，获得导向系统测量的盾构机姿态参数。
（3）将导向系统纵向、横向传感器固定螺栓松动，人工变动传感器倾斜角度，检查盾构机导向系统测量姿态与传感器变动趋势是否一致，或采取其他方法检定导向系统姿态测量的量值是否准确。
（4）固定导向系统纵、横向传感器固定螺栓，检查比对该状态下导向系统测量姿态与人工复测的姿态参数。
（5）将"导向系统法"与"标志点棱镜法"测量的盾构机姿态比对，平面、高程偏差均小于10mm时，视为工作状态正常，采用导向系统原"初始参数"，否则应重新测量，也可邀请厂商到现场进行技术服务。
（6）是否对导向系统的初始参数进行重置，由项目总工决定，并形成记录。
（7）导向系统首次使用，"零位姿态校核报告"由导向系统厂商现场调试后出具，以后一般由项目部出具，如需要修改初始参数时，仍宜请厂商现场调试后出具。该报告应作为盾构始发前条件验收的备查文件

地下导线平面控制测量
表 11-20

编号	DGCL-1-4-1		
所属二级过程名称	洞内控制测量	三级过程名称	地下导线平面控制测量
目的	及时准确地将地下平面控制点向工作面延伸，为移站测量和管片姿态复核提供起算点		
输入		输出	
地下近井点和既有地下控制点坐标		增设的地下控制点坐标	
方法	按照精密导线技术要求，采用全站仪测量地下控制点平面坐标，经数据处理、精度评定和判别，获得准确可靠的地下控制点的平面坐标		

续上表

记录	1. 全站仪记录表。 2. 方向观测记录手簿。 3. 数据平差计算。 4. 技术总结报告(成果报告)	
数据处理流程	1. 角度观测数据计算： (1)点号核查； (2)2c 检查； (3)每测回角值计算； (4)每测回角值互差检核； (5)圆周角闭合差计算。 2. 距离观测数据计算： (1)测回内及测回间较差检查； (2)往、返测平均值计算。 3. 平差数据录入及检核。 4. 角度闭合差、测角中误差计算。 5. 平差及精度评定。 6. 成果判定	示例及说明 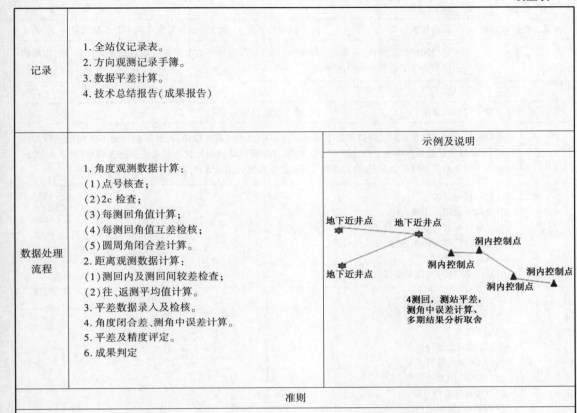 4测回，测站平差，测角中误差计算、多期结果分析取舍
准则		

1.《城市轨道交通工程测量规范》(GB/T 50308—2017)要求
(1)地下平面和高程控制测量起算点，应利用直接从地面通过联系测量传递到地下的近井点。(10.1.2)
(2)贯通面一侧的隧道长度大于1500m时，应在适当位置，通过钻孔投测坐标点或加测陀螺仪方位角等方法提高控制导线精度。还宜将控制导线布设成网或边角锁等。(10.1.4)
(3)地下平面和高程控制点使用前，必须进行检测。(10.1.5)
(4)从隧道掘进起始点开始，直线隧道每掘进 200m 或曲线隧道每掘进 100m 时，应布设地下平面控制点，并进行地下平面控制测量。(10.2.1)
(5)隧道内控制点间平均边长宜为 150m。曲线隧道控制点间距不应小于 60m。(10.2.2)
(6)控制点应避开强光源、热源、淋水等地方，控制点间视线距隧道壁应大于0.5m。在洞内采用左右交错布设。(10.2.3)
(7)平面控制测量应采用导线测量方法，导线测量应使用不低于Ⅱ级全站仪施测，左右角各观测两测回，左右角平均值之和与360°较差应小于 4″；边长往返观测各两测回，往返平均值较差应小于 4mm。测角中误差为 ±2.5″，测距中误差为 ±3mm。(10.2.4)
(8)控制点点位横向中误差宜符合 $m_u \leqslant m_\Phi \times (0.8 \times d/D)$。(10.2.5)
(9)每次延伸控制导线前，应对已有的控制导线点进行检测，并从稳定的控制点进行延伸测量。(10.2.6)
(10)控制导线点在隧道贯通前应至少测量三次，并应与竖井定向同步进行。重合点重复测量坐标值的较差应小于 $30 \times d/D$(mm)，满足要求时，应取逐次平均值作为控制点的最终成果指导隧道掘进。(10.2.7)
2. 补充要求
视现场测量条件，地下平面控制测量可采用双导线或导线网来控制，避免测量错误

地下导线+陀螺定向平面控制测量　　　　　　表 11-21

编号	DGCL-1-4-2		
所属二级过程名称	洞内控制测量	三级过程名称	地下导线+陀螺定向平面控制测量
目的	利用陀螺指北特性，提高地下导线的精度，及时准确将地下平面控制点向工作面延伸，为移站测量和管片姿态复核提供起算点		
输入		输出	
地下近井点或地下控制点坐标		地下控制点坐标	
方法	采用陀螺全站仪测量地面已知边和地下导线前端一条边的陀螺方位角，经计算获得地下定向边坐标方位角；与全站仪导线测量获得的坐标方位角比较，经加权处理获得该条导线边的最终坐标方位角；将其作为已知数据再与全站仪导线联合平差，获得准确可靠的地下控制点测量成果		
记录	1. 全站仪记录表。 2. 方向观测记录手簿。 3. 陀螺仪观测记录。 4. 定向边陀螺方位角、坐标方位角计算。 5. 联合平差报告。 6. 技术总结报告(成果报告)		
数据处理流程	1. 角度观测数据计算： (1) 点号核查； (2) 2c 检查； (3) 每测回角值计算； (4) 每测回角值互差检核； (5) 圆周角闭合差计算。 2. 距离观测数据计算： (1) 测回内及测回间较差检查； (2) 往、返测平均值计算。 3. 地下导线平差数据录入及检核。 4. 地下导线测角中误差计算。 5. 地下导线平差及精度评定。 6. 陀螺仪数据计算。 (1) 定向边陀螺方向平均值、方位角计算。 (2) 子午线收敛角计算第一种 $\gamma = \Delta\lambda \times \sin\psi$；第二种利用平面直角坐标结合"子午线收敛角系数 K 表"进行计算。 (3) 定向边坐标方位角 = 陀螺方位角 + 仪器常数 − 子午线收敛角。 7. 联合平差。 8. 成果判定及与原成果比较	示例及说明 4测回，测站平差，测角中误差计算，地下导线独立评差，定向边方位角校核，陀螺定向边联合评差	
准则			

1.《城市轨道交通工程测量规范》(GB/T 50308—2017) 要求
(1) 贯通面一侧的隧道长度大于 1500m 时，应增加联系测量次数或采用高精度联系测量方法等，提高定向测量精度。(9.1.7)
(2) 地下定向边陀螺方位角测量应采用"地面已知边—地下定向边—地面已知边"程序，地下定向边的陀螺方位角测量每次应测三测回，测回间陀螺方位角较差应小于 20″，隧道贯通前同一定向边陀螺方位角测量应独立进行三次，三次定向陀螺方位角较差应小于 12″，三次定向陀螺方位角平均值中误差应为 8″。(9.4.3)
(3) 隧道内定向边边长应大于 60m，视线距隧道边墙的距离应大于 0.5m。(9.4.4)

续上表

(4)陀螺方位角测量应符合下列规定：①绝对零位偏移大于 0.5 格时，应进行零位校正。观测中的测前、测后零位平均值大于 0.05 格时，应该进行零位改正；②测前、测后各三测回测定的陀螺经纬仪常数平均值较差不应大于 15″；③两条定向边陀螺方位角之差的角值与全站仪实测值较差应小于 10″。(9.4.8) 2. 补充要求 (1)贯通面一侧的隧道超过 1500m，宜在贯通前 200m 左右，加设陀螺方位校准定向测量精度。 (2)计算定向边坐标方位角时，应考虑子午线收敛角的影响。 (3)测量陀螺方位角时宜观测相邻两条定向边陀螺方位角，来校核陀螺方位角计算出的夹角与全站仪所测夹角的较差，验证陀螺仪测量精度。 (4)比较陀螺仪所测坐标方位角与导线所测方位角较差，其小于 4″时可不联合平差，较差大于 4″小于 10″时，取平均值进行联合平差，当较差大于 10″时，否则应查明原因后，采取相关措施。 (5)一井定向时宜在贯通前加测陀螺定向边来校准检核洞内控制测量成果

地下高程控制测量　　　　　　　　　　　　　　　　　　　表 11-22

编号	DGCL-1-4-3		
所属二级过程名称	洞内控制测量	三级过程名称	地下高程控制测量
目的	及时准确将地下高程控制点向工作面延伸，为移站测量和管片姿态复核提供起算点		
	输入	输出	
	地下近井点或地下水准点高程	地下水准点的高程	
方法	按照城市轨道二等水准网的要求，采用水准仪用往返测量形式进行水准测量，经外业数据检核、数据处理、精度评定，获得地下高程控制点的高程成果		
记录	1. 水准测量原始记录。 2. 平差报告。 3. 技术总结报告(成果报告)		
数据处理流程	1. 数据导出及导入。 2. 点号核查。 3. 外业数据质量核查。 4. 生成平差文件、往返测较差检查。 5. 起算点验证及闭合差检查、严密平差。 6. 精度评定。 7. 成果判定。 8. 与历次地下水准点高程成果比较	示例及说明	
准则			
1.《城市轨道交通工程测量规范》(GB/T 50308—2017)要求 (1)高程控制测量应采用二等水准测量方法，并应起算于地下近井水准点。(10.3.1) (2)地下高程控制测量的方法和精度，应符合本规范第 4.2 节中二等水准测量要求。(10.3.3)			

(3)水准测量应在隧道贯通前进行三次,并应与传递高程测量同步进行。重复测量的高程点间的高程较差应小于5mm,满足要求时,应取逐次平均值作为控制点的最终成果指导隧道掘进。(10.3.4)
(4)相邻竖井间或相邻车站间隧道贯通后,地下高程控制点应构成附合水准路线。(10.3.5)
(5)水准网的数据处理应进行严密平差,并应计算每千米高差中数偶然中误差≤2mm、高差全中误差≤4mm、最弱点高程中误差和相邻点的相对高差中误差。(4.2.6)
2.补充要求(无)

移 站 测 量   表11-23

编号	DGCL-1-5-1		
所属二级过程名称	盾构掘进测量	三级过程名称	移站测量
目的	将导向系统向工作面延伸,减小误差,为导向系统测量提供起算点		
输入		输出	
地下控制点坐标		设站点、后视点坐标及准确的盾构机姿态	
方法	按照坐标测量模式,经建站、校核后,采用全站仪观测拟设站点和后视点的坐标(盘左、盘右各观测1次),获得拟设站点、后视点的三维坐标,录入导向系统。使导向系统再次进入正常工作状态		
记录	移站记录		
数据处理流程	1.移站前盾构机姿态数据记录保存(截屏方式)。 2.地下控制点三维坐标复核。 3.拟设站、后视点三维坐标测量较差检查。 4.拟设站、后视点三维坐标计算。 5.设站及残差校核。 6.导向系统移站前后姿态比对。 7.导向系统数据的更改与复核。 8.导向系统实时坐标与设计绝对坐标核对	示例及说明 原后视点　原设站点　新设站点 地下控制点 吊篮 已知点,要复核;设站点,多次测,取均值,填表格,要完善。新站点,及时录,需检核;移站断差要控制,移站频率的掌握。	
准则			

1.《城市轨道交通工程测量规范》(GB/T 50308—2017)要求
(1)盾构姿态测量内容应包括平面偏差、高程偏差、俯仰角、方位角、滚转角及切口里程。(11.5.5)
(2)每次测量完成后,应及时提供盾构机和衬砌环测量结果,供修正运行轨迹使用。(11.5.7)
(3)盾构法施工测量的控制点(注:移站控制点)宜设置在隧道顶部。(11.5.8)
2.补充要求
(1)移站测量要求:
①关闭导向系统前,必须保证其处于正常工作状态,同时记录移站前盾构姿态并截屏保存;
②移站时,全站仪不应安装在管片变形较大地段,视线不能过于贴近墙壁和设备;利用经过复核的控制点(洞内至少3个)向前传递坐标及高程;并复核原盾构机设站、后视点三维成果,平面坐标偏差不宜超过4mm,高程偏差不宜超过7mm(未考虑管片位移);
③移站后设站残差平面小于2.5mm,高程小于5mm;
④移站结束,导向系统开机正常工作后,再次记录移站后的机器姿态并截屏保存;对比移站前后盾构姿态数据,如果各项偏差小于限差(移站断差限值取15mm),则说明移站成果合格;否则必须查找原因,必要时重测

续上表

(2) 移站间隔和频次：
① 移站距离以后视点不脱出最后台车为宜，一般宜为 30～40m；
② 姿态数据跳动较大时，应及时移站；
(3) 每次移站和传递测量时，必须将盾构的实时坐标与设计绝对坐标核对一次，并形成记录。
(4) 移站记录：移站记录按指挥部要求的固定表格真实填写，测量负责人及时对记录进行复核检查并保存。
(5) 掘进过程中导向系统盾构机姿态按照纠偏要求控制，平面、高程偏差不超过姿态目标值 ±15mm 为宜。
(6) 移站测量完成后，导向系统数据的更改须复核。
(7) 人工每周定期对盾构导向系统全站仪进行组合校准，并检查各项测量设置。
(8) 每次移站都要通过传递测量从平面导线控制网获取数据，不得使用盾构导向系统"自动设站功能"。

管片姿态测量   表 11-24

编号	DGCL-1-5-2		
所属二级过程名称	盾构掘进测量	三级过程名称	管片姿态测量
目的	监控最终成型隧道衬砌环位置偏差，指导修正运行轨迹		
	输入	输出	
	地下控制点坐标、高程	管片姿态数据	
方法	利用全站仪在已知控制上设站测量已成型管片的位置，与设计位置比较，获得实际位置与设计位置的偏差，经分析后，指导修正盾构运行轨迹		
记录	1. 测量原始记录。 2. 管片姿态检测成果表		
数据处理流程	1. 已知控制点校核。 2. 管片实际位置计算。 3. 管片实际位置与设计位置比较。 4. 管片姿态与之前盾构机后点通过该环里程时姿态对比。 5. 分析及修正运行轨迹	示例及说明 环片姿态检测成果标表	
准则			

1.《城市轨道交通工程测量规范》(GB/T 50308—2017) 要求
(1) 衬砌环测量应在盾尾内完成管片拼装和衬砌环完成壁后注浆两个阶段进行。在盾尾内管片拼装成环后应测量盾尾间隙。衬砌环完成壁后注浆后，宜在管片出车架后进行测量，内容宜包括衬砌环中心坐标、底部高程、水平直径、垂直直径和前端面里程。测量误差为 ±3mm。(11.5.6)
(2) 每次测量完成后，应及时提供盾构机和衬砌环测量结果，供修正运行轨迹使用。(11.5.7)

2. 补充要求

（1）在盾构管片拼装过程中，结合盾尾间隙、管片姿态、盾构机姿态汇总分析，发现问题时及时查明原因，确定纠偏指标并及时纠偏。

（2）每隔 10 环，人工测量一次管片姿态，既要与管片的理论姿态对比（<50mm），也要与之前盾构后点通过该里程时的姿态对比，当水平及竖向较差小于 20±15mm 时（20mm 为管片与盾尾不同轴所产生的"固定偏差"，15mm 为拼装管片时的随机偏差），即可认为导向系统的精度处于可接受状态，否则应分析原因

盾构机姿态人工复测   表 11-25

编号	DGCL-1-5-3		
所属二级过程名称	盾构掘进测量	三级过程名称	盾构机姿态人工复测
目的	校准检核掘进过程中盾构机自动导向系统工作状态		
输入		输出	
地下控制点坐标		掘进过程中盾构机导向系统工作状态评估	
方法	利用全站仪在已知控制上设站测量盾构机标志点，通过计算获取盾构机姿态，与导向系统自动测量姿态比较后，评估导向系统工作状态		
记录	掘进过程姿态人工测量记录		
数据处理流程	1. 已知控制点校核。 2. 盾构机标志点多次测量较差校核。 3. 标志点坐标计算。 4. 盾构机姿态计算。 5. 导向系统姿态与人工测量姿态比对	示例及说明 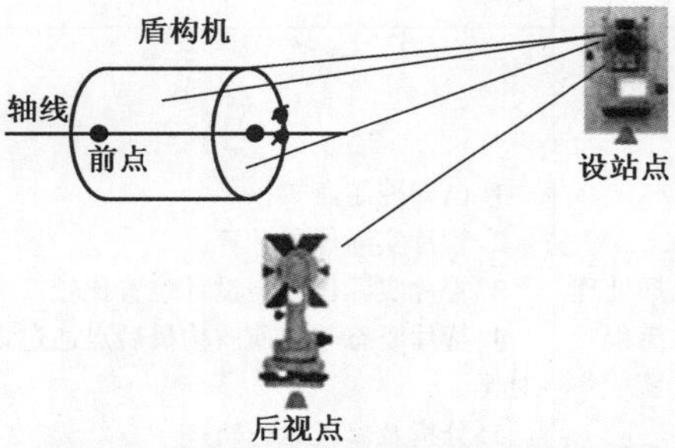 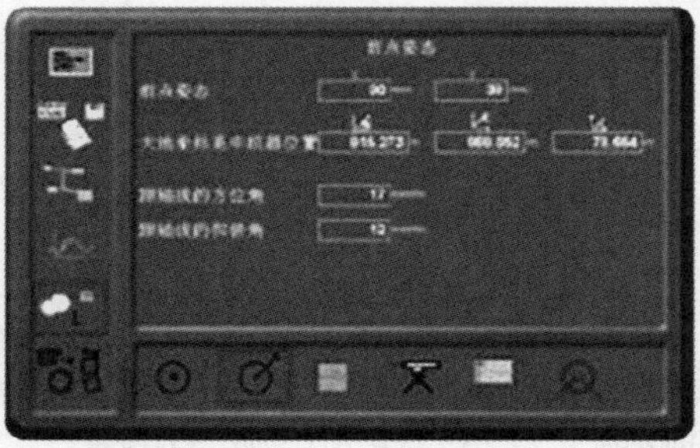	

续上表

准则
1.《城市轨道交通工程测量规范》(GB/T 50308—2017)要求 　　盾构机姿态测量要包括平面偏差、高程偏差、俯仰角、方位角、滚转角及切口里程。始发时利用盾构配置的导向系统和人工测量法对盾构姿态进行测量核对,始发后定期采用人工测量对导向系统测定的盾构姿态数据进行检核校正。盾构配置的导向系统宜具有实时测量功能,人工辅助测量时,测量频率应根据其导向系统精度确定;盾构机始发10环内、到达接收井前50环内应增加人工测量频率。利用地下平面控制点和高程控制点测定盾构机测量标志点,测量误差应在±3mm以内。(11.5.5) 2. 补充要求 　(1)在一条隧道掘进中,至少进行3次(始发前、掘进过程中、接收井前50环内)盾构机人工复测。出现异常时,及时进行人工复测。 　(2)盾构机导向系统测量姿态与人工复测姿态比对,平面、高程偏差小于10mm,认为工作状态正常,否则查明原因,采取措施

盾构接收前测量　　　　　　　　　　　　　　　　　　　　　　　　　表 11-26

编号	DGCL-1-6-1		
所属二级过程名称	盾构接收测量	三级过程名称	盾构接收前测量
目的	通过测量手段,细化操作,核实盾构机与围护结构关系,为盾构机顺利安全出洞做准备		
输入		输出	
地下控制点坐标、高程,人工复测的盾构机姿态和接收井钢环位置偏差数据		满足出洞要求的接收段落盾构机姿态	
方法	依据测量数据,制定接收段的移站测量计划及纠偏方案,并在后续施工控制、修正盾构机姿态;核对盾构机与洞门接收端相对位置关系,准确测设接收架位置,做好盾构机出洞准备		
记录	1. 接收井前50环移站测量计划及纠偏方案。 2. 接收架放样记录。 3. 切口里程、围护结构里程核对记录		
数据处理流程	1. 收集两种测量方式盾构机姿态偏差值、实时盾构机姿态、接收井钢环偏差数据,分析现场测量条件。 2. 制定距接收井前50环移站测量计划及纠偏方案。 3. 掘进纠偏。 4. 切口里程、围护结构里程核对。 5. 接收导轨架放样	示例及说明	
		无	
准则			
1.《城市轨道交通工程测量规范》(GB/T 50308—2017)要求(无) 2. 补充要求 (1)接收段:距接收井50环至贯通范围。 (2)按照相关要求实施接收段洞内控制测量、移站测量、接收井前50环内盾构机姿态人工复测、接收井钢环位置复测、接收架位置放样。 (3)依据所得偏差值、盾构机姿态、接收井钢环偏差、导轨偏差,制定接收段移站测量计划,确定接收段盾构姿态目标值。 (4)最后10环时,盾构机姿态偏差宜小于目标值5mm。 (5)接收前还应核对盾构机切口里程(应考虑长短链)、围护结构里程			

盾 构 接 收 测 量		表 11-27	
编号	DGCL-1-6-2		
所属二级过程名称	盾构接收测量	三级过程名称	盾构接收测量
目的	最终检核盾构机出洞时刻位置,判断盾构机出洞状态,修正出洞姿态		
	输入	输出	
	地下近井点坐标、高程,接收井钢环位置偏差数据	盾构机出洞状态信息	
方法	采用全站仪按照坐标测量模式测设出洞刀盘中心数据,计算实际钢环中心和实测刀盘中心偏差值,修正盾构机出洞姿态,实现盾构机顺利出洞		
记录	1.刀盘中心测量记录。 2.贯通误差初步估算		
数据处理流程	1.测量盾构机出洞刀盘中心,并与钢环中心位置比较。 2.从测量角度判断盾构机能否顺利出洞(即盾体与洞门钢环有无抵触)。 3.向项目总工、驻地代表报告盾构机能否顺利出洞,并提供 相应测量数据。 4.调整接收导轨位置	示例及说明	
准则			
1.《城市轨道交通工程测量规范》(GB/T 50307—2018)要求(无) 2.补充要求 (1)接收井地下近井点按照联系测量要求进行。 (2)盾构机刀盘出露前,应提前在中线上进行仪器设站。当盾构机刀盘中心破土露出时,立即进行盾构接收测量。 (3)依据钢环中心和实测刀盘中心偏差值,判断盾构机能否顺利出洞,将信息及时报告项目总工、驻地代表			

第三节 测量技术人员配备及培训

由于地铁工程在建(构)筑物稠密的地区修建,且工程测量精度要求较高,因而增加了工程测量的工作难度。与普通工程测量相比,地铁工程测量工作具有以下特点:

(1)地铁工程有严格的限界规定,为降低工程成本,施工误差量已很小,对施工测量精度要求较高。

(2) 测量空间狭窄、测量条件差,并且有烟尘、滴水、人和机械干扰等特性。
(3) 施测对象灰暗,一般无自然光,光照条件不理想。
(4) 允许耗时短,必须要在有限的时间内完成测量工作。
(5) 测量的网型受地下条件限制,成果的可靠性主要依靠重复测量来保证。

一、测量技术人员配备

针对地铁工程测量的特点、承担工程施工段落的范围、工作难度及工作量大小制订合理的测量技术人员配备计划。

测量技术人员配备原则主要有以下内容:

(1) 因事设网原则。根据职能任务及项目需要,以提高工作效率为前提,按照工作性质、工作量等因素设置必要的岗位,保证每个人员工作任务饱满,发挥岗位的最佳效能。

(2) 结构合理原则。根据不同工程项目的特点、测量要求和责任大小,合理确定,并根据实际需要进行优化组合。

(3) 动态调整原则。岗位设置应与项目的实际情况相适应,随着岗位职能的变化和实际工作需要适时调整。

(4) 统一调配原则。人员配备由上级公司统一组织实际,除特殊情况外,其他任何人不得擅自增设机构和人员,不得擅自调人、用人、裁人。

(5) 先考核后上岗原则。配置测量人员必须按照要求进行考核,经各级部门审查后再上岗。

(6) 项目部宜设测量专业工程师,协助项目总工管理本项目测量工作,专业工程师应具备中级职称,相同从业经历不少于 3 年。

(7) 配置专业测量人员具体负责盾构测量工作,一台盾构配备测量人员不少于 4 人、两台盾构不少于 7 人。测量组长宜具备中级职称,相同从业经历不少于 3 年。

二、测量技术人员培训

盾构是一种隧道掘进的专用工程机械,现代盾构是集机械、液压、电气与自动化控制等于一体的综合性大型施工机械,具有开挖切削岩土体、输送土渣、拼装隧道衬砌、测量导向纠偏等功能,盾构施工是一种流水化、工厂化、循环作业的施工过程,各项工作都已经接近程序化、标准化,因而对其施工过程,各项工作都已经接近程序化、标准化,因而对其施工要求非常高;并且因其施工有着非常高的隐蔽性及不可逆转性,因此对再施工现场的灵魂性人物的要求非常高,具备一定的专业基础知识是最低的要求,超强的责任感、使命感是对盾构施工工程技术人员最基本的能力和素质要求。

盾构测量是一项专业性、时效性极强的工作,是保证地铁盾构施工质量的基础,在整个盾构施工过程中起着非常重要的作用。控制网复测、施工放样、盾构参数、贯通测量等各项测量工作是保证结构、线路能够按照设计要求准确就位并满足限界的关键环节,是控制施工质量的主要因素。

确保测量工作高效、顺利地开展,在执行现有测量管理制度的前提下,要组织有效的质量、技术培训,以减少错误率的发生。实际工程中要结合工程进度提前制订培训计划,对在岗及岗前工作人员进行培训,培训完成后进行考试,把知识从课件上落实到脑子里,提高全体工作人员的技术、质量水平。

第四节　测量仪器配备管理及检校

一　测量仪器配备

　　针对地铁工程测量的特点、承担工程施工段落的范围、工作难度及工作量大小制订合理的测量仪器配备计划。

　　测量仪器配备原则主要有以下内容。

　　(1)满足精度原则。根据施工精度要求配备相应精度的仪器设备,综合考虑作业环境、工作量大小,选取适合盾构作业的测量仪器,仪器设备的精度是保证测量成果质量的基础保障。

　　(2)专业适用原则。结合不同型号的盾机,选择大小、质量、形状合适的仪器设备。盾构施工导向系统需要实时测量盾构的姿态,结合专业特性选择适用的仪器可以减小仪器的占用空间,在有限的作业空间内更合理的开展测量工作。

　　(3)合理配置原则。生产过程中合理配置仪器的使用时间,减少仪器的浪费。

　　(4)兼顾经济原则。在保证各方的原则下,选择经济、实用的仪器设备。

　　一般情况下每台盾构配置:2台精度1″的全站仪,1台精度0.3mm/km的水准仪。并配置适宜盾构施工特点、配备自动化测量软件。

二　仪器管理与维护

1.测量仪器的托运

　　(1)首先把仪器装在仪器箱内,再把仪器箱装在专供搬运用的木箱或塑料箱内,并在空隙处填以泡沫、海绵、刨花或其他防振物品。

　　(2)无专供转运的木箱或塑料箱的仪器不应托运,应由测量员亲自携带。在整个转运过程中,要做到人不离开仪器。

　　(3)装卸仪器时,注意轻拿轻放,放正、不挤不压。无论天气晴雨,均要事先采取好防雨措施。

2.测量仪器使用注意事项

　　(1)开箱后提取仪器前,要看准仪器在箱内放置的方式和位置。提取时不可握住望远镜或细小部件,应握住仪器的基座部分,或用双手握住望远镜支架的下部。严禁将仪器直接置于地面上,以免沙土对中心螺旋造成损坏。仪器用毕,先盖上物镜罩,并擦去表面的灰尘。装箱时各部位要放置妥帖,关闭箱盖时应无障碍。

　　(2)在太阳光照射下观测,应给仪器打伞,并戴遮阳罩。在繁华地区作业时,测站附近应设置安全标志或派人守护。仪器架设在光滑的路面时,要用细绳将三脚架中三个固紧螺旋联捆起来,防止滑倒。

(3) 在无太阳滤光镜的情况下,不要用望远镜直接照准太阳,以免伤害眼睛和损坏测距部发光二极管。

(4) 观测者离开仪器时,应将尼龙套罩在仪器上,以免灰尘、沙粒进入。

(5) 在取内部电池时,务必先将仪器电源关掉。

(6) 如测站之间距离较远,搬站时应将仪器卸下并装箱后背走,行前要检查仪器箱是否锁好,安全带是否拴好。如测站之间距离较近,搬站时可将仪器连同三脚架一起依靠在肩上,使仪器几乎直立。托运途中,如穿过纵、横的障碍物时,要把仪器连同三脚架一起夹在肋下,右手扶仪器。

搬站前,应检查仪器与脚架的连接是否牢固,搬站时应把所有制动螺旋略微关闭,使仪器在搬站过程中不致晃动,万一仪器被碰动时,还有活动的余地,仪器机械不致受损。

(7) 仪器任何部分发生故障时,不要勉强继续使用,应立即检修,否则会加剧仪器的损坏程度。

(8) 光学、电子元件应保持清洁,如沾染灰尘必须用软笔刷或柔软的拭镜纸擦拭。禁止使用手指接触光学元件表面。

(9) 不要用有机溶液擦拭显示窗、键盘或仪器箱。

(10) 若在测量中仪器被雨水淋湿,应尽快彻底擦干,并将仪器上的水汽晾干后才能装箱。

(11) 禁止任意拆卸仪器。拆卸仪器和定期清洁加油应由专门的检查人员进行。

3. 测量仪器作业过程中的维护

(1) 仪器在作业组(队)必须有专人负责管理与维护,最好是使用者本人。

(2) 仪器每次用完后,都要将仪器外表的灰沙用软毛刷刷去,水珠则要用软布(纱布)抹干,放在通风的地方晾干后再装入箱内,并且仪器必须是清洁和干燥的。

(3) 仪器遇到气温变化剧烈时,必须采取专门措施,如隧道洞内外温差较大,须使仪器有一个稳定过程才能进行作业。

(4) 三脚架维护直接影响到观测成果。三脚架要防止暴晒、雨淋、重摔。隧道洞内完成测量后,背出地面要将其擦干净,放在阴凉通风处晾干,不能放在太阳下晒干。伸缩三脚架的木质部分,应经常用白蜡擦磨。三脚架铁爪部分要注意防锈,各连接部分要经常仔细检查、调整,防止松动。

4. 测量仪器保管事项

(1) 仪器的保管由专人负责,仪器的放置应有专门的地方。

(2) 保管仪器的地方应保持干燥,要防水防潮。仪器应放置在专门的架上或柜内。

(3) 仪器长期不使用时应定期通电驱潮(以一个月左右为宜),以保护仪器在良好的工作状态。

(4) 保管仪器的地方不应靠近有振动设备的车间或易燃品堆放处,至少距离 100m 以上。

(5) 放置仪器要整齐,不得倒置。

(6) 三脚架有时发生螺丝松动情况,应注意经常检查。

(7) 若仪器长期不使用,至少每三个月进行全面检查一次。

(8) 为确保仪器的精度,应定期对仪器进行检查和校正。

三、测量仪器的检校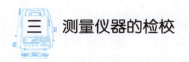

(一)精密水准仪的检验与校正

水准仪的结构及部件应满足的要求在制造、安装和调整的过程中不可能完全满足,即使在制造时满足了这些要求,在搬运和使用过程中也会发生变化,产生仪器误差,给观测结果带来影响。

精密水准仪的检验项目很多,本节只介绍每期作业开始前必须检验的项目及其校正。

1. 水准仪的检视

对水准仪检视是在外观上对水准仪做出评价,检视情况要进行记载,检视内容如下。

(1)外观。各部件是否清洁,有无碰伤划痕、污点、脱胶、镀膜脱落等现象。

(2)转运部件。转运部件、各转动轴和调整制动螺旋等,转运是否灵活、平稳;各部件有无松动、失调、明显晃动;螺纹的磨损程度等。

(3)光学性能。望远镜现场是否明亮、清晰、均匀,调焦性能是否正常等。基距离 100~150m 的标尺分划成像模糊,则此仪器不能使用。

(4)补偿性能。自动安平水准仪的补偿器是否正常,有无粘摆现象。

(5)设备件数、仪器部件及附件和备用零件是否齐全。

2. 圆水准器安置正确性的检验与校正

对于水准管式水准仪,其概略整平水准器的形式,不同的仪器将有所不同(有的仪器是圆水准器,有的是两个正交的水准管),但必须满足水准器的水准器轴与仪器的垂直轴平行或正交的要求。检验和校正的方法如下:

用脚螺旋将水准器气泡导至中央,然后放置仪器180°,此时若气泡偏离中央,则用脚螺旋改正偏差的一半,水准器改正另一半,以使气泡回到中央。如此反复检校,直到仪器无论转到任何方向,气泡中心始终位于中央为止。

上述检校完成后,对于水准管式水准仪应立即把倾斜螺旋的位置标记下来。在作业过程中,每站结束后,应使倾斜螺旋回到这个标准位置。这样,到下一站只要把概略整平水准器气居中,管状水准器(即符合水准器)气泡两端的影像的分离不会超过 1mm。

在作业过程中,应随时进行这项检校。

3. 光学测微器隙动差和分划值的测定

由光学测微器构造和原理知道,光学测微器的作用,在于精确量取标尺整分划以下的数值。因此,当转动测微螺旋使望远镜水平中丝在标尺上移动一个分格时,测微尺必须从其零分划线移动到最末一个划线,即测微尺的长度必须与标尺一个整分格的长度相等,否则,就将给观测结果带来误差的影响。为此,要进行光学测微分划值的测定。另外,在使用测微器进行读数时,不论旋出或旋进测微螺旋,其测量结果应相同,否则,说明光学测微器具有隙动差,应测定隙动差的大小。

转动测微螺旋使测微器(测微鼓或测微尺)移动 L 个分划,视线在标尺上相应地移动一段

距离 d，则测微器的格值（即分划值）g 为：

$$g = \frac{d}{L} \tag{11-1}$$

对标尺的同一分划，用测微器进行旋进和旋出读数，根据旋进和旋出的读数之差 Δ 的大小，就可以评定测微器的效用正确性。

以上两项测定同时进行，方法如下：在距离仪器 5~6m 处垂直竖立一支三等标准金属线纹尺或其他同等精度钢尺作标准尺，用其 1mm 分划面进行此项检验。测定开始时将仪器水平，并将测微器转到零分划附近处，调整标准尺高度使十字丝中丝与一标准尺分划线重合，此时测微器上的读数应在 0~3 格范围。

一测回操作如下：

（1）往测：旋进（或旋出）光学测微器，依次照准标准尺上的 6 根分划线（间隔共 5mm），每次照准时，使中丝与分划线精密重合，并读取测微器读数为 a。

（2）返测：往测后马上进行返测，旋出（或旋进）光学测微器，以相反的方向依次照准往测测过的 6 根分划线，读取测微器读数为 b。

以上为一测回，5 个测回构成一组，共应进行三组观测。若为新仪器首次测定，则三组应在不同温度下进行。

测定的记录和计算格式见表 11-28 和表 11-29 最后算得的测微器平均格值 g 与名义值之差应不大于 0.001mm。最后算得的平均测微器隙动差不得大于 2 格。上述两项指标若有超限的，该仪器禁止使用，应送厂修理。

在实际作业中，为了避免光学测微器使用不正确给观测结果带来误差，测微器应以旋进的动作结束操作。

光学测微器隙动差和分划值的测定　　　　　　　表 11-28

仪　器：　　　　　　日　期：　　　　　　距　离：8m
观测者：　　　　　　记录者：　　　　　　检查者：

组数	时间和温度	测回	尺读数	504	505	506	507	508	509	始末分划转运量 L
			往返	测微器读数						
I	日期： 始： 末： 温度： 始： 末：	1	往测 a	0.4	20.8	40.4	60.4	80.4	100.2	99.8
			返测 b	1.6	21.4	40.8	61.6	81.2	100.8	99.2
		2	往测 a	0.4	20.0	40.4	61.0	80.6	100	99.6
			返测 b	0.8	21.4	41.8	61.6	81.8	101.4	100.4
		3	往测 a	0.6	21.0	40.4	60.4	80.6	100.2	99.6
			返测 b	1.8	21.6	41.4	61.6	82.0	101.8	100
		4	往测 a	1.0	20.6	40.2	60.4	80.2	100.2	99.2
			返测 b	1.8	21.0	41.6	61.4	81.4	101.8	100
		5	往测 a	0.0	20.2	40.4	60.4	80.6	100.8	100.8
			返测 b	1.0	21.4	41.4	61.8	81.0	101.4	100.4
		中数	往测 a	0.48	20.52	40.44	60.4	80.5	100.28	99.8
			返测 b	1.4	21.36	41.4	61.6	81.5	101.44	100.04
		差	$a_0 - b_0$	-0.92	-0.84	-0.96	-0.96	-1.00	-1.16	-5.84

续上表

组数	时间和温度	测回	尺读数	504	505	506	507	508	509	始末分划转运量 L
			往返			测微器读数				
Ⅱ	日期： 始： 末： 温度： 始： 末：	1	往测 a	1.8	21.4	42.0	61.8	82.2	101.0	99.2
			返测 b	3.8	23.4	44.0	63.8	83.6	102.8	99.0
		2	往测 a	3.8	22.6	43.4	62.8	82.6	103.0	99.2
			返测 b	3.0	23.2	43.4	64.0	83.8	103.8	100.8
		3	往测 a	3.0	22.8	42.6	62.4	82.4	102.4	99.4
			返测 b	3.0	22.8	43.4	62.4	82.8	103.0	100.0
		4	往测 a	2.8	22.4	42.6	62.2	82.8	103.2	100.4
			返测 b	3.6	23.2	43.6	63.8	83.0	103.8	100.2
		5	往测 a	2.8	22.4	43.0	62.6	82.8	103.8	101.0
			返测 b	3.6	23.6	42.8	63.2	83.0	103.0	100.0
		中数	往测 a	2.8	22.3	42.7	62.4	82.6	102.7	99.8
			返测 b	3.3	23.2	43.4	63.4	83.2	103.3	100.0
		差	$a_0 - b_0$	-0.44	-0.92	-0.72	-1.00	-0.68	-0.60	-4.36

注：第Ⅲ组观测记录与计算略去。

光学测微器隙动差和分划值的测定　　表 11-29

组　别	温度 （℃）	往测（旋进） 返测（旋出）	标准尺始末 分划间隔（mm）	l 间隔在测微器上的 转运量（格）
Ⅰ	28.2	往测	5	99.8
		返测	5	100.04
Ⅱ	20.2	往测	5	99.84
		返测	5	100.00
Ⅲ	14.5	往测	5	99.98
		返测	5	100.04
总和			30	599.70
计算	$g = \dfrac{\sum l}{\sum L} = \dfrac{30}{559.70} = 0.0503 \text{mm/格}$ $\sum (a_0 - b_0) = -11.88t$ $\Delta = -\dfrac{11.88}{18} = -0.66t$			

4. 水准仪 i 角误差和交叉误差的检校

对水准管式水准仪，视准轴应平行于符合水准器的水准器轴。由于种种原因，仪器不可能完全满足这一要求。即视准轴与水准器轴不在同一平面上又不相互平行。两轴在水平面上的投影线的夹角称为交叉误差，在垂直面上的投影线的夹角称为 i 角。

对于补偿式自动安平水准仪，经补偿后得到的视准线与水平面的夹角亦称为 i 角。

（1）检验、校正交叉误差和 i 角的目的

水准测量测定的高差，是在视准轴水平的条件下，照准前后标尺读数得到的。视准轴的水平是借助符合水准器调平的。如果视准轴与符合水准器不平行（即存在 i 角），那么当把符合

水准器轴调整水平后,视准轴并不水平;对于自动安平水准仪 i 角的存在就是指经补偿后的视准线仍不水平。i 角的存在必然给观测高差带来误差。另外,外界因素的影响,也能引起仪器结构关系的微小变化,即 i 角随外界因素的变化而变化。因此,《国家一、二等水准测量规范》(GB/T 12897—2006)规定,作业开始后的第一个星期内水准管式水准仪每天检验 i 角二组,上、下午各一次。自动安平水准仪可只每检验一次。若 i 角稳定,以后每隔15天检验一次。经检验,若 i 角超出规定的限值,就要进行校正。

对于水准管式水准仪经过 i 角校正,即使 i 角为零,也只能使视准轴与水准器轴在垂直面内平行,交叉误差仍然存在。这时,就是在某一方向上视准轴水平,当改变仪器的照准方向以后仍不能保证视准轴水平,从而给观测带来误差影响。因此,在进行 i 角检校的同时,还必须进行交叉误差的检校。

(2)交叉误差的检验与校正

检校时,应先进行交叉误差的检校,接着进行 i 角的检校。

若不存在交叉误差,仪器整平后,仪器绕视准轴左右倾斜时,符合水准器气泡将不发生偏离;若偏离,说明存在交叉误差。根据这一特征,采取下述方法进行检校。

①将水准仪安置在距标尺约50m处,并使其中一个脚螺旋位于仪器至标尺的照准面内。

②整平仪器,并且倾斜螺旋使符合水准器气泡两端精密符合。转运测微螺旋,精确照准标尺,读、记数。

③将视准轴左侧的脚螺旋旋转两周,再旋转视准轴右侧的脚螺旋,使仪器仍照准②时所照准的标尺分划线,观察气泡两端是否符合或互相偏离若干距离,然后反射转动两侧的脚螺旋,使之在保持原有的读数的情况下,气泡恢复符合的位置。

④使仪器向另一侧倾斜,并观察在保持原读数不变的情况下,气泡两端是否符合或互相离开若干距离。

⑤通过上述检验,仪器分别向两侧倾斜时,若气泡保持符合或向同一方向分离相等的距离,表示不存在交叉误差。若气泡异向偏离,说明有交叉误差存在。当异向分离大于2mm时,须按下述方法校正。

将符合水准器侧方的一个改正螺旋旋松,将另一改正螺旋旋紧,使符合气泡向左、右移动,直至气泡恢复符合为止。

对于某一台水准仪来说,可能同时存在交叉误差和 i 角。当水准器轴与视准轴之间只存在 i 角时,仪器绕视准轴向左或向右倾斜相同角度时,符合水准器气泡移动方向相同、移动量相等。根据这一原理,在检验交叉误差的过程中,使仪器分别向左、右倾斜相同量时,做出如下判断。A 符合水准器气泡两半保持密合,说明仪器既无交叉误差也无 i 角。B 气泡同方向移动相同距离时,无交叉误差但存在 i 角。C 气泡异向移动相同距离时,有交叉误差不存在 i 角。D 气泡异向移动不同距离时,既有交叉误差也有 i 角,且交叉误差大于 i 角。E 气泡同向移动不同距离时,i 角大于交叉误差。

(3)i 角检验与校正

①场地准备。

如图11-1所示,在平坦的场地上选取一直线 I_1ABI_2,使 $I_1A = BI_2$,并为 5~7m,I_1B 为 40~50m。这里 I_1、I_2 为架仪器点,A、B 为标尺立尺点。在 A、B 处应打入尺桩或者顶面有圆帽钉的木桩。

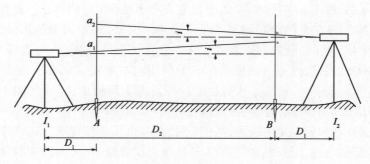

图 11-1 i 角检验

注:D_1:5~7m;D_2:40~50m。

② 观测方法。

将仪器安置于 I_1 点,并整平。按水准测量的方法,照准 A 标尺并读数 4 次。对于双摆位自动安平水准仪,1,4 次置摆 Ⅰ 位置,2,3 次置摆 Ⅱ 位置。再照准标尺,照样读数 4 次。然后将仪器置于 I_2 点,并整平。仍按上述方法,先后对 A、B 标尺照准并读数。启示录格式表 11-30。

记 录 格 式 表　　　　　　　　　　表 11-30

仪器		方法		观测者	
日期		标尺		记录者	
时间		成像		检查者	
仪器站					
观测顺序	A 尺读数	B 尺读数	A 尺读数	B 尺读数	
1	298　　712	299　　140	310　　952	311　394	
2	704	142	956	410	
3	708	154	944	396	
4	708	150	958	400	
中数	298　　708	299　　146	310　　952	311　　400	
高差($a-b$)(mm)	-2.19		-2.24		
方法:I_1ABI_2					
$\Delta = \dfrac{(a_2-b_2)-(a_1-b_1)}{2} = -0.025\text{mm}$					
$i = \Delta \cdot \dfrac{\rho}{D_2-D_1} - 1.61\times 10^{-5}\cdot(D_1+D_2) = -0.147 - 0.757 = -0.90''$					
校正:$a_2' = a_2 - \Delta \cdot \dfrac{D_2}{D_2-D_1}$					
$b_2' = b_2 - \Delta \cdot \dfrac{D_1}{D_2-D_1}$					

(4)i 角校正的有关规定和方法

用于一、二等水准测量的仪器,其 i 角不得超过 ±15″;用于三、四等水准测量的仪器,i 角不得超过 ±20″,否则,应进行校正,对于自动安平水准仪,应送有关修理部门进行校正。对于水准管式水准仪,按下述方法校正。

在 I_2 处,用倾斜螺旋使望远镜视准轴照准 A 标尺上的读数 a_2':

$$a_2' = a_2 - \Delta \cdot \dfrac{D_2}{D_2-D_1}$$

这时符合水准气泡将不符合,转动符合水准器的上、下改正螺旋,使气泡符合。然后照准 B 标尺读取读数 b_2',它应与计算的 $b_2' = b_2 - \Delta \cdot D_1/(D_2 - D_1)$ 一致。以此作为校正 i 角的检核。校正应反复进行,直至满足要求为止。

(二)数字水准仪的检验与校正

1. 电子水准仪的检验

(1)圆水准器调整

补偿器会自动使倾斜的视线在一定工作范围内(包括可视观测和内部电子测量)得到整平。当使仪器围绕竖轴转动时,圆水准器气泡必须保持在整平圆圈内。在精密测量中,气泡中心必须和整平圆圈中心重合。有任何偏移都必须重新整平。

检测步骤如下:
①用三个脚螺旋整平仪器直到气泡进入到整平圆圈内。
②使仪器围绕竖轴旋转180°,气泡仍然保持在圆圈内。
③如果气泡偏离整平圆圈,就必须调整圆水准器,使其水平。

调整步骤如下:
①用调整工具移开保护盖上螺丝并打开保护盖。
②用三个脚螺旋整平仪器。
③使仪器围绕竖轴旋转180°。
④用脚螺旋消除一半的残余误差,并用气泡的调整螺丝消去另一半。
⑤重复以上的步骤并检测残余偏差。
⑥关上保护盖,确保橡胶结点位于凹槽内。

(2) i 角检验

如果主菜单的调整功能键被点击,那么工具将提供可选择的多种方法,以消除 i 角误差。与光学水准仪一样,有下列4种方法。

①费尔斯特法。竖立两个相距大约为 $L = 61.8m$ 的尺子 A、B。把这段距离分成三段并在两尺子的连线之间分别距 A、B 大约20.6m 处设两个测站1、2,从每个测站上测量标尺 A、B。

②奈鲍尔法。把大约61.8m 的距离概略地分成三段,在两端分别设测站1、2,并在测站1、2 连线内距1 和2 分别为约1/3 全长的两点立标尺 A、B。从每个测站上测量标尺 A、B。

③库卡迈金法。竖立两标尺 A、B,相距大约20.6m。首先从位于 AB 连线内侧距 A、B 等距离的1 处测量标尺 A、B。然后从位于两标尺延长线距较近标尺距离为大约20.6m 的测站2 处重复在测站1 处的测量。

④日本方法。该法与库卡迈金法很相似,但两标尺的距离大约为30m,测站2 应位于标尺 A、B 延长线上距标尺 A 约3m 处。

①、②两种方法用下式计算 i 角值:

$$i = \frac{\rho''}{2D}[(a_2 - b_2) - (a_1 - b_1)] = 5[(a_2 - b_2) - (a_1 - b_1)]$$

③、④两种方法用下式计算 i 角值:

$$i = \frac{\rho''}{D}[(a_2 - b_2) - (a_1 - b_1)] = 10[(a_2 - b_2) - (a_1 - b_1)]$$

式中: D ——20.6m;

a_2、b_2——测站 2 时 A、B 尺读数(mm);
a_1、b_1——测站 1 时 A、B 尺读数(mm)。

在调整仪器前,使仪器温度与周围环境温度保持一致,并确保仪器没有直接受热(太阳光照)。

电子水准仪中,能改变地球曲率和大气折光的设置。这些设置一旦确定,在电子水准仪菜单系统的其他地方就不能再更改。只有当操作者调整系统之后,地球曲率和大气折光设置的改变值才有效,视线这时将被相应的改正。

如果用户必须以不同的视线距离进行测,并且正使用的改正程序不能提供改正值,那么由于存在地球曲率对标尺读数进行改正是必要的。操作者可以在输入菜单中改变大气折光系数。但如果设置系数为 0,则大气折光系数未被激活。

视线调整(光学)是在做最后一个视线测量时,把标尺换面,或者替换成用公米制的标尺并比较读数和特别值。如果差值超过 2mm,则调整十字丝分划板。具体方法是打开盖子并调整在目镜下的设置螺丝直到实际读数和名义读数保持一致。

2. 数字水准仪的精度问题及解决方法

数字水准仪的精度问题及解决办法如下:

(1)补偿器可能产生的摆动和空气波动对数字水准仪的测量精度有影响。

蔡司仪器的解决办法是通过仪器完成对码标尺截距的 4 次曝光,求取 4 个测量值的平均值来减小或消除这两种影响,但此法目前存在争议。

(2)补偿器应力释放、补偿器剩余误差、迟滞安平精度以及传感器时性改变对测量精度有影响,目前尚无解决办法。

(3)温度影响。数字水准仪与温度有很大关系,温度对仪器 i 角有影响。解决办法是观测前使仪器适应观测条件温度,以避免仪器 i 角的剧烈变化。

(4)插接式水准仪标尺插接处分划有明显突跳,当前只能尽量避开在插接处读数,今后应该从根本上解决问题。

(5)温度对玻璃纤维和因瓦标尺都有影响。玻璃纤维标尺还受温度影响,对此用温度和标尺膨胀系数进行改正。

(6)标尺分划质量的影响。虽然采用"整体测量法"使单个分划位置不再重要,但分划误差对标尺读数的影响是成像在探测器上所有分划线分划误差的平均值,因此要尽量使读数位置在标尺中央小于 +0.01m 范围"离散"。

(7)测量精度与视距有关。视距过长明显气象条件影响,视距过短不仅有精度损失,还会产生系统畸变,一般视距应控制在 30~50m 为好。

(8)标尺照明情况影响精度,照明不够,可能会出现 50% 的精度损失。在建筑物内或隧道建筑内进行测量时会碰到这种情况。

(9)玻璃纤维条码尺的尺面在使用中容易损坏和脱落。

(10)提供的软件,其测量程序与数据存储有待改进。

(11)光照强度对仪器有影响。光照过强探测器无法探测而不显示读数,解决办法是望远物镜前安装太阳罩或打伞遮光。

(12)热闪烁的影响。热闪烁极大地减小标尺影像的对比度,也能导致影像局部变形。

(13)望远镜调焦不清晰导致观测精度降低,读数显示时间延长。观测时除了要调焦清晰外,还要用竖丝切准条码左边缘。

(14) 观测时圆水准器不居中或标尺晃动,读数时间延长。
(15) 启动效应影响。

(三) 全站仪的检验与校正

全站仪的主要结构包括电子经纬仪测角、电子测距仪测距、电子补偿器自动补偿改正电子计算机自动处理数据等,其中电子补偿器为电子经纬仪测角提供改正参数,电子计算机自动数据处理是体现全站仪功能的核心。

全站仪由于经常在野外使用及在运输途中的振动和缺乏保养,导致仪器的结构发生变化,电子元器件的自然老化等,也会导致仪器性能发生变化,造成技术指标降低。为了全面掌握仪器的性能,合理使用仪器并观测到合格的测量成果,仪器在使用过程中必须定期进行检定。由于全站仪是精密电子仪器,在使用过程中如出现问题或故障不要随意拆卸和调整,应到具有仪器检定资质的部门进行鉴定和维修。国家计量检定规程规定,全站仪的检定周期不能超过1年。

全站仪的检定项目可分为三部分,即光电测距系统的检定、电子测角系统的检定、数据采集系统的检定。此处只列出检验项目,不再详细说明。

全站仪的三部分是一个整体,为便于讲解把公用部分放在一起作为全站仪的综合检定。

1. 全站仪的综合检定

(1) 水准器的正确性。
(2) 光学对中的正确性。
(3) 望远镜十字丝的正确性。
(4) 望远镜调焦的正确性。
(5) 外观和键盘功能的检验。
(6) 工作电压显示的正确性。
(7) 照准部旋转的正确性。
(8) 测距轴与视准轴的重合性。

2. 光电测距系统的检定

(1) 棱镜杆的垂直度。
(2) 棱镜常数的一致性。
(3) 调制光相位均匀性。
(4) 幅相误差。
(5) 电压变化对测距的影响。
(6) 周期误差。
(7) 侧尺频率。
(8) 加常数和乘常数。
(9) 内、外部符合精度、标称精度的综合评定。
(10) 最大测距(测程)。

3. 电子测角系统的检定

(1) 倾斜补偿器的零位误差、补偿范围和补偿准确度。
(2) 照准误差、横轴误差、垂直度盘指标差。
(3) 水平方向的标准偏差(一测回)。

(4)垂直角度的标准偏差(一测回)。

4. 数据采集系统的检定

与传统测量仪器相比较,全站仪最突出的优点是所采集的数据能自动记录与通信,尽管目前使用全站仪时仍还有采用手工记录的现象,主要是因为使用全站仪进行高精度观测时,仪器没有检核限差和取平均功能,但可以预料,今后随着智能型全站仪的发展,测绘工作者将越来越多地采用数据自动记录与通信。

全站仪的数据采集,有存储卡式记录器、内部存储器、电子记录簿和便携式计算机记录终端等方式。存储卡是全站仪的一个附件,内部存储器是全站仪整体的一个部分,而电子记录簿、便携计算机则是配套的外围设备。目前,较新颖的全站仪都采用内部存储器对所采集的数据进行存储。

数据采集系统的检定项目如下:
(1)存储数据的初始化及内存容量检查。
(2)文件的创建和删除。
(3)测量数据的记录与查阅。
(4)数据的传输(通信)。

全站仪圆水准器和管水准器检验校准与水准仪基本一致,下面简要说明全站仪视准误差和竖直指标差等误差校准步骤和流程。
(1)照准目标点大约距仪器100m处,目标点必须安置在水平面的5°之内。
(2)按下记录测量目标点。
(3)切换到第二面再次照准目标点为了检查水平照准情况,屏幕将显示水平角和垂直角的差值。
(4)按下记录测量目标点。显示计算的旧值和新值。

5. 全站仪横轴校准

横轴倾斜误差指的是机械横轴和垂直于竖轴的视准线之间引起的偏差。该误差影响水平角观测值。为了确定此误差,所瞄准的目标点位置必须位于水平面以上或以下靠近的位置。如图11-2、图11-3所示。

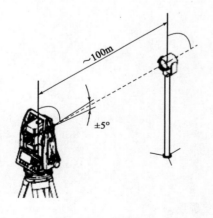
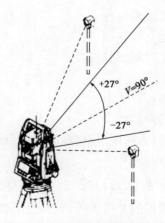

图11-2 全站仪视准误差校准示意图　　图11-3 全站仪横轴校准示意图

(1) 照准目标点大约距离仪器 100m 处,该点位于水平面上或下至少有 27°。

(2) 按下记录测量目标点。

(3) 切换到第二面再次照准目标点。检查水平照准情况,屏幕将显示水平角和垂直角的差值。

(4) 按下记录测量目标点。显示计算的旧值和新值。

(5) 也可以按下更多测量相同目标点的另一个测回,最终的校准值将是所有观测值计算的平均值。

参 考 文 献

[1] 中华人民共和国住房和城乡建设部.城市轨道交通工程测量规范:GB/T 50308—2017[S].北京:中国建筑工业出版社,2017.
[2] 秦长利,等.城市轨道交通工程测量[M].北京:中国建筑工业出版社,2011.
[3] 钱治国,等.城市轨道交通工程测量[M].北京:人民交通出版社股份有限公司,2014.
[4] 王劲松,李士涛.轨道工程测量[M].北京:人民交通出版社,2013.
[5] 国家测绘局标准化研究所.全球定位系统(GPS)测量规范:GB/T 18314—2009[S].北京:中国标准出版社,2009.
[6] 国家测绘局标准化研究所.国家一、二等水准测量规范:GB/T 12897—2006[S].北京:中国标准出版社,2006.
[7] 中国电子科技集团公司第二十六研究所.倾斜仪、水平仪通用规范:SJ 20873—2003[S].北京:工业电子出版社,2005.
[8] 湖南省计量检测研究院.电子水平尺校准规范:JJF 1119—2004[S].北京:中国计量出版社,2004.
[9] 潘明华.盾构自动导向系统的研究与实现[D].武汉:华中科技大学,2005.
[10] 毕小伟.盾构位姿测量系统的关键技术研究[D].上海:上海交通大学,2010.
[11] 李博览.盾构位姿测量与导向中的优化问题研究[D].上海:上海交通大学,2011.
[12] 徐然.地铁盾构智能导向系统研究[D].上海:同济大学,2008.
[13] 毛君,李申岩.陀螺仪和全站仪组合的导向系统[J].煤矿机电,2007(5).
[14] 中华人民共和国住房和城乡建设部.盾构法隧道施工及验收规范:GB 50446—2017[S].北京:中国建筑工业出版社,2017.
[15] 陈馈,洪开荣,焦胜军,等.盾构施工技术[M].2版.北京:人民交通出版社股份有限公司,2016.
[16] 高墅.常见盾构全站仪导向系统的对比分析[J].现代隧道技术,2015(10).
[17] 北京交通大学.地铁工程监测测量管理与技术[M].北京:中国建筑工业出版社,2013.
[18] 国家测绘局人事司.工程测量:技师版[M].北京:测绘出版社,2009.
[19] 北京交通大学.地铁工程监测测量管理与技术[M].北京:中国建筑工业出版社,2013.
[20] 姜留涛,翟燕.盾构姿态测量原理的比较研究及精度分析[J].测绘通报,2016(8).
[21] 姜留涛.地铁运营初期的地面建筑文物监测实施探讨[J].陕西教育(高教版),2014(10).
[22] 姜留涛.在建地铁第三方监控量测实施方案浅析[J].石家庄铁路职业技术学院学报,2014(09).
[23] 张福荣,等.工程测量基础[M].成都:西南交通大学出版社,2016.
[24] 孙现申,赵泽平.应用测量学[M].北京:解放军出版社,2004.
[25] 饶雪平,顾保南.城市轨道交通车站端部线路平面最小曲线半径标准值的研究[J].城市轨道交通研究,2010,13(01):22-25.

[26] 中国铁路设计集团有限公司.铁路工程测量手册[M].北京:人民交通出版社股份有限公司,2017.
[27] 李睿,李晓飞,欧阳全裕.地铁线路纵断面设计探讨[J].铁道标准设计,2013(01):42-44+56.